V&R

Das Alte Testament Deutsch

Neues Göttinger Bibelwerk

In Verbindung mit Erik Aurelius, Uwe Becker, Walter Beyerlin, Erhard Gerstenberger, Jan Chr. Gertz, H. W. Hertzberg, Jörg Jeremias, Otto Kaiser, Matthias Köckert, Christoph Levin, James A. Loader, Arndt Meinhold, Hans-Peter Müller, Martin Noth, Jürgen van Oorschot, Lothar Perlitt, Karl-Friedrich Pohlmann, Norman W. Porteous, Gerhard von Rad, Henning Graf Reventlow, Magne Sæbø, Ludwig Schmidt, Werner H. Schmidt, Georg Steins, Timo Veijola, Artur Weiser, Claus Westermann, Markus Witte, Ernst Würthwein

herausgegeben von Reinhard Gregor Kratz und Hermann Spieckermann

Teilband 25/1

Die Propheten Nahum, Habakuk, Zephanja

Vandenhoeck & Ruprecht

Die Propheten Nahum, Habakuk, Zephanja

Übersetzt und erklärt
von
Lothar Perlitt

Vandenhoeck & Ruprecht

Bibliografische Information Der Deutschen Bibliothek

Die Deutsche Bibliothek verzeichnet diese Publikation in der Deutschen Nationalbibliografie; detaillierte bibliografische Daten sind im Internet über <http://dnb.ddb.de> abrufbar.

ISBN 3-525-51228-7

Satz: Dörlemann Satz, Lemförde
Druck und Bindung: Hubert & Co., Göttingen

Gedruckt auf alterungsbeständigem Papier.

Inhalt

Nahum

Habakuk

Zephanja

Vorwort

Die Arbeit an den drei Prophetenschriften war mühsamer und dauerte länger als mir (und dem Verleger) lieb war. Ihre Entstehungsgeschichte blieb mir gleichwohl ungewisser als den meisten Kollegen, die sich dazu geäußert haben. Vor allem hatte ich die Probleme der Textüberlieferung unterschätzt, obschon mich mein Vorgänger Karl Elliger mit seinem Vorwort von 1949 hätte warnen können. Freilich tat er dann, was für Leser ohne erhebliches Fachwissen sinnlos ist: Er schrieb unablässig die Fußnote „s. BH"; in deren Apparat stehen aber nur (unbegründete) Konjekturen.

In den Jahrzehnten, in denen Otto Kaiser und ich das ATD herausgaben, habe ich mir die Beiträge so gewünscht, dass der Benutzer nicht noch einen ‚richtigen' Kommentar daneben brauchte, doch das hätte mehr Platz gekostet. Dennoch habe ich mehr Mühe auf die Textkritik verwendet als in der Reihe üblich. Auch die Erklärung von Wörtern und Sätzen erschien mir hilfreicher als weitere literarhistorische Hypothesen. Theologen als Leser des ATD sollen die Sprachen nicht umsonst gelernt haben; doch wird für Nichttheologen jedes hebräische Wort auf der Stelle übersetzt. Beide Leserkreise wollen und sollen wissen, warum nicht selten hier anders übersetzt wird als bei Luther oder auch in anderen Kommentaren.

Meine Frau konnte am Ende die Namen Habakuk und Zephanja nicht mehr hören; ihr widme ich das Büchlein.

Göttingen, im März 2004 Lothar Perlitt

Abkürzungsverzeichnis

Textzeugen

MT	Masoretischer Text (hebr.)
G	Septuaginta (griech.)
Ά	Aquila (griech.)
Σ	Symmachus (griech.)
Θ	Theodotion (griech.)
S	Peschitta (syr.)
Tg	Targum (aram.)
V	Vulgata (lat.)
Vrs.	Die Versionen (Sammelbegriff für die antiken Übersetzungen des AT)

Textausgaben

BHS	Biblia Hebraica Stuttgartensia, ed. K. Elliger et W. Rudolph, 1970 (Liber XII Prophetarum praep. K. Elliger)
Targum	K. J. Cathcart/R. P. Gordon, The Targum of the Minor Prophets (The Aramaic Bible, Vol. 14) 1989
Ziegler	Duodecim Prophetae. Septuaginta. Vetus Testamentum Graece, auctoritate Soc. Litt. Gott. ed. J. Ziegler, Vol. XIII, ^{2}1967

Sprachen/Kulturen

äg.	ägyptisch
akk.	akkadisch
arab.	arabisch
aram.	aramäisch
ass.	assyrisch
bab.	babylonisch
griech.	griechisch
hebr.	hebräisch
lat.	lateinisch
sem.	semitisch
sum.	sumerisch
syr.	syrisch
ug.	ugaritisch

Grammatik

Lateinisch		Hebräisch	
acc.	Akkusativ	hi.	Hif'il
Adj.	Adjektiv	hitp.	Hitpa'el
Adv.	Adverb	ho.	Hof'al
f.	femininum	inf. abs.	infinitivus absolutus
imp.	Imperativ	inf. cstr.	infinitivus constructus
impf.	Imperfekt	ni.	Nif'al
inf.	Infinitiv	pi.	Pi'el
m.	masculinum	po.	Po'al
Obj.	Objekt	pu.	Pu'al
P.	Person	q.	Qal
part.	Partizip	st. cstr.	status constructus
perf.	Perfekt	Wz.	(Verb-) Wurzel
pl.	Plural		
Präp.	Präposition		
sg.	Singular		
Subj.	Subjekt		

Allgemeine Abkürzungen

A.	Anmerkung
AO/ao	Alter Orient/altorientalisch
App.	Apparat der BHS
Art.	Artikel
AT/atl.	Altes Testament/alttestamentlich
bes.	besonders
cj.	Konjektur(en)
fig. etym.	figura etymologica
hap. leg.	hapax legomenon
Jh.	Jahrhundert
Jt.	Jahrtausend
Kap.	Kapitel
NT/ntl.	Neues Testament/neutestamentlich
Par. membr.	Parallelismus membrorum
term. techn.	terminus technicus
Übers.(en)	Übersetzung(en)
V.	Vers
Verf.	Verfasser
vgl.	vergleiche
ZPB	Zwölfprophetenbuch

Literaturverzeichnis

Kommentare zum Zwölfprophetenbuch (chronologisch)

J. Calvin, Praelectiones in Duodecim Prophetas Minores (1559), Opera exegetica et homiletica, Vol. XXI + XXII (= Opera … omnia, Vol. XLIII + XLIV), 1890; ND 1964
F. Hitzig (KEH) ^{3}1863; ^{4}1881
J. Wellhausen, Die kleinen Propheten, 1892; ^{4}1963
K. Marti (KHC) 1904
B. Duhm, Anmerkungen zu den Zwölf Propheten, 1911
J. M. P. Smith/W. H. Ward (ICC) 1911; ND 1961
W. Nowack (HK) ^{3}1922
E. Sellin (KAT) $^{2.3}$1930
F. Horst (HAT) ^{3}1964
W. Rudolph (KAT) 1975
K. Elliger (ATD) 1949; ^{8}1982
A. S. van der Woude (POT) 1978
R. L. Smith (WBC) 1984
A. Deissler (NEB) 1984 + 1988
B. Renaud, Mi – Zeph – Nah (SB) 1987
D. W. Baker (TOTC) 1988
C.-A. Keller (CAT) ^{2}1990
O. P. Robertson (NICOT) 1990
K. Seybold (ZBK) 1991
J. J. M. Roberts (OTL) 1991

Monographien und Aufsätze zum Zwölfprophetenbuch (alphabetisch)

D. Barthélemy, Critique textuelle de l'Ancient Testament, Tome 3 (OBO 50/3) 1992
E. Ben Zwi, Twelve Prophetic Books or „The Twelve“: A Few Preliminary Considerations, in: J. W. Watts/P. R. House (eds.), Forming Prophetic Literature. FS J. D. W. Watts (JSOT.S. 235) 1996, 126–156
E. Bosshard, Beobachtungen zum Zwölfprophetenbuch, BN 40 (1987) 30–62
E. Bosshard-Nepustil, Rezeptionen von Jesaja 1–39 im Zwölfprophetenbuch (OBO 154) 1997
R. Fuller, The Form and Formation of the Book of the Twelve: The Evidence from the Judean Desert, in: wie Ben Zvi, 86–101
P. R. House, The Unity of the Twelve (JSOT.S. 97) 1990
J. Jeremias, Neuere Tendenzen der Forschung an den Kleinen Propheten, in: F. G. Martínez/E. Noort (eds.), Perspectives in the Study of OT and Early Judaism. FS A. S. van der Woude (SVT LXXIII) 1998, 122–136
B. A. Jones, The Formation of the Books of the Twelve (SBL Diss. Ser. 149) 1995
G. Krause, Studien zu Luthers Auslegung der Kleinen Propheten (BHTh 33) 1962

H.-D. Neef, JHWH und die Völker. Beobachtungen zur Theologie der Bücher Nahum, Habakuk, Zephanja, Theol. Beiträge 31 (2000) 82–91
J. Nogalski, Literary Precursers to the Book of the Twelve (BZAW 217) 1993
Ders., Redactional Processes in the Book of the Twelve (BZAW 218) 1993
Ders., Intertextuality and the Twelve, in: wie Ben Zvi, 102–124
Ders./M. A. Sweeney (eds.), Reading and Hearing the Book of the Twelve (SBL Symp. Ser. 15) 2000
R. E. Wolfe, The Editing of the Book of the Twelve, ZAW 53 (1935) 30–62

Kommentar zu Nahum

K. Spronk (Historical Commentary on the OT) 1997

Monographien und Aufsätze zu Nahum

W. R. Arnold, The Composition of Nahum 1–2:3, ZAW 21 (1901) 225–265
K. J. Cathcart, Nahum in the Light of Northwest Semitic (BibOr 26) 1973
A. Haldar, Studies in the Book of Nahum, 1947
P. Haupt, The Book of Nahum, JBL 26 (1907) 1–53
J. Jeremias, Kultprophetie und Gerichtsverkündigung in der späten Königszeit Israels (WMANT 35) 1970, 11–55
M. Luther, Praelectiones in Prophetas Minores (1524 ff.). In Nahum WA 13 (1889) 344–394
H. Schulz, Das Buch Nahum. Eine redaktionskritische Untersuchung (BZAW 129) 1973
K. Seybold, Profane Prophetie. Studien zum Buch Nahum (SBS 135) 1989

Kommentare zu Habakuk

M. Luther, Der Prophet Habakuk ausgelegt (1526), WA 19 (1897) 337–435
B. Duhm, Das Buch Habakuk, 1906

Monographien und Aufsätze zu Habakuk

W. H. Brownlee, The Composition of Habakkuk, FS A. Dupont-Sommer (1971) 255–275
W. Dietrich, Habakuk – ein Jesajaschüler, in: H. M. Niemann u. a. (Hgg.), Nachdenken über Israel, Bibel und Theologie. FS K.-D. Schunck (1994) 177–215
K. Elliger, Studien zum Habakuk-Kommentar vom Toten Meer (BHTh 15) 1953
R. D. Haak, Habakkuk (SVT XLIV) 1986
Th. Hiebert, God of my Victory. Ancient Hymn in Habakkuk 3 (HSM 38) 1986
P. Humbert, Problèmes du livre d'Habacuc, 1944
J. Jeremias, Kultprophetie und Gerichtsverkündigung in der späten Königszeit Israels (WMANT 35) 1970, 55–110

P. Jöcken, Das Buch Habakuk. Darstellung der Geschichte seiner kritischen Erforschung mit einer eigenen Beurteilung (BBB 48) 1977
E. Otto, Die Theologie des Buches Habakuk, VT 35 (1985) 274–295
W. Vischer, Der Prophet Habakuk (BSt 19) 1958

Kommentare zu Zephanja

M. Luther, Praelectiones in Prophetas Minores (1524ff.). In Sophoniam, Text a + b, WA 13 (1889) 450–479 + 480–509
A. Berlin (AncB) 1994

Monographien und Aufsätze zu Zephanja

I. J. Ball, A Rhetorical Study of Zephaniah, 1988
E. Ben Zvi, A Historical-Critical Study of the Book of Zephaniah (BZAW 198) 1991
C. H. Cornill, Die Prophetie Zephanjas, ThStKr 89 (1916) 297–332
W. Dietrich/M. Schwantes (Hgg.), Der Tag wird kommen. Ein interkontextuelles Gespräch über das Buch des Propheten Zefanja (SBS 170) 1996
R. Edler, Das Kerygma des Propheten Zefanja (FThSt 126) 1984
G. Gerleman, Zephanja textkritisch und literarisch untersucht, 1942
P. R. House, Zephaniah. A Prophetic Drama, 1988
H. Irsigler, Gottesgericht und Jahwetag (ATSAT 3) 1977
A. S. Kapelrud, The Message of the Prophet Zephaniah, 1975
G. Krinetzki, Zefanjastudien (Regensburger Studien zur Theologie 7) 1977
G. Langohr, Rédaction et composition du livre de Sophonie, Muséon 89 (1976) 51–73
Ders., Le livre de Sophonie et la critique d'authenticité, EThL 52 (1976) 1–27
H.-D. Neef, Glaube als Demut. Zur Theologie des Buches Zephanja, Theol. Beiträge 27 (1996) 145–158
B. Renaud, Le livre de Sophonie, RScR 60 (1986) 1–33
D. H. Ryou, Zephaniah's Oracles against the Nations. A Synchronic and Diachronic Study of Zephaniah 2:1–3:8 (Biblical Interpretation Ser. 13) 1995
L. Sabottka, Zephanja (BibOr 25) 1972
F. Schwally, Das Buch Ssefanjâ, eine historisch-kritische Untersuchung, ZAW 10 (1890) 165–240
K. Seybold, Satirische Prophetie. Studien zum Buch Zefanja (SBS 120) 1985
M. Striek, Das vordeuteronomistische Zephanjabuch (BET 29) 1999
M. A. Sweeney, A Form-Critical Reassessment of the Book of Zephaniah, CBQ 53 (1991) 388–408

Anmerkungen

Kommentare werden nur mit dem Namen des Autors zitiert, zur Stelle ohne Seitenzahl. Die Abkürzungen von Zeitschriften, Reihen o. ä. folgen dem Abkürzungsverzeichnis zur TRE von S. Schwertner, ²1994.
Verdeutlichende Wörter in der Übersetzung stehen in runden Klammern.
Fortschreibungen oder Zusätze im überlieferten Text stehen in eckigen Klammern oder als Einrückungen.

Nahum, Habakuk, Zephanja im Zwölfprophetenbuch

Die Schriften Nah–Zeph stehen in der gesamten Überlieferung an 7.–9. Stelle im ZPB. Dieses ist – von den Schwankungen bei Jl, Ob und Jon abgesehen – grob chronologisch geordnet: Wie Hos und Am ins 8. Jh., Hag–Mal ins 6./5. Jh. gehören, so stehen Nah–Zeph nicht zufällig dazwischen, denn sie gehören ins 7. Jh. (das gilt natürlich nicht für die Endgestalt der Bücher). Darin drückt sich historisches Wissen, aber auch eine für das Verständnis wichtige geschichtliche Verankerung aus.

Diese geschichtliche Zuordnung beeinflusste auch die je eigene Überlieferung der Schriften, die allein schon an den unterschiedlichen Überschriftstypen erkennbar ist. Eine Egalisierung wurde also auch im Prozess der Sammlung nicht angestrebt, Beweis dafür, dass selbst in späteren Überlieferungsstadien keine Redaktion am Werke war, die durch Vereinheitlichung die Eigen-Art der Texte hätte verwischen wollen. Das Fazit des Buches „The Unity of the Twelve" von P. R. House[1], „that the minor prophets are arranged as a unified literary work" (243), ist eine Hypothese, die an den einfachsten Beobachtungen scheitert.

Natürlich standen die zwölf Kleinen Propheten in der spätjüdischen und frühchristlichen Tradition auf einer Schriftrolle, eben als das ‚Buch' Dodekapropheton. Aber aus der Zusammenstellung auf einer Rolle „does not follow that they *had* to be (re)read as a unified literary unit". „Later on, rabbinic texts and the masoretic tradition – both of which were clearly aware of the twelve being written in one scroll – indicate an understanding of the Book of the Twelve as a collection of books rather than as a unified book."[2]

Derlei müsste nicht erwähnt werden, wenn nicht in den 90er Jahren des 20. Jh.s in der Prophetenforschung eine Richtung (wieder oder stärker) hervorgetreten wäre, die auf das Stichwort „Redaktionsgeschichte" eingeschworen ist.[3] Darunter wird, vereinfacht gesagt, ein literarischer Prozess verstanden, der die Entstehungsgeschichte der einzelnen Bücher und die des ZPB gleichermaßen betrifft, so dass (nur) der Blick auf das Ganze die Entstehungsgeschichte des einzelnen Buches verdeutlicht. Auch J. Jeremias, Ausleger der ersten sechs Kleinen Propheten im ATD, zeigt sich in seinem Überblick über „Neuere Tendenzen der Forschung an den Kleinen Propheten"

---

[1] Zu Zitaten in diesem Abschnitt s. „Monographien und Aufsätze zum ZPB" im Literaturverzeichnis.

[2] E. Ben Zvi, Twelve Prophetic Books, 131 f.

[3] R. G. Kratz, Art. Redaktionsgeschichte/Redaktionskritik I. AT, TRE 28 (1997) 367–378. In der Literaturliste wird dort begreiflicherweise niemand so häufig genannt wie der Autor und sein Lehrer O. H. Steck.

begeistert über den methodischen Wandel „hin zur redaktionsgeschichtlichen Perspektive“ (122). Zwar konzediert er: „Wir besitzen keinen Generalschlüssel zur Deutung der Prophetenbücher generell, jedes will gesondert betrachtet werden“ (129 f.), bekennt sich dann aber doch zur “jüngste(n) Tendenz der Forschung“ am ZPB: „Der Verstehenskontext des einzelnen Prophetentextes ist im Endstadium der Überlieferung nicht mehr nur das einzelne Prophetenbuch, sondern die Prophetenrolle mit ihren zwölf Prophetenbüchern“ (131). Aber in seinem hervorragenden Am-Kommentar macht Jeremias in den Exegesen der einzelnen Textabschnitte von diesem Programm zum Glück nur begrenzt Gebrauch.

Übrigens vermag ich nicht recht einzusehen, warum – so unbestritten das Amosbuch auch „Niederschlag der Rezeptions- und Wirkungsgeschichte“ der Botschaft ist (XIX) – von dieser Botschaft kaum etwas im Wortlaut erhalten sein soll. Das wirft Fragen auf: Was wurde da rezipiert und wirkte? Warum kann man Amos und Hosea sprachlich (und thematisch) beinahe an jedem Satz unterscheiden? Mich jedenfalls hat die Arbeit an Nah–Zeph mitnichten zu der vor allem von O. H. Steck und seinen Schülern geförderten redaktionsgeschichtlichen Hypothese geführt, weder beim einzelnen Buch noch bei der Sammlung. Es sind wiederum ganz einfache Beobachtungen, die einem Methodenmonismus entgegenstehen: Die drei Schriften sprechen in ihrem Kern eine je verschiedene, also individuelle Sprache. In diesem Kern berühren sich die drei Bücher weder untereinander noch mit anderen Büchern im ZPB. Aber – und das ist für diese Diskussion entscheidend – auch in den folgenden Stufen der Buchwerdung findet sich keine besondere motivische oder gar kontextuale Nähe zum Rest des ZPB. Viel öfter und viel deutlicher trifft man im Textvergleich dagegen auf Parallelen bei Jes, den Pss und sogar der Weisheitsliteratur. Aus solchen Berührungen lernt man, was andere atl. Literaturwerke auch spiegeln: Von der exilischen Zeit ab, mehr noch in den langen nachexilischen Jahrhunderten durchdrangen sich im klein gewordenen Juda die Lebenskreise wie die Themen.

Was schließlich gegen die Hypothese vom gleichen oder auch nur ähnlichen Geschick dieser Prophetenschriften spricht, ist der grundverschiedene Aufbau der Bücher Nah–Zeph, also die ganz unterschiedliche Gewichtung und Thematik der Eschatologie oder der Heilsankündigungen etc. etc. So blieb nicht nur die Sprache der einzelnen ‚Propheten‘ erkennbar, sondern auch der Komposition der nach ihnen benannten Bücher wurde ihre jeweilige Eigenheit belassen, auch und gerade im Verlauf der Buchgeschichte.

So ist es nicht verwunderlich, dass in jüngster Zeit die ‚jüngeren‘ Methodenpostulate schon wieder kritisch diskutiert werden. Neben Ben Zvi bietet B. A. Jones diese Debatte: „Scholarly interest in the Book of the Twelve as a literary unit has ebbed and flowed over the course of the last century. Currently, interest in the Scroll of the Minor Prophets is again on the rise and at a level approaching flood tide“ (X). Er bezeichnet das ZPB als Resultat beider Erklärungen: als „redactional composition“ und als „editorial compilation“ (13 f.), betont aber kritisch: „Another weakness of the methodology of Weimar, Bosshard, Kratz and Steck is the hypothetical nature of their redactional reconstruction“ (21).

Es ist weder möglich noch nötig, diese Methoden-Diskussion hier zu prolongieren. Mir liegt zuerst daran, dass das Besondere der einzelnen Schrift wie der durch sie hindurchtönenden Stimme nicht überhört wird. Auch hinter Nah–Zeph steht jeweils eine Gestalt mit eigener Sprache und Geschichte, so wenig wir davon auch fassen können. Ohne den personalen geschichtlichen Kern der Bücher gäbe es nichts zu redigieren. Die z. T. Jahrhunderte späteren Zusätze sind nicht selten bedeutsam in sich selber und wollen ganz ernst genommen sein, aber sie dienen nur selten dem Verständnis der Botschaft des alle Fortschreibungen auslösenden Propheten.

Nahum

Einleitung

1. Person

Während der Bibelleser über die politischen Verhältnisse und das Wirken ‚größerer' Propheten wie Jesaja (8. Jh.) oder Jeremia (Ausgang des 7. Jh.s) nicht wenig erfährt, lässt das Buch Nah alle Fragen nach der Person unbeantwortet. Nur in der Überschrift wird sein (biblisch ungebräuchlicher) Name und sein (unbekannter) Herkunftsort genannt. Die Herausgeber der Dichtungen lassen die Person ganz hinter der Botschaft zurücktreten; im Unterschied zu Habakuk wird er nicht einmal Prophet genannt.

Die hochpoetische hebr. Sprache wie auch der politische Blick auf das von Sanherib zur Hauptstadt erhobene Ninive lassen keinen Zweifel daran, dass Nahum Judäer war – auch wenn die Nennung Judas 2, 1 b nicht zu seinen Sprüchen gehört. Aber gerade die auf Juda bezogenen Nachträge im Buch zeigen, dass hier Dichtungen eines Judäers überliefert und der jeweils veränderten Zeit und Situation vermittelt wurden.

2. Zeit

Im Unterschied zu den meisten Prophetenbüchern fehlt in der Überschrift des Nah (ebenso wie bei Hab, nicht dagegen bei Zeph) die Einordnung in die Chronologie der Könige von (Israel und) Juda. Aber die Sammler und Tradenten haben Nah gewiss nicht ohne Grund zwischen Mi (um 700) und Hab (um 600) gestellt.

Da es keinerlei Nötigung gibt, die Adresse „Ninive" (2, 9; 3, 7) aus den Dichtungen als sekundär herauszulösen oder aber diese Untergangsdrohungen insgesamt für (reiz- und sinnlose) vaticinia ex eventu zu halten, verdient die Buchüberschrift kein Misstrauen, denn das Buch besteht zum größten Teil aus den Unheilsvisionen des Judäers Nahum gegen die Hauptstadt des neuass. Reiches. Da nun aber Ninive im Jahre 612 ‚unterging', muss die auf Ninive bezogene Kriegslyrik davor entstanden sein. Auf der anderen Seite bietet der Text selbst in 3, 8 a mit der Anspielung auf die ass. Eroberung Thebens 663 das präzise Datum ante quem non. Innerhalb dieser Zeitspanne von 50 Jahren ist eine genauere Datierung allenfalls aus der Beziehung der Botschaft auf die wechselvollen Zeitereignisse möglich.

In der Forschung sagen die einen, diese Gewissheit des Untergangs Ninives sei erst wahrscheinlich oder gar möglich gewesen, als die ass. Macht schon zerfiel und in Juda der König Josia (639–609) das ass. Joch abzuschütteln bemüht war. Dann hätte freilich das, was Nahum der Stadt ankündigte, nur den allgemeinen Erwartungen entsprochen und den poetischen wie politischen Aufwand kaum gelohnt.

Die anderen verstehen Nahums Ninive-Sprüche eher aus den Jahren nach 663, und das nicht nur, weil die Erinnerung an das böse Beispiel Theben im syrisch-palästinischen Raum lebendig war, sondern auch weil Nahums Botschaft in diesen Jahren gewissermaßen zur ‚Unzeit' entstanden und verbreitet worden wäre, nämlich als die Macht des neuass. Reiches auf ihrer Höhe war: unter Assurbanipal (669–ca. 630). Nach der Bedrohung Jerusalems im Jahre 701 hatten die Judäer sich in das Geschick der Vasallität gefügt, so daß das Land in der außerordentlich langen Regierungszeit Manasses (696–642) zwar ‚friedlich', aber in totaler Abhängigkeit von der Weltmacht lebte. Wären Nahums Angriffe auf Ninive also in den 50er Jahren des 7. Jh.s erfolgt, so läge ihre politische und religiöse Brisanz auf der Hand: Er hätte den ‚Frieden' gestört und stünde damit in der Tradition der Propheten des 8. Jh.s. Was aber wollte er seinen judäischen Landsleuten mit seinen antiass. Drohworten sagen?

3. *Botschaft*

Nicht wenige Exegeten gebrauchten für Nahum das „Klischeewort"[1] Kult- oder Heilsprophet. Für sie war er kein ‚richtiger' (nämlich Unheils-)Prophet, sondern wie die Gegner Jeremias ein ‚falscher' Prophet, weil er das Unheil Judas Feinden ankündigte und damit (wenigstens implizit) dem eigenen Volke Heil. Darum versuchte J. Jeremias gleichsam zur Rettung Nahums zu zeigen, „daß eine ältere Überlieferungsschicht des Nahumbuches Gerichtsworte gegen Israel enthält" (20). Dieser Versuch geht also von einer Unterscheidung aus, die an Nah herangetragen wird. Die Frage, ob Nahum als Prophet angesehen werden solle, haben die judäischen Tradenten zuerst mit den theologisierenden Deutungen seiner Anti-Ninive-Dichtungen, sodann mit dem Prophetenkanon beantwortet: Im ZPB steht Nah sowohl neben den ‚klassischen' Unheilspropheten des 8. Jh.s als auch neben dem Büchlein Jona mit dessen gegenläufiger Ninive-Botschaft. So hat ja auch in der Verbindung des ‚Heilspropheten' Deuterojesaja mit dem Unheilspropheten Protojesaja offenkundig niemand eine Minderung der prophetischen Dignität beider gesehen.

Die Frage nach dem Propheten Nahum kann der Exeget also nur mit der Beziehung seiner Botschaft auf deren judäische Adressaten in der Mitte des 7. Jh.s beantworten. Ihnen verlangte Nahums Gewissheit von Ninives Ende dasselbe ab, was Jahrzehnte davor Jesaja den Judäern abverlangt hatte: Jahwe-

[1] Seybold, Profane Prophetie, 11 f.

vertrauen gegen den Augenschein. Denn in dieser Zeit der höchsten Machtentfaltung Assurs und der tiefsten Demütigung Judas war das, was Nahum schaute, ganz unglaubhaft.

Es gibt kaum Nachrichten über die Reaktionen der Bevölkerung in dieser Epoche der politischen und religiösen Überfremdung Judas nach 701.[2] Aber alle geschichtliche Erfahrung stützt die Vermutung, dass es damals auf der einen Seite die von der Macht faszinierten oder auch gekauften Mitmacher gab (3,4), denen die Erfüllung der Schauung des Elqoschiters den Boden unter den Füßen weggezogen hätte, dass es auf der anderen Seite und wohl in der Mehrzahl das Heer der Entmutigten gab, denen die Unerschütterbarkeit der Fremdmacht das Vertrauen auf den Gott Israels gemindert oder ganz genommen hatte. Ihnen mag Nahums Botschaft zur Hauptsache gegolten haben. Was niemand mehr für möglich hielt: Jahwe „kennt, die sich bergen bei ihm" (1,7b), wie die Späteren Nahums Tröstung in der Psalmensprache deuteten.

Nahums Dichtung ist von hohem poetischen Rang, religiös oder gar theologisch aber so karg, dass Seybold sie als „profane Prophetie" bezeichnen konnte. Die Schroffheit, ja, die Lust, mit der Nahum Ninives Ende schaut, macht eine (mündliche oder schriftliche) ‚Veröffentlichung' dieser Schauungen beinahe unwahrscheinlich; sie hätte den Propheten in Lebensgefahr gebracht. Gleichwohl wurde die Dichtung aufbewahrt und überliefert – zunächst bis zu ihrer Erfüllung im Untergang Ninives, dann in einer langen Wirkungsgeschichte.

4. Buch

Nah ist keine literarische Einheit, gar von der Hand des Propheten im 7. Jh., sondern wie alle Prophetenbücher ein Sammelwerk mit einem Kern und mehr oder weniger deutlichen Wachstumsspuren, die eine lange Entstehungsgeschichte bezeugen. Nah ist aber nicht das Werk einer planvollen Redaktion, da das Buch auch in seiner kanonischen Endgestalt Abschnitte von kaum zu entwirrender Unordnung enthält, wie allein schon der wiederholte Adressenwechsel in 1,9–2,3 zeigt. Auch die raffiniertesten Hypothesen zur Entstehungsgeschichte oder durch Umstellungen erreichte „Rekonstruktionen"[3] sind weder plausibel noch gar zu zu begründen.

Als ‚Zusatz' aus nachexilischer Zeit erweist sich am deutlichsten der Psalm 1,2–8. Ist der Untergang Ninives das (einzige) Thema Nahums, so richtet sich der Zorn Gottes im Psalm gegen den Libanon oder gleich gegen den ganzen Erdkreis (1,4f.). Dichtungen dieser Art sind nicht wirklich datierbar, weder im Psalter noch in Prophetenbüchern. Aber mit der gezielten Voranstel-

[2] Dazu generell H. Spieckermann, Juda unter Assur in der Sargonidenzeit (FRLANT 129), 1982.

[3] Vgl. nur die mit Halb- und Viertelversen aus drei Nah-Kapiteln gespeiste ‚Rekonstruktion' des ‚Schlachtgesangs' bei Schulz 24ff.

lung von 1, 2–8 wird Ninive zum Paradigma aller gottfeindlichen Mächte. So gibt der Psalm dem Buch die eschatologische Weite und religiöse Gültigkeit über die Zeiten hin, die seine gottesdienstliche Verlesung auch dann noch erlaubte, als Ninive längst vergangen war – nicht dagegen die Bedrohung Judas durch jeweils neue Fremdmächte, an denen es in Palästina nicht mangelte. Dieser Aktualisierung dienen auch die eingestreuten Heilsworte für Juda in 1, 9–2, 3. So zeigt der lyrische Introitus gegenüber dem historischen Nahum neu und anders, wer der Gott der Juden ist: der Gott aller Welt, der sich nicht spotten lässt. So öffnet der Psalm dem Leser die Augen dafür, dass jede gegenwärtige Bedrängung oder Unterdrückung dasselbe Ende finden wird wie vormals die assyrische.

1, 1: Überschrift

1 a **Spruch über Ninive.**
1 b **Aufzeichnung der Schauung des Elqoschiters Nahum.**

Die Überschrift gliedert sich in zwei Teile, die unverbunden und wohl auch nicht von einer Hand sind. V. 1 a setzt den Text von Nah 2 f. voraus und besagt: Zur Hauptsache ist die hier folgende Schrift ein (prophetischer) Spruch gegen Ninive. Dagegen bezeugt V. 1 b allein schon mit dem Personennamen eine Tradition, die der „Aufzeichnung" selbst nicht zu entnehmen ist.

maśśa', abzuleiten von der Wz. *nś'* „heben, tragen", bedeutet „Last" (Luther: „Djs ist die Last vber Nineue"), in Überschriften prophetischer Unheilsankündigungen gegen fremde Völker aber „(Aus)spruch (über)".[4] Der Nah-Hg. verfährt also wie die Sammler der Fremdvölkersprüche in Jes (13, 1; 15, 1 u. ö.).

Während Spruch und Schauung hier syntaktisch getrennt sind, werden sie Hab 1, 1 verbunden: „Der Spruch, den … schaute." Die Vielfalt und Offenheit solcher Formulierungen zeigt, dass diese Begriffe in den Überschriften schon eine technische Bedeutung haben, die nur begrenzt den Grundsinn der hebr. Wörter erkennen lässt. Insofern ist auch „Schauung" in 1 b nur eine Ausdrucksvariante zum „Spruch" in 1 a; vgl. „die Schauung, die Jesaja schaute" (1, 1) mit „der Spruch, den Jesaja schaute" (13, 1; vgl. Am 1, 1). Mit Nah 1, 1 b soll nicht ein besonderer Offenbarungsmodus beschrieben, sondern gesagt werden: Nahums Wortverkündigung war prophetische Schau, ‚visionär' im Sinne der Zukunftsansage.

Dass diese schon des längeren schriftlich fixiert und tradiert war, belegt das Wort *sepaer* „Aufzeichnung, Urkunde, Schriftstück, ‚Buch'". Seltsamerweise steht es in keiner weiteren Prophetenbuch-Überschrift, aber auch in der Verbindung mit „Schauung" nur hier im AT.

Der Name Nahum ist zwar in Inschriften des 7./6. Jh.s v. Chr. relativ häufig bezeugt[5], kommt aber im AT nur hier vor. *naḥûm* enthält die Wz. *nḥm* (pi. „trösten"). Der Name lebt im ntl. Ortsnamen Kapernaum fort: κεφαρναουμ ist (hebr. und arab.) „das Dorf Nahums". Gleichfalls nur hier im AT findet sich der Ortsname 'Elqosch, von dem das gentilicium Elkoschi(ter) gebildet ist (vgl. 1. Kön 17, 1: Elia, der Tischbiter; Mi 1, 1: Micha, der Moräschätiter). Über die unbekannte Ortslage gibt es seit den Zeiten der Kirchenväter höchst unterschiedliche Überlieferungen und Legenden (vgl. Rudolph 148 f.).

---

[4] Vgl. ThWAT V 20–25. Dass auch G das hebr. Wort ähnlich verstand, zeigen Übersetzungen wie ῥῆμα (Jes 17, 1) oder λῆμμα (Nah 1, 1; Hab 1, 1).

[5] S. die Liste bei Seybold, Profane Prophetie, 54, A.4.

Im Vergleich mit anderen Prophetenbuch-Überschriften kann man in Nah 1, 1 manches vermissen: die Genealogie oder wenigstens den Namen des Vaters, Angaben zur Zeit des Wirkens sowie einen ausdrücklichen Hinweis darauf, dass hier das „Wort Jahwes" ergeht (vgl. nur Hos 1, 1). Den Herausgebern war offenbar vieles selbstverständlich oder auch unbekannt.

1,2–8: Eingangspsalm

2 a (א) Ein eifernder Gott und ein Rächer ist Jahwe,
ein Rächer ist Jahwe und voller Grimm.
2 b Rache übt Jahwe an seinen Gegnern,
und Zorn behält er gegen seine Feinde.
3 a Langmütig ist Jahwe, doch groß an Kraft,
und ungestraft lässt er wahrhaftig nicht.
3 b (ב) In Sturm und Wetter ist sein Weg,
und die Wolken sind Wirbelstaub auf seinen Füßen.
4 a (ג) Er herrscht das Meer an und trocknet es aus,
und alle Ströme lässt er versiegen.
4 b (ד?) Es ‚verkümmern' Baschan und Karmel,
und die Blüte des Libanons welkt.
5 a (ה) Die Berge erbeben vor ihm,
und die Hügel schwanken[6].
5 b (ו) ‚Wüst' wird die Erde vor ihm,
der Erdkreis und alle, die darauf wohnen.
6 a (ז?) Vor seinem Groll: wer kann bestehen?
Und wer hält stand vor seiner Zornesglut?
6 b (ח) Sein Grimm ergießt sich wie Feuer,
und die Felsen zerreißen[7] durch ihn.
7 a (ט) Gütig ist Jahwe denen, ‚die auf ihn harren',
eine Zuflucht am Tage der Not.
7 b (י?) Er kennt, die sich bergen bei ihm,
8 aα und in reißender Flut …
8 aβb (כ) Zunichte macht er ‚seine Widersacher'[8],
und seine Feinde jagt er in die Finsternis[9].

---

6 Zur Übers. der Wz. *mwg* (hier hitpol.) mit „schwanken" s. ThWAT IV 724–727.

7 An Stelle von *nitt^{e}ṣu* „zerbrechen" lesen die meisten Exegeten *niṣṣ^{e}tu* „entzündet werden", um so dem „Feuer" im 1. Stichos gerecht zu werden. Aber es ist leichter vorstellbar, dass Felsen bersten als in Brand geraten.

8 Die hebr. Form „ihr Ort" hat keinen Bezug im Kontext. Als Parallele zu „seine Feinde" ist „seine Widersacher" zu lesen.

9 G S V nehmen „Finsternis" als Subj. des Satzes, aber schon die Wortstellung legt es nahe, bei Jahwe als Subj. zu bleiben. Versteht man „Finsternis" als acc. loci, dann muss *rdp* „verfolgen nachjagen" nicht durch *hdp* „stoßen" ersetzt werden.

2–8 Anders als die Überschrift erwarten lässt, beginnt das Buch mit einem Hymnus auf den Gott Israels, mit einem Introitus-Psalm: Durch Jahwe, durch ihn allein, kommen Judas Feinde zu Fall. Damit gibt der Hymnus auf den „eifernden Gott“ der profanen Dichtung in Nah 2f. das religiöse Kolorit und Gewicht. So erfahren die Leser/Hörer gleich mit dem ersten Satz das Grundthema der ganzen Schrift: „Ein eifernder Gott ist Jahwe“, den Seinen eine Zuflucht, den Feinden ein Rächer. Als der Psalm vor die Sprüche gesetzt wurde, war Ninive längst untergegangen. So lehrt die liturgische Zusammenstellung: Ninive muss als ‚Typus‘ der Gegnerschaft gegen Gott und die Seinen verstanden werden.

Der Psalm enthält kaum einen Vers, der sich nicht so oder ähnlich auch sonst im Psalter fände. Er ist kein Muster poetischer Originalität. Gleichwohl erhebt sein Dichter einen poetischen Anspruch mit der Kunstform des Akrostichons, die noch deutlich erkennbar ist.[10] Die Zeilen beginnen jeweils mit einem Konsonanten des hebr. Alphabets (א bis כ; vgl. Ps 9 + 10). Die vielen Versuche, in 1, 9–2, 3 eine Fortsetzung des alphabetischen Liedes zu finden, führten nur zu willkürlichen Konstruktionen. V. 2–8 verlangt auch nach Stil und Aussage keine Fortsetzung. Solche Akrosticha sind nicht einmal selten in der hebr. Poesie (vgl. Klgl 1–4 oder Ps 37 und dazu Paul Gerhardts Lied „Befiehl du deine Wege“ über Ps 37, 5).

Das Mittelstück des Hymnus (3 b–6) hebt sich als eine Reihe von Entlehnungen aus den sog. Theophanieschilderungen heraus: Wenn Jahwe kommt/erscheint, gerät die Natur in Aufruhr und die Menschen fürchten sich.[11] Besonders in Prophetenbüchern (vgl. Hab 3) bietet die Topik der „Gerichtstheophanien“ das mythische (und großenteils vorisraelitische) Bildmaterial für Jahwes rettendes Eingreifen: Der die Berge erbeben lässt, vermag auch seine/Israels Feinde zu vernichten. Hier stützen die Theophanie-Anspielungen den Eingangssatz 2 a: Der die Natur beherrscht, kann auch in die Geschichte eingreifen. Denen, die offenkundig Trost brauchen, wird mit diesen uralten ‚Mitteln‘ gesagt: Er ist ein Rächer alles Unrechts.

Das mit 2 a (א) begonnene Akrostichon wird erst mit 3 b (ב) fortgeführt, so dass 2 b. 3 a ein Nachtrag zu sein scheint – obschon man darin nicht sicher sein kann, denn das Akrostichon ist auch in 4 b. 6 a. 7 b gestört. Als Nachtrag wäre 2 b. 3 zugleich eine leise Korrektur von 2 a: Ein Rächer ist Israels Gott nur an denen, die die Erde mit Unrecht und Gewalttat überschwemmen und als solche eben „seine“ Feinde sind, denn er ist ein Gott, der das Recht schützt. So wird denen, die nach irdischem Ausgleich schreien, in hymnischer Wucht gesagt: Er lässt die Bösen nicht ungestraft und bietet den Seinen Zuflucht am Tage der Not (7 f.).

---

[10] Vgl. H. Gunkel, Nahum 1, ZAW 13 (1893) 223–244 und zuletzt K. Spronk, Acrostics in the Book of Nahum, ZAW 110 (1998) 209–222.

[11] Zur Gattung der Theophanie-Texte vgl. J. Jeremias, Theophanie (WMANT 10) ^{2}1977, bes. S. 75–90 zur Herkunft der einzelnen Motive.

V. 2 a ist durch Wiederholungen überfüllt – wohl nicht ohne Absicht: Die frühen Benutzer des Hymnus wollten unmissverständlich klarstellen, dass Jahwe zu Eifer, Zorn und Rache fähig und willens ist. Rechtsverletzungen durch Fremdvölker rächt Jahwe um seiner Ehre wie um des Schutzes der Seinen willen. W. Dietrich hat betont, dass im AT generell „die Vergeltung weit häufiger von Gott als von Menschen erwartet wird": „Gott um Rache zu bitten, bedeutet in der Regel Verzicht auf eigene Rache."[12] Dabei beruft man sich darauf, dass er ein *'el qannā'*, ein um die Durchsetzung seines Willens eifernder Gott sei. So steht es auch im Dekalog, und zwar passend in der Begründung des Fremdgötterverbots (Ex 20, 5/Dtn 5, 9). 2 a

Die bedrohlichen Jahwe-Prädikate von 2 a werden in 2 b durch den Bezug auf die Jahwe-Feinde begreiflich gemacht: Nicht seinem Wesen nach, sondern für seine Feinde ist er ein Rächer. Seine Feinde können auch unter den Judäern sein, wie die fast wortgleiche Strafankündigung Jes 1, 24 zeigt. Dass er „am Zorn festhält", steht zwar im Widerspruch zu Ps 103, 9 („er zürnt nicht auf ewig"), zeigt aber zugleich, was V. 3 a dann mit jedem Wort zeigt: die Herkunft der Eingangsverse von 1, 2–8 aus der Sprache von Hymnus (Ps. 103, 8 f.) und Bekenntnis (Ex 34, 6 f.). 2 b

Der Anfang von 3 a folgt ganz unerwartet auf 2: „Langmütig ist Jahwe" ist ein Zentralbegriff der in Ex 34, 6 zuerst belegten „Gnadenformel".[13] Passt dort die Geduld zum Erbarmen, so entsteht hier ein Widerspruch zu V. 2: Der eifernde und rächende Gott ist nicht zugleich der langmütige; das überkommene und in 3 a aufgegriffene Formelgut musste in den Kontext eingepasst werden. Dabei wurde nicht nur und nicht erst hier bedacht, dass Jahwe zwar langmütig ist (Ex 34, 6; Num 14, 18; Jl 2, 13; Jon 4, 2; Ps 86, 15; 103, 8; 145, 8; Neh 9, 17), aber gleichwohl keinen Schuldigen ungestraft lässt (Ex 20, 7/Dtn 5, 11; Ex 34, 7; Num 14, 18; Jer 30, 11 u. ö.). Die Fortsetzung der Langmutsformel heißt nun freilich in Ex 34, 6 „reich an Güte und Treue", in Ps 103, 8 „reich an Güte", in Nah 1, 3 dagegen „groß an Kraft". Mit dieser Umbiegung der Aussagerichtung wird 3 aβ vorbereitet: Es glaube niemand, er sei kraftlos; es verwechsle niemand das geduldige Verzögern mit dem Ausbleiben der Strafe! 3 a

Wie „Sturm und Wetter" mit Jahwe zusammenhängen, kann man auch Ps 83 entnehmen: Die Völker, die sich gegen Jahwes Volk zusammenrotten, heißen (wie Nah 1, 2 b) „deine Feinde", um deren Entmachtung er gebeten wird: „Verfolge sie mit deinem Wetter, und mit deinem Sturm schrecke sie" (V. 16)! Wie in verschiedenen ao Vorbildern gehören „Sturm und Wetter" zu den Begleiterscheinungen oder Machtmitteln der erscheinenden Gottheit. 3 b

---

[12] W. Dietrich, Rache, EvTh 36 (1976) 450–472; 464 f.

[13] H. Spieckermann, „Barmherzig und gnädig ist der Herr …", ZAW 102 (1990) 1–18.

Schon in sum. Götterhymnen heißt der Gott Ninurta „der Herr, der Sturm, der dem Bösen schrecklich" ist (SAHG 108); wird der Gott Nergal gerühmt, „der in seiner Heldenkraft wie ein Sturmwind brüllt" (SAHG 65), oder regelrecht angebetet als „Herr, der du in der Nacht im Sturm einhergehst" (SAHG 83). Wie Sturm und Wetter auch zum ug. Baal gehören, so ist es in den bab. und ass. Hymnen natürlich vor allem der Wettergott Adad, der als „Herr des Sturms", als „der auf dem gewaltigen Sturm Einherfahrende" o. ä. gepriesen wird. Im Schöpfungsepos Enuma eliš (Taf. IV) ist der Sturm Marduks Waffe gegen das Chaosmeer. Mit diesen Anspielungen stützt V. 3 b die Aussage von 2. 3 a: Jahwe kommt zur Rettung, ausgerüstet mit den Machtzeichen des ao Sturmgottes.

4 a Der Gott, der Meer und Ströme bedroht, ist herkunftsmäßig der Schöpfer. In den Vorstellungen von 4 a klingt die uralte orientalische Kosmologie nach, dass die Schöpfung dem Chaos(-Meer) abgerungen wird (vgl. Jes 51, 10). Der „schreiende/anherrschende" Gott bedroht seine Feinde in der Natur wie in der Geschichte. Die beiden Verben für „austrocknen/versiegen" stehen hier wie Jes 42, 15; Jer 51, 36 parallel. Die Übertragung des Mythos auf die Geschichte findet sich auch bei der Rettung Israels aus Ägypten: „Er herrschte das Schilfmeer an, so dass es austrocknete" (Ps 106, 9 a; vgl. Ex 14, 21).

Die hebr. Zeile 4 b beginnt mit dem Wort, mit dem sie auch endet; da dieses Wort und damit die Zeile nicht mit ד (*d*) beginnt, ist mit gestörter Überlieferung zu rechnen. Auch ohne cj. ist die Übers. „verkümmern/verwelken" gedeckt. Wie das Versiegen der Gewässer (4 a) ist das Verkümmern der Landschaften eine Folge von Jahwes Erscheinen. Zu V. 4 f. vgl. auch Am 1, 2, wo allein Jahwes „Brüllen" das Verdorren bewirkt. Die sprichwörtlich fruchtbaren Landschaften werden im gleichen Sachzusammenhang auch Jes 33, 9 erwähnt. Aber zur Entstehungszeit von Nah 1 waren der Karmel und der ostjordanische Baschan längst nicht mehr ‚israelitisch', der Libanon war es nie.

5 Dass vor Jahwes Stimme oder Erscheinen auch das Festeste ins Schwanken gerät, ist wie die Verwüstung der ganzen Erde ein steter Topos der Theophanieschilderungen (Ri 5, 4 f.; Ps 97, 4 f.; Mi 1, 3 f.; Hab 3, 6, aber auch 1. Kön 19, 11 f.).

6 Mit dem hier fälligen ז (*z*) beginnt die Zeile nur, wenn man Wörter umstellt. Man muss sich auch mit Blick auf 2 b. 4 b. 7 b fragen, ob die Tradenten das Akrostichon überhaupt noch erkannt und beachtet haben. Das Wort *zaʿam* „Groll, Grimm" gehört zu den zahlreichen hebr. Ausdrücken für den Zorn Gottes. Wie hier stehen „Groll" und „Zornesglut" in Zeph 3, 8 b oder auch Ps 69, 25 parallel. In V. 6 häufen sich zwar die Synonyme für Jahwes Zorn, aber die Unheilsbilder in 6 b passen nur begrenzt zueinander. Zum Gotteszorn, der sich wie ein Feuersturm ergießt, vgl. Gen 19, 24 f.; Ri 20, 40, aber auch Jes 30, 27–33, zum Zerreißen der Felsen vgl. 1. Kön. 19, 11; Jer 23, 29. Die Zusammenballung der Bilder in V. 3 b–6 zeigt die Abrufbarkeit der Topoi einer Gerichtstheophanie.

7 a Die Gottesprädikation von 7 a steht in schroffem Gegensatz zu der von 2 a und dann wieder 8 aβb. Aber es geht dabei nicht um Spannungen im Wesen Gottes, sondern um sein je verschiedenes Verhalten gegenüber ‚Freund und

Feind'. Zuflucht bietet er dementsprechend nur denen, die sie bei ihm suchen.

Da in 7 b der zweite Stichos fehlt, wird 8 aα herübergenommen. Freilich 7 b. 8
scheint in 8 aα ein Verb zu fehlen, doch ist keiner der Vorschläge („er hilft ihnen", „er rettet sie" o. ä.) zwingend. Zum Bild und Wortfeld der bedrohlichen Wasserflut vgl. Jes 28, 15; Jer 27, 2; Ps 124, 4 f. Mit V. 8 aβb kommt die Aussage auf V. 2 b zurück: Rache, Zorn, Strafe gelten Jahwes Feinden, und das mit der erwünschten Gewissheit.

1, 9–2, 1: Heil für Juda – Unheil für Ninive

9 **Was habt ihr für Bedenken gegen Jahwe?**
Ohne Zweifel ist er es, der zunichte macht,
kein zweites Mal erhebt sich (darum) Not.
10 **[... verflochtene Dornen ...**
sie werden verzehrt wie dürres Stroh ...]
11 **Aus dir zog aus, der gegen Jahwe Böses ersann,**
der Ruchloses plante.
12 a **So spricht Jahwe:**
Obschon sie unversehrt und (noch) so zahlreich sind,
bleiben sie nicht ungeschoren, sondern müssen vergehen.
12 b **Zwar hab ich dich niedergedrückt,**
will es aber nicht wieder tun.
13 **Und jetzt zerbreche ich sein Joch auf dir**
und zerreiße deine Stricke.
14 **Über dich aber hat Jahwe verfügt:**
Nichts soll mehr ausgesät werden von deinem Namen,
aus deinem Gotteshause rotte ich Schnitz- und Gussbild aus,
ich bereite dein Grab, da du wertlos geworden bist.
1 a **Siehe, auf den Bergen die Füße des Freudenboten,**
der Heil verkündet!
Feiere, Juda, deine Feste,
erfülle deine Gelübde!
1 b **Denn nicht mehr wird er durch dich hindurchziehen –**
der Ruchlose, zur Gänze ist er zerstört.

Die 7 Verse zwischen dem Eingangspsalm (1, 2–8) und dem ersten großen Gerichtswort gegen Ninive (2, 2–14) bilden keine literarische oder gar rhetorische Einheit, sondern sind ein schwer entwirrbares Gemisch von Fragmenten, die zwischen die formal und inhaltlich deutlich bestimmbaren Kontexte geraten sind. Als Gemisch erweisen sie sich schon durch die mehrfach wechselnde Form der Anrede (V. 9 m. pl., V. 11–13 f. sg., V. 14 m. sg. und V. 1 [so hier für 2, 1] wieder f. sg.). Am Anfang von 12 (und nur hier im Buch) steht die sog. Botenspruchformel, aber 14 hat dann schon wieder eine eigene Einleitungsformel. Die einzige ausdrücklich genannte Adresse, Juda, steht erst in V. 1 aβ; was sonst in 9–14 sich auf Juda bezieht, kann also nur vom Inhalt her bestimmt werden. Die Gleichförmigkeit der Anrede im f. sg. verbindet V. 12 b. 13 mit V. 1; V. 12 b.1 berühren sich zudem aufs Engste inhaltlich durch die Aussage, Unheil träte *lo*ʾ ... *ʿôd* „nicht mehr" ein (V. 9: „kein zweites

Mal"). Demnach liegen in 9. 12. 13. 1 Fragmente von Heilszusagen für Juda vor. V. 10 ist schier unübersetzbar. Die sogar im Blick auf den Adressaten umstrittenen Verse 11. 14 gehören jedenfalls nicht zum Heilswort für Juda; sie bilden vielleicht einen kleinen Grundbestand von Sprüchen gegen die Assyrer, um die dann die Heilszusagen ‚herumgelegt' wurden. Aber über die Entstehungsgeschichte des Abschnitts war und ist wohl keine Einigkeit zu erzielen. Die raffiniertesten Rekonstruktionsversuche bestätigen hier nur, was sie aufheben sollen: das kompositorische Chaos. Es empfiehlt sich, die Fragmente je für sich auszulegen.

Den Verbalausdruck im 1. Stichos könnte man wie Hos 7, 15, aber auch wie 9
in V. 11 übersetzen: „Was plant ihr gegen (Jahwe)?" Adressaten der Fragen müssten dann Jahwes Feinde (von 8 aβb) sein. Aber der letzte Stichos, eine Tröstung und Stärkung, kann nicht den Feinden, sondern nur den Judäern zugesagt sein. Dann aber gibt die Übers. „planen gegen" keinen Sinn. Mit der (zu) freien Übers. „was zweifelt ihr an Jahwe?" trifft Rudolph, was gemeint zu sein scheint: Wenn gilt, was im Psalm steht, „was denkt ihr (dann) von Jahwe" so kleingläubig. Die Antwort gibt die dem Ergänzer vorliegende Wendung 8 b: „Er ist in der Tat einer, der zunichte macht (was euch ängstet)." Der Verf. von 9 hat also sowohl 11 a und 8 aβ als auch 7 a (der dort genannte „Tag der Not" wird sich nicht wiederholen) vor sich. Er interpretiert, predigt, schärft ein: Ja, der Psalmist hat recht, Zweifel an Jahwe sind unbegründet.

Soweit V. 10 überhaupt verständlich ist, enthält er weder eine Fortset- 10
zung der Anrede von 9 (2.m.pl.) noch eine Vorbereitung der Anrede von 11 (2.f.sg.); mit dem Hinweis darauf, dass jemand/etwas verbrannt wird, ist auch kein inhaltlicher Zusammenhang mit der Zusage von 9 b möglich. Für den gelehrten Unsinn der Konjekturen genügt eine Probe: „denn mögen sich die Feinde dornengleich zusammenballen oder sich gleichsam mit Stachelranken umwinden …" (Rudolph). Hält man sich an die Aussage von 10 b, so kann sich der pl. „sie werden verzehrt wie …" nur auf die Feinde von 8 beziehen. Die Stichworte „Stoppeln" und (durch Feuer) „gefressen werden" gehören zum Repertoire des Gerichts an Feinden (Ex 15, 7; Jes 47, 14).

Der sprachlich klare V. 11 wäre leicht zu deuten, wenn sich wenigstens aus 11
dem Kontext ergäbe, wer angeredet und wer mit dem Ausziehenden gemeint ist. In 2.f.sg. werden Städte oder Länder angesprochen – hier für das Urteil der meisten Ninive/Assur, für das einiger weniger aber Juda. Der aus Assur „auszog", war am ehesten Sanherib. Rudolph verschiebt die Bedeutung des Verbs: der „abzog", nämlich aus Juda. Jeremias (20–25) nimmt wie die meisten 11 mit 14 (dort freilich 2.m.sg.!) zusammen als Anklage und Gerichtswort, das er auf Manasse von Juda bezieht. Nun enthält Nah eindeutig sowohl Gerichtsworte gegen Ninive als auch Trostworte für Juda. Letztere dominieren gerade im Bereich von 1, 9–2, 1. Dieses kontextuale Trümmerfeld wäre noch schwerer zu begehen, wenn man auf ihm auch noch über Gerichtsworte gegen Juda bzw. seinen König stolpern müsste.

Die Ungeheuerlichkeit, dass Menschen Böses gegen Jahwe ersinnen, wird im AT schon (aber auch nur noch) Hos 7,15 ausgesprochen, und zwar im Schuldvorwurf gegen die Israeliten. Die in manchen Texten beinahe austauschbaren Verben *ḥšb//jʿṣ* „ersinnen//planen" werden (nicht vor der Exilszeit) in prophetischen Völkersprüchen parallel wie auch zusammen mit den von ihnen abgeleiteten Nomina gebraucht: Jer 49,20; 50,45 ersinnt und plant Jahwe Pläne gegen Edom oder Babylon, Jer 49,30 der bab. König gegen Wüstenstämme.

Das im AT 27mal, in der Prophetie nur Nah 1,11; 2,1 belegte hebr. Wort *beliijaʿal* bleibt trotz erheblicher Bemühungen (ThWAT I 654–658) etymologisch unklar und darum im Grunde auch nur aus dem jeweiligen Zusammenhang übersetzbar. Parallel zu „Böses" wird „Ruchloses/Heilloses" oder wenigstens „Nichtsnutziges" gemeint sein. In Dtn 13,13f. heißen Verführer zum Götzendienst *belijjaʿal*-Söhne, also Ruchlose, die ihre Stadt ins Unglück reißen. Da sich in Nah 1,11 das Sinnen (des ass. Herrschers?) gegen Jahwe richtet, geht es ähnlich wie Dtn 13,13ff. um ‚Religionsfrevel'. Der Eindruck verstärkt sich, wenn man in 11 den gemeint sieht, der in 14 direkt angeredet und in religiöser Hinsicht verurteilt wird.

12 a Die Botenspruchformel, in Nah nur hier, ist von der Anrede, die man erwartet (12b), durch einen Text (12a) getrennt, der wie 10 „jeder Auslegung spottet" (Sellin). Bis zu Elliger haben darum fast alle Exegeten mit Hilfe von G den Text verändert. Aber 12a gibt vor 12b doch einen Sinn: Die Feinde, so kraftvoll sie nach wie vor wirken, werden nicht ungeschoren bleiben. So passt die Aussage in 3.P. zwar formal schlecht vor die Anrede, aber sie ist doch deren sachliche Begründung. Die feindliche Armee wird offenkundig noch immer als unbeschädigt und ungeschmälert gefürchtet; insofern beginnt die Tröstung Judas inhaltlich schon in 12a, vor der direkten Anrede.

12 b V. 12b ist die erste Hälfte des mit der Botenspruchformel eingeleiteten Heilsspruches für Juda in 12b.13. Das Spiel mit der hebr. Wz. *ʿnh* pi. „bedrücken, erniedrigen, demütigen" würde im Deutschen hölzern wirken: „Ich habe bedrückt, ich bedrücke nicht mehr." Rudolph bezieht die Vergangenheitsaussage auf das Jerusalemer Geschick 701 v.Chr. Auch Judas Elend war jedenfalls von Jahwe gewollt, ja bestellt (Jes 10,5.12.20). „Die Zeit, da Assyrien in Gottes Auftrag – ‚ich habe dich gebeugt' (12)! – Juda knechten durfte, ist vorbei. Jetzt wird das Weltreich zerbrochen, und Juda wird frei (12f.)!" (Elliger) Sprachlich und gedanklich verwandt mit 12b ist der spät-dtr Satz 1. Kön 11,39: „Ich will die Nachkommenschaft Davids niederdrücken … doch nicht allezeit."

13 Der Doppelausdruck vom Zerbrechen der Jochstangen und Zerreißen der (Joch)Stricke hat sein Vorbild vielleicht Jer 2,20; 5,5 (Israel wirft Jahwes ‚Joch' ab), seine engste Parallele in der nachexilischen Heilsankündigung Jer 30,8 (Jahwe zerbricht das Joch der „Fremden").

14 Schon die in der Prophetie ganz ungewöhnliche Spruchеinleitung zeigt, dass der direkte Anschluss an Vorausgehendes gar nicht gesucht wird. Zwar erschien in 13 die Juda bedrückende Macht (aber in 3.P.), während 14 einen einzelnen Menschen, am ehesten den König der Bedrücker, bedroht. Aber

auch die direkte Verbindung mit 11, in der Exegese immer wieder gesucht, wird durch die Genus-Differenz in der Anrede verwehrt (f. sg. dort, m. sg. hier). Darum muss man hier auch nicht einen (in 11 als Religionsfrevler beschrieben) judäischen „Antijahwisten" (Seybold) sehen, sondern darf als Adressaten dieser tödlichen Bedrohung den annehmen, den die Buchüberschrift nahelegt: den ass. Großkönig. Über ihn, dessen Macht von Jahwe gebrochen wird (13), hat der Gott Israels beschlossen: das Erlöschen seiner Dynastie[14], die Vernichtung der Götterbilder in seinem (Assur-?)Tempel (viele neuass. Feldzugsberichte beschreiben die Verschleppung oder Zerstörung der Götterstatuen der Unterlegenen als höchsten Triumph des Siegers)[15] und schließlich den Verlust des eigenen Lebens.

Nur hier in Nah wird Juda bei Namen genannt, und damit werden zugleich 2, 1 a
alle vorangehenden Anreden in der 2.f.sg. (1, 12. 13) entschlüsselt: Die Zusagen ab 1, 9, dass kein Unheil mehr geschehen werde, gelten Juda. „Nicht mehr" bezieht sich also auf eine geschichtliche Lage: Unheil war geschehen, Heil wird angekündigt, ist aber noch nicht Wirklichkeit.

V. 1 beginnt mit dem überraschenden Ausruf: „Siehe, auf den Bergen die Füße des Freudenboten!" Man möchte sich das als prophetische Vision Nahums vorstellen: Der Herold naht sich Jerusalem auf der Gebirgsstraße von Norden oder über den Ölberg von Osten her. Aber: 1 aα ist fast wörtlich gleich Jes 52, 7a α: „wie lieblich sind auf den Bergen ..." Jeremias meint, bei dieser Gleichheit sei „jeglicher Zufall ... ausgeschlossen ...; dafür sind Wortwahl und Konstruktion viel zu ungewöhnlich" (13 f.). Er hat Gründe dafür geltend gemacht, „dass Nah 2, 1 von der Verkündigung Deuterojesajas abhängig ist" (14), zumal auch V. 1 b mit Jes 52, 1 bβ als Wortparallele (freilich nur) das hier so wichtige „nicht mehr" habe. Wäre diese Abhängigkeit richtig erkannt (gegen den breit begründeten Widerspruch von Rudolph 163 u. a.), dann ließe sich für die Heilsworte in 1, 9–2, 1 gewiss machen, was für vergleichbare Heilsworte in anderen Prophetenbüchern in hohem Maße wahrscheinlich ist: die nachdtjes., nachexilische Herkunft. Aber hier bleiben Unsicherheiten.

Wer den Blick auf die „Füße" des heraneilenden Boten scheut, „muss keine Dichter lesen".[16] Das part. pi. *m^e^baśśer* meint einen Boten mit guter Nachricht (vgl. Jes 61, 1), wie hier die Fortsetzung bestätigt: Er verkündet *šālôm* „Heil". Diese Freudenbotschaft darf Juda mit Festfreude beantworten. Sie ist wieder möglich, so wahr sich kein zweites Mal Not erheben wird (1, 9 b). Das pl. Nomen *ḥag* ist nur hier im AT mit dem Verb derselben Wz. verbunden: „Feiert (wieder) eure Feiern" meint die Wiederaufnahme des geordneten got-

---

[14] Der seltsame hebr. Ausdruck „ausgesät werden von deinem Namen" wird durch G bestätigt und bedeutet etwa: „Keiner, der deines Namens ist, soll Nachkommen haben" (Rudolph). Die übliche cj. hin zu dem geläufigen Ausdruck „deines Namens wird nicht mehr gedacht werden" (*zkr* ni.) ist als lectio facilior anzusehen.

[15] Vgl. H. Spieckermann, Juda unter Assur, 347 ff. (mit Belegen und weiterer Lit.).

[16] B. Duhm, Das Buch Jesaja, ^{4}1922 = ^{5}1968, z. St.; vgl. ThWAT I 845–849.

tesdienstlichen Lebens in Jerusalem. Auf den Wandel der Verhältnisse bezieht sich auch die Erfüllung der Gelübde, die man in der Zeit der Not für den Fall der Rettung gelobt hatte.

2, 1 b Subj. der Zusage von 1 b kann (ganz unabhängig von dem syntaktisch nachklappenden *b^e lijja^c al*) nach dem Gesamtkontext nur Assur sein. Das Verb *^c br* mit der Präp. *b^e* kann das ganz gewöhnliche „Durchziehen" (Gen 12, 6), aber auch Gottes strafendes „Durchschreiten" eines Landes meinen (Ex 12, 12; vgl. Am 5, 17). Dementsprechend wird hier auf die Durchzüge der ass. Armee angespielt. Im Unterschied zu 1, 11 ist *b^e lijja^c al* hier persönlich gebraucht: Der „Ruchlose" ist der ass. König.

2,2–14: Erstürmung und Verwüstung Ninives

2 **Ein Zerschmetterer ist heraufgezogen gegen dich:**
Halte Wacht, beobachte die Straße,
gürte die Lenden, nimm alle Kraft zusammen![17]
3 **Denn nun stellt Jahwe die Hoheit Jakobs wieder her**
[so wie die Hoheit Israels],
nachdem Verwüster sie verwüstet
und ihre Ranken abgehauen hatten.
4 **Rotleuchtend**[18] **die Schilde seiner Helden,**
in Scharlach gehüllt die Krieger,
im Feuer der funkelnden Wagenbeschläge[19]
[am Tage, da er es bestimmte][20]**,**
unruhig tänzeln die Pferde[21]**.**
5 **Durch die Straßen rasen die Wagen,**
überrennen sich auf den Plätzen,
ihr Anblick: wie Fackeln, wie zuckende Blitze.
6 **Er beruft**[22] **seine Anführer,**
die stürzen mit ihren Marschkolonnen voran,
sie rennen zur[23] **Mauer,**
das Sturmdach ist (schon) aufgerichtet.
7 **Die Flusstore wurden geöffnet,**
und der Palast vergeht vor Angst.
8 **(...) sie muss in die Verbannung, sie wird vertrieben,**
auch ihre Dienerinnen werden fortgejagt,
sie ‚klagen' wie die Tauben,

---

[17] Die vier Verben kann man als inf. abs. deuten, der den imp. vertritt (GK § 113 bb), da ein imp. m. nach der f. Anrede in V. a schwierig ist. Aber man muss den imp. m. nicht ausschließen, weil die männlich-militärischen Befehle den fast automatischen Umschlag der Sprache in das andere genus denkbar erscheinen lassen. Eine erschöpfende Auslegung des G-Textes („... differs dramatically from the MT") bietet E. Ball, Interpreting the Septuagint: Nahum 2, 2 as a Case-Study, JSOT 75 (1997) 59–75.

[18] Hier könnte sich das part. pu. von *'dm* „rot sein" auf den gefärbten Lederbezug oder (vgl. Josephus, Ant. XIII 12, 5) auf den Kupferbeschlag der Schilde beziehen.

[19] *pᵉlādôt* ist hap. leg.; die beinahe übliche cj. zu *lappidot* (Konsonanten-Metathesis) „Fackeln" ist abzulehnen, da dieses Wort auch in V. 5 (und dort nicht im f., sondern korrekt im m. pl.) steht.

[20] Die Glosse überfüllt die Zeile und ist vieldeutig.

[21] Neben „Wagen" legt es sich nahe, statt *bᵉrošîm* „Zypressen" mit G *pārāšîm* „Pferde" (V: agitatores „Wagenlenker") zu lesen.

[22] Subj. von *zkr* kann nur der Zerschmetterer von V. 2 sein.

[23] Für das f. Suff. an „Mauer", das kein Bezugswort hat, ist ה locale zu lesen.

sie schlagen sich an die Brust.
9 **Und Ninive ist wie ein Wasserbecken,**
‚dessen Wasser'[24] auslaufen.
„Bleibt stehen, bleibt stehen!"
Doch keiner kehrt um.
10 **Plündert Silber, plündert Gold!**
Aufgeschichteter Vorrat ohne Ende,
Reichtum an allem begehrenswerten Gerät.
11 **Öde, Verödung und Verwüstung,**
verzagendes Herz und Schlottern der Knie,
zuckender Schmerz in allen Hüften,
und alle Gesichter bleich geworden.
12 **Wo ist nun der Lagerplatz der Löwen**
und wo die Futterstelle für die Junglöwen,
wohin der Löwe sich zurückzog[25],
das Löwenjunge, von niemandem aufgeschreckt?
13 **Der Löwe riss für seine Jungen**
und würgte für seine Löwinnen,
er füllte mit Raub seine Höhlen
und seine Lagerplätze mit Beute.
14 **„Siehe, ich will an dich", Spruch Jahwes der Heere,**
„ich lasse in Rauch aufgehen deine Größe[26]
und deine Junglöwen frisst das Schwert;
ich entferne aus dem Lande deinen Raub,
und hinfort wird nicht mehr gehört die Stimme deiner Boten."

Die detaillierte Beschreibung legt keinesfalls den Schluss nahe, hier werde bereits Geschehenes dargestellt. Der Dichter drückt visionär, aber in standardisierten Bildern aus, was er für die nahe Zukunft ersehnt: den Untergang der bedrückenden Großmacht. Aber 2, 2–14 ist keine geschlossene literarische Einheit. V. 3 fällt ganz aus dem Zusammenhang heraus. V. 4 bildet keinen Anfang, da „seine Helden" einen Rückbezug brauchen. Aber auch V. 2 mit seiner Anrede stand nicht immer vor V. 4 ff., wo niemand angeredet wird. Die gemeinte politische Größe wird erst in V. 9 bei Namen genannt: Ninive. Wer es verwüstet, wird wiederum nicht gesagt – außer in dem redaktionell angefügten und nun den gewichtigen Abschluss bildenden Gottesspruch V. 14 (vgl. 3, 5): Jahwe selbst. Den Kern bietet also V. 4–11: poetisch hochkarätige, ganz unreligiöse Kriegslyrik, nicht zuletzt durch den Nominalstil von ungeheurer Wucht und Wirkung. Nur V. 9 verrät also, wem es ans Leben geht,

---

24 MT („seit den Tagen") ergibt keinen Sinn. Die übliche cj. (s. App.) lässt sich mit G gut begründen: τὰ ὕδατα αὐτῆς (V: aquae eius).

25 Für die Löwenbezeichnung *lābi'* bietet G τοῦ εἰσελθεῖν, was hebr. *lābô'* entspräche.

26 Die Übers. folgt G (πλῆτός σου = *rubbek*?); MT „ihre Wagen" (so getreulich auch V: quadriga eius) bleibt unverständlich.

und nur V. 14 sagt, wer das letztlich will, verursacht und garantiert. Zu wessen Gunsten es geschieht, soll man dem Nachtrag V. 3 entnehmen.

Die cj. *mappeṣ* „Zerschmetterer“ stellt eine leichte Sinnverschiebung dar, 2
da 4 ff. nicht „Zerstreuung“, sondern Eroberung und Zerstörung beschreibt. Die Aufforderungen an die angeredete Stadt (2.f.sg.) zu Wachsamkeit und Verteidigungsbereitschaft sind nicht ohne Ironie, denn einerseits folgt der Fall auf dem Fuße und andererseits sind solche Maßnahmen vergeblich, wenn Jahwe den Zerschmetterer beauftragt.

V. 3 a steht mit dem Bezug auf Jakob so sperrig in diesem Ninive-Kontext, 3
dass ein ursprünglicher Zusammenhang ausgeschlossen ist. Der Traditionsname muss das zeitgenössische Juda meinen[27], da hier wie schon 1, 12 f. nicht über die Geschichte, sondern in die Gegenwart gesprochen wird. Der Sache nach gehört 3 a zwar mit den vorausgehenden Heilszusagen für Juda zusammen, aber die Verflechtung mit 2, 2–14 zeigt doch, dass es sich um einen Nachtrag sui generis handelt.

In 3 a ist zwar das Subj. Jahwe eindeutig, aber das Obj. *gāʾôn* höchst doppeldeutig. Das Wort bedeutet nicht nur Höhe, Hoheit, Pracht, sondern auch Hochmut, Stolz, Anmaßung (G Hybris, V superbia). Damit bekäme der Satz einen völlig anderen Sinn, den Jeremias (25–28) sogar für den ursprünglichen hält: „Denn Jahwe macht den Hochmut Jakobs zunichte …“ Obwohl „Hochmut Jakobs/Israels“ in der Prophetie des 8. Jh.s diese negative Bedeutung hat (vgl. nur Am 6, 8; Hos 5, 7), hätte dieses Verständnis hier nur Sinn, wenn man wie Jeremias V. 3 mit V. 2 als Gerichtsankündigung gegen Juda zusammennimmt. Dem widersprechen jedoch alle übrigen Juda-Aussagen der Nah-Redaktionen.

Eine gravierende Schwierigkeit bietet sodann in 3 a das Verb, an dessen Übers. das Gesamtverständnis hängt. MT müsste man übersetzen: „Denn Jahwe kehrt um/zurück mit der Hoheit Jakobs …“, weil *šûb* q. im AT intransitiv und nirgends eindeutig transitiv (wie hi. „umkehren lassen/zurückbringen/wiederherstellen“) gebraucht wird. So steht die hier gewählte Übers. philologisch auf schwachen Füßen.[28]

3 b bietet in gegenüber 3 a eigener Bildsprache einen Rückverweis auf die traurige Vergangenheit, die durch Jahwes Eingreifen jetzt beendet wird. Mit V. 3 erfährt der Leser also vorab, warum der Sturm auf Ninive losbricht.

---

[27] Dass im 6. Jh. das Volk prophetisch als „Jakob“ angeredet werden konnte, zeigen die Belege bei Dtjes (41, 21; 45, 19; 48, 20; 49, 26). In Jes 40–49 stehen Jakob und Israel zudem 17mal im poetischen Par. membr. gleichfalls für das gegenwärtige Juda. Doch in diesem Sinne können die beiden Namen in Nah 2, 3 nicht verstanden werden, da die Vergleichspartikel „wie“ die Identität ausschließt. Das auch rhythmisch nachklappende „wie die Hoheit Israels“ verdankt sich am ehesten jener späteren Zeit, die auf die Restitution ganz Israels hoffte.

[28] Manche behelfen sich mit der Annahme eines ursprünglichen hi. (*jāšîb*). Soll man darauf bauen, dass die Poesie Regeln zerbricht, und hier doch eine transitive Bedeutung des q. annehmen? Es gibt eine genaue Entsprechung in der deutschen Lyrik. Zwar gilt: intransitiv „enden“, transitiv „beend(ig)en“, und doch beginnt ein Gedicht Gottfried Benns mit dem Vers: „Tag, der den Sommer endet“ (Sämtl. Werke, Stuttgarter Ausgabe, Bd. 1, S. 168).

Aber diese (Voraus-)Deutung stammt nicht von Nahum, sondern steht der Kompilation von 1, 9–2, 1 nahe.

4 Die mit V. 4 einsetzende Dichtung enthält viele seltene Wörter, deren Übers. unsicher bleibt. „Seiner Helden" bezieht sich im jetzigen Kontext auf den Zerschmetterer von 2 a. Gegen die in 4 f. geschilderte Armee, die sich der Stadt genähert hat (2 a), hilft keine der ironisch empfohlenen Abwehrmaßnahmen (2 b). Was da vor Ninives Toren steht, ist keine zusammengerottete Soldateska, sondern eine organisierte, einheitlich gerüstete und agierende Armee, deren Anblick in dieser Dichtung als ästhetisches Phänomen wahrgenommen werden soll: Farbe, Glanz, Ordnung, Rhythmus.

5 „Mit V. 5 kommt Leben in das Bild. Aus der Statik wird Dynamik" (Rudolph 171). Mit Blick auf den Zusammenhang (nach 6 b eilen die Verteidiger zur Stadtmauer) muss sich dieser Tumult der Kriegswagen der Angreifer noch außerhalb der Stadt abgespielt haben, zumal für solche Wagenrennen in den Gassen einer Stadt kein Raum war. *hāraekaeb* „Wagen" (coll. sg.) wird in 4 f. wiederholt, aber in 5 a gebraucht als Subj. für die beiden seltenen Verben „rasen, jagen". Das erste Verb steht auch Jer 46, 9 a mit *hrkb* zusammen. Dass es sich um die Beschreibung der Angreifer handelt, zeigt auch der Bezug von 5 b auf 4 b. Der Dichter versucht, denselben erregenden Vorgang mit immer neuen Wörtern einzufangen.

6 Obgleich in 6 a mehrere Wörter unklar bleiben, bezieht sich auch dieser Satz nicht auf die Verteidiger, sondern auf die Angreifer. Das den Vers eröffnende Verb heißt gewöhnlich „sich erinnern/gedenken", kann aber auch „(bei Namen) nennen/benennen/berufen" bedeuten.[29] Ist das berufende Subj. der Oberherr der Angreifer, so sind die „Edlen/Mächtigen" hier seine Truppenführer oder Kommandeure (vgl. Ri 5, 13). Dass diese nun aber herbei- oder voran-„straucheln/stolpern/stürzen", ist nur schwer zu verstehen. Das Verb, Opfer vieler Konjekturen, ist jedenfalls nicht ohne das nächste („eilen") verständlich: „voranstürzen", wie man auch im Deutschen sagen kann. Anders als in 4 f. handelt es sich hier also um die Fußsoldaten der Angreifer, die unter dem Schutz von Sturmdächern auf die Stadtmauer zustürzen.

7 Wenn die Flusstore (am Tigris?) geöffnet wurden – durch die Belagerer (vgl. 3, 13)? durch List oder Verrat? –, ist die Stadt offen und schutzlos. Jetzt endlich fällt der Blick also auf die Folgen des Ansturms im Innern von Mauern und Toren. Der „Palast"[30] steht für seine Bewohner, und das sind nicht die kleinen Leute. Das Verb *mwg* ni. „(sch)wanken" meint hier wohl die innere Erschütterung, die mit den äußeren Ereignissen einhergeht oder ihnen unmittelbar folgt. An eine Überflutung der Stadt dürfte kaum gedacht sein (vgl. Rudolph 171 f.).

---

[29] Vgl. W. Schottroff, „Gedenken" im AO und im AT. Die Wurzel *zākar* im semitischen Sprachkreis (WMANT 15) 1964, 166–277 sowie akk. *zakāru* (AHw 1503 f.).

[30] Richtig G mit τὰ βασίλεια, falsch V mit templum; das sum. Wort kann im Hebr. für Palast oder Tempel stehen.

V. 8 a ist „eine crux interpretum erster Klasse“ (Rudolph), die immer wieder zu ‚Verbesserungen‘ des Textes geführt hat. Was in 8 a gemeint sein könnte, muss man aus 8 bα erraten: „ihre Dienerinnen“ verlangt zwingend nach einem f. Bezugswort. Da unmittelbar davor vom Palast die Rede ist, liegt der Schluss auf dessen „Herrin“ oder gar auf die Königin (so Luther, Wellhausen, Seybold) nahe. Aber es bleibt unerfindlich, warum das eindeutige und so vorzüglich in den Kontext passende Wort *mlkh* „Königin“ hätte verlorengehen bzw. zur m. Verbform werden können. Statt weiterer Raterei (Rudolph, Seybold) bleibt die Stelle leer. 8

Die Aussage über die ‚Herrin‘ in der 1. Zeile wird durch die über ihre Dienerinnen in der 2. Zeile gedeckt, obschon man auch dafür die Vokalisierung des Verbs korrigieren muss. Hält man an diesem Parallelismus von Herrin und Dienerinnen fest, so fehlt freilich in der 3. Zeile ein Verb, das die Parallele zu „schlagen“ in der 4. Zeile bilden könnte. Zudem erfordert „wie die Tauben“ ein Verb neben sich. Das Verb *hgh* „gurren“ ist als Ausdruck des Klagens eindeutig belegt (Jes 38, 14; 59, 11). Darum wird, parallel zum part. „schlagen“, gerne das part. *hogôt* eingefügt. Nur so kann man die Parallelismen in den Zeilen 1–2 und 3–4 erhalten. Gemeint ist wohl ein Trauerritus, obwohl bei den Frauen das Schlagen/Trommeln auf die „Herzen“ schwer vorstellbar ist.

War in 7 b. 8 vom Palast mit seinen Bewohnern die Rede, so in 9 von der Stadt als ganzer. Die Panik beginnt bei Hofe, überträgt sich auf die Bevölkerung und führt zur Massenflucht. Abgesehen von 1, 1 wird hier zum ersten Mal der Name Ninive genannt – mitten im Text, der niemals mit „und Ninive“ begonnen haben kann. 9

Das z. Z. Nahums zwei Jahrtausende alte *Ninive* lag am Ostufer des Tigris, gegenüber Mossul, und hatte den gewaltigen Umfang von ca. 12,5 km; vgl. die natürlich übertriebene, aber bezeichnende Angabe Jon 3, 3: „Ninive war (selbst) für Gott eine große Stadt, drei Tagemärsche zu durchwandern.“ Ninive

Die ummauerte, durch Straßen und Wasserleitungen gegliederte antike Stadt wurde seit der Mitte des 19. Jh.s vor allem von englischen Archäologen ausgegraben. Die bedeutendste Grabungsstätte ist der große Ruinenhügel Kujundschik, auf dem die Paläste Sanheribs (704–681), Asarhaddons (680–669) und Assurbanipals (668–627) standen (vgl. den ‚Stadtplan‘ im Art. Ninive von R. Borger, BHHW 1315 f.). Zur Hauptstadt des neuass. Reiches hatte Ninive erst Sanherib gemacht. Assurbanipal legte die riesige Keilschrifttafel-Bibliothek an, deren mehr als 10 000 Texte die wichtigste Quelle für unsere Kenntnis der bab.-ass. Kultur und Religion darstellen.

Das Ende Ninives begann mit der Machtergreifung Nabopolassars (626–605) in Babylon und den bab. Feldzügen gegen die Assyrer ab 616 v. Chr.; 614 eroberten und plünderten die Meder die Stadt Assur, während Ninive erst im August 612 dem Generalangriff der vereinten Babylonier und Meder erlag. Stadt und Tempel wurden ausgeraubt und zerstört.

In der 2. Hälfte des 8. Jh.s war die ass. Macht für die kleinen Völker in Syrien-Palästina immer bedrohlicher geworden, im größeren Teil des 7. Jh.s war Juda dann ass. Vasall: militärisch wehrlos und unter religiösem Druck, aber von Macht und

Glanz Ninives wohl nicht nur geängstet, sondern immer auch geblendet. Man kann sich unschwer vorstellen, was die Hörer Nahums bei der Ankündigung empfanden, Ninive werde ‚auslaufen' wie ein Teich.

V. 9 a ist ein Bildwort, dessen Bezug zur Sachhälfte in 9 b man gedanklich ergänzen muss: wie die Wasser so die Bewohner. *b*^{e}*rekāh* ist das Wort für einen (in der Regel künstlich angelegten) „Teich", also für „stehendes auffüll- und entleerbares Gewässer, gespeist von Quell- und/oder Regenwasser" (BHHW 1939). Solche Teiche gab es bei Gibeon und Hebron, für Jerusalem werden sie noch mehrfach erwähnt (2. Kön 18, 17; 20, 20; Jes 22, 9. 11; Neh 2, 14; 3, 15; vgl. auch Joh 9, 7). Der Verf. von V. 9 brauchte für diese Darstellung jedenfalls keinerlei Ortskenntnis in Ninive.

Das „Auslaufen" des Wassers (durch Anstechen der Dämme?) wird hier mit *nûs* „fliehen" ausgedrückt (auch G hat für *nûs* fast immer φεύγειν). Das hebr. Verb wird nur selten im übertragenen Sinne gebraucht, und wo, da mit Wasser als Subj.; vgl. Ps 104, 7 das „Zurückweichen" des Wassers vor dem Schöpfergott oder Ps 114, 3. 5 das „Zurückfluten" des Meetes beim Exodus. Eine ähnliche Mehrdeutigkeit hat in 9 b das Verb *ʿmd*, vgl. Jon 1, 15 „das Meer blieb stehen" oder Jos 3, 13. 16: das Jordanwasser „blieb stehen" wie das Schilfmeer, als die Israeliten den Fluss überquerten. Die Flucht ist hier so panisch, dass keiner „umkehrt" oder sich auch nur „umwendet" (*pnh* hi. mit intransitiver Bedeutung).[31]

10 Die Dramatik der Eroberung: Mit den Befehlen in 9 b. 10 a soll Aufregung ausgedrückt oder sogar geschaffen werden. Das kriegerische Szenario des Abschnittes mündet folgerichtig in die Ausplünderung der Stadt, die noch einmal als unermesslich reich vorgestellt wird.

Das Verb *bzz* q. „rauben/plündern/Beute machen" steht in vergleichbaren Szenen sehr oft (vgl. etwa das Wortfeld von Ez 7, 19–22), Silber und Gold als Objekte nur selten. Das Wort *kābôd*, außerordentlich häufig für Gottes „Glanz/Herrlichkeit/Ehre" gebraucht, bedeutet profan „Körper/Substanz/Masse"; zur Sache vgl. Jes 10, 3; 22, 24. Zum begehrenswerten (*ḥmd* „begehren") kostbaren Gerät vgl. Hos 13, 15 b. In der Chronik Nabopolassars heißt es zum Untergang Ninives aus bab. Perspektive: „Die Beute der Stadt, eine Menge, die man nicht zählen kann, erbeuteten sie, die Stadt verwandelten sie in einen Ruinenhügel …" Doch gehören solche Angaben zur Standardsprache der ao Eroberungsberichte.

11 Der 1. Stichos zeigt den Autor als einen großen Sprachspieler, was natürlich nur am hebr. Original hörbar wird: *bûqāh ûm*^{e}*bûqāh ûm*^{e}*bullāqāh*. Die beiden ersten Wörter stammen von der gleichen Wz. (*bwq*/*bqq*?), das dritte von einer ähnlich klingenden (*blq*). Die Übers. will dem entsprechen.[32] „Der Wortsinn spielt fast keine Rolle, wird vom Ton überdeckt" (Seybold). Ver-

---

[31] Das Wortfeld von V. 9 ist fast identisch mit der Aussage über die Söldner der Ägypter Jer 46, 21 aβ: „Auch sie kehren um, sie fliehen allesamt, sie bleiben nicht stehen."

[32] G imitiert den hebr. Text mit recht gesuchten spätgriech. Wörtern: ἐκ-τιναγμός, ἀνατιναγμός, ἐκβρασμός.

gleichbares bieten Zeph 2,15; Ez 33,29. Zum expressiven Nominalstil vgl. 3,2f.

In den drei folgenden Stichoi werden Elend und Angst an Körperteilen verbildlicht: Herz (sg., in dieser Reihe pl. zu verstehen), Knie, Hüften, Gesichter. Was hier dem Herzen widerfährt, wird in Theophanie-Szenen z.B. von Bergen gesagt: Sie „zerschmelzen" wie Wachs (Ps 68,3; 97,5; Mi 1,4), wenn Gott naht. Jes 13,7; Ez 21,12 steht das ‚zerfließende', ‚vergehende', eben verzagende Herz parallel zu den erschlaffenden Händen. Das „Schlottern" der Knie ist hier ein singulärer Ausdruck. Das Wort *ḥalḥālāh* im 3. Stichos, hier nach Rudolph mit „zuckender Schmerz" übersetzt, ist von *ḥjl* („in Wehen liegen/kreißen", dann auch allgemeiner „vor Angst zittern") gebildet. Das Verb wird übertragen auch für Männer, Länder etc. gebraucht. Vgl. Jes 21,3: „Darum sind meine Hüften / ganz von Krämpfen durchzuckt, / Wehen haben mich gepackt, / wie Wehen einer Frau, die gebiert" (Übers. von H. Wildberger, BK). Mit den „Hüften" kehrt der Autor kontrastierend zum Anfang der Vision zurück. In V. 2 wurden die potentiellen Verteidiger aufgerufen: „Gürte die Lenden/Hüften, nimm alle Kraft zusammen!" Nach Ausplünderung und Verödung der Stadt ist das keine Möglichkeit mehr.

Der schwer übersetzbare 4. Stichos[33] beendet mit dem „Erbleichen aller Gesichter" die ebenso grandiose wie grässliche Schilderung des Elends der Menschen. Aber ungern werden die Judäer davon nicht gehört haben. Was direkt folgt (V. 12f. 14), schließt zwar gedanklich einigermaßen an, hat aber V. 2. 4–11 kaum von Anfang an abgeschlossen.

Der Dichter ist hier vom Löwen-Bild und der Fülle der hebr. Wörter dafür 12
begeistert. G. J. Botterweck[34] hat deren sieben aufgelistet, von denen fünf in V. 12 vorkommen. Aber es ist z.T. nicht möglich, Bedeutungsnuancen oder gar -unterschiede der einzelnen Bezeichnungen zu erkennen.[35] Wie in Äg. der Löwe in Kult und Königssymbolik eine große Rolle spielte, so war in der sum. und akk. Literatur „der grimmige, brüllende und kraftstrotzende Löwe ein beliebter Topos für die Götter des … Pantheons".[36] In den verschiedenen atl. Literaturbereichen ist der Löwe der starke und mutige Held unter den Tieren, der angsterregend brüllt, raubgierig auf seine Opfer lauert, sie zerreißt und verschlingt. Bei den Propheten gibt es Löwen-Metaphern für Israels Gott, aber auch für Israels Feinde, meist wie in Nah 2 die Assyrer (vgl. Am

---

[33] Das letzte Wort bleibt trotz aller philologischen Mühe unsicher und damit auch die übliche Übers. mit „Röte/Glühen". Man muss für die Deutung vom ganzen Stichos ausgehen. Er hat eine Wortlaut-Parallele Jl 2,6, wiederum kombiniert mit dem Verb „kreißen": „Vor ihm winden sich Völker, alle Gesichter erglühen" (Übers. von H. W. Wolff, BK). Aber der Schrecken lässt gewöhnlich nicht erröten, sondern erbleichen. Rudolph lässt das bei Nah 2,11 geschickt offen: „aller Gesichter verfärbt."

[34] Art. אֲרִי (und Äquivalente), ThWAT I 404–418; 405–407.

[35] Dasselbe Sprach-Spiel wie Nah 2,12f. bietet Ez 19,2–6, wo in einer Klage über das Ende der als Löwenmutter vorgestellten judäischen Monarchie dieselben fünf Löwen-Wörter 8mal stehen.

[36] Botterweck (wie A. 34) 408–410.

3, 12; Jes 5, 29; Jer 2, 14 f.), die im 8. und 7. Jh. auf ihren Feldzügen den kleinen Völkern in der Tat wie reißende Tiere begegneten.

13 Die Wörter für Raub (m.: 2, 13. 14; 3, 1) und für Beute (f.) meinen „Zerrissenes" und sind von der Wz. *ṭrp* „(zer)reißen" gebildet, deren Subj. im AT überwiegend der Löwe ist. Die Löwen-Sprache wird hier im Anschluss an V. 12 erweitert, darum enthält V. 13 seltene oder singuläre Wörter. Der Löwe erscheint hier als der Ernährer der Familie. Dem Dichter war nicht bekannt, dass in der Regel die Weibchen eines Rudels Beute jagen. V. 12 f. bietet bereits einen Rückblick auf die Gefahr. Die Idylle der Löwenfamilie ist vorbei, das Ende des von Reißen und Töten lebenden Löwenlagers ist gekommen. Damit nimmt der Prophet das Ende Ninives vorweg. Mancher Judäer wird gewusst haben, dass die neuass. Könige Löwen-Titel tragen konnten. Der große Asarhaddon nannte sich selber oder ließ sich einen „wütenden Löwen" nennen.[37]

14 V. 14 a hat man als „Herausforderungsformel" bezeichnet. Sie steht öfter in Jahwes Unheilsandrohungen gegen Fremdvölker: Jer 50, 31; 51, 25 gegen Babylon, Ez 26, 3 gegen Tyrus, Ez 28, 22 gegen Sidon. Sie leitet hier den Abschluss des Gedichtes ein: Nun kündigt Jahwe selbst seinen Willen an („Gottesspruchformel"), die Weltmacht zu vernichten. Was genau dabei „in Rauch aufgeht", bleibt unsicher. Aber dass die Junglöwen (Assurs junge Mannschaft?) ebenso wie der Raub hier wieder genannt werden, zeigt die Absicht zum direkten Anschluss von 14 an 12 f. Das Zusammengeraubte wird natürlich nicht, wie die meisten Exegeten wollen, „von der Erde", „aus der Welt" entfernt (wohin denn?), sondern „aus dem Lande" der Räuber (vgl. 3, 13). Auf die „Boten" des nun entmachteten neuass. Reiches wird niemand mehr hören. Wo sie einmal forderten (vgl. Sanheribs „Boten" vor Jerusalem: 2. Kön 18 f., bes. 19, 23), können sie jetzt nur noch betteln.

[37] R. Borger, Die Inschriften Asarhaddons Königs von Assyrien (AfO Beih. 9) 1956; ND 1967, 43. 96 f.

3, 1–19: Gerichtsworte gegen Ninive

3, 1–7: Weheruf und Gottesgericht über Ninive

1 **Wehe der Blutstadt, alles an ihr ‚Lug und Trug':**
von Beute[38] (längst) voll, hört (doch) der Raub nicht auf.

2 **Peitschenknall und Räderrasseln,**
jagende Pferde und springende Wagen,
3 **‚antreibende' Reiter …**
Ein Flammen von Schwertern, ein Blitzen von Lanzen,
eine Menge von Durchbohrten, eine Masse toter Leiber,
Leichen ohne Ende, man stolpert über ihre Leichen.

4 **Wegen des vielen Buhlens der Buhlerin,**
verlockend durch Liebreiz und kundig der Zauberei,
die Völker einfing[39] mit ihrem Buhlen
und Geschlechter mit ihrem Zaubern.

5 **„Siehe, ich will an dich", Spruch Jahwes der Heere,**
„ich hebe deine Rocksäume hoch bis über dein Gesicht
und lasse Völker sehen deine Scham
und Königreiche deine Schande.
6 **Ich schmeiße Schmutz auf dich, entehre dich**
und stelle dich zur Schau.
7 **Dann wird jeder, der dich sieht,**
weglaufen von dir und sagen:
‚Verwüstet ist Ninive – wer wollte ihm Mitleid bezeugen?'
Woher sollte ich Tröster nehmen für dich?"

3, 1–7 endet wie 2, 2–14 mit der „Herausforderungsformel". Das Gottesgericht 1–7
(5–7) bildet freilich mit dem hier Vorangehenden (1–4) allenfalls eine „keryg-

[38] Das Nomen *paeraeq* „Beute" ist sonst nur Ob 14 belegt. Gemäß der Grundbedeutung des Verbs „trennen, abtrennen" (so von akk. *parāqu* bis arab. *faraqa*) bezeichnet das Nomen hier „die vom Feinde weggerissene und in Sicherheit gebrachte Beute" (ThWAT VI 773).

[39] Statt MT *mokaeraet* (part.f.q. von *mkr* „verkaufen", von G V gestützt), hielt Sellin diese Form für durch Konsonanten-Metathesis entstanden aus *komaeraet* (part.f.q. von *kmr**). Zwar ist dieses Verb im AT (Rudolph: „zufällig") nicht belegt, wohl aber die (ihrerseits seltenen) Substantive *mikmār* und *mikmaeraet* „(Fischer)Netz" (Hab 1, 15 f.). Daraus lässt sich auf die Verbbedeutung „(ein)fangen" schließen.

matische Einheit" (Rudolph), wenn man 5–7 als „göttliche Zustimmung zum Weheruf des Propheten" versteht. Zwar ist aus der Parallelität von 2, 14 mit 3, 5(–7) auf eine übergreifende kompositorische Absicht zu schließen, aber es bleibt ungewiss, wie die Fragmente in 3, 1–4. 5–7 zusammengekommen sind.

Der Weheruf eröffnet eine neue Einheit, die mit dem Stichwort „Raub" vielleicht an 2, 13 f. anschließt, wo sich dieselbe Wz. 4mal findet. Aber schon V. 2 f. bildet keine sinnvolle Fortsetzung von 1, sondern ist eine 2, 4–11 nicht unähnliche Kampf- und Leichenfelddichtung. Doch bereits mit 4 ist auch sie wieder abgebrochen, denn 4 setzt nicht 2 f., sondern allenfalls 1 inhaltlich fort: die Blutstadt zugleich als Verführerin der Völker. Doch V. 4 ist syntaktisch so sehr Fragment, dass er ursprünglich weder 1 noch 2 f. fortgesetzt haben kann.

V. 5 hebt sich mit dem Ich Jahwes deutlich vom Vorausgehenden ab. Gleichwohl verweist die Entblößung und Entehrung der ‚Frau' in 5 f. wohl zurück auf die Buhlerin von 4. Damit wären die Fragmente wenigstens durch Stichworte miteinander verknüpft; der Form nach bilden sie keine Einheit. Dass die Blutstadt Ninive ist, wird durch diese Zusammenstellung mit V. 7 unzweifelhaft gemacht (vgl. 2, 9). Nichts spricht dagegen, Nahum als Dichter dieser poetischen Fragmente zu sehen. Deren Zusammenstellung sowohl miteinander als auch mit dem vorderen und hinteren Kontext wird das Werk eines Tradenten sein, dem man keinerlei Aussageverschiebung unterstellen muss und den man in zeitlicher Nähe des Propheten suchen darf.

1 Die zweite Dichtung gegen Ninive beginnt mit dem einzigen Weheruf im Buch. Das Wehe (*hôj*)[40] wurde über Toten ausgerufen (vgl. 1. Kön 13, 30; Jer 22, 18) und eröffnete die Totenklage. Seit Amos (5, 1) übernahmen Propheten diese geprägte Form zur Verschärfung ihrer Drohungen: Lebende werden beklagt, als seien sie schon Tote (vgl. Hab 2, 6–20; Zeph 3, 1–5). „Nachrufe für Lebende werden zur Anklage" (Seybold). Auf das *hôj* folgt meist ein part. („wehe denen, die …"), selten wie hier ein Subst. (vgl. Jes 1, 4 „wehe, sündiges Volk"; 30, 1 „wehe, störrische Söhne"). Der Weheruf kann auch am Anfang von Fremdvölkersprüchen stehen: wie Nah 3, 1 über Ninive so schon Jes 10, 5 über Assur.

Der Ausdruck „Stadt des Blutes" ist nicht singulär (vgl. Ez 22, 2 u. ö.), dazu verwandt mit *'îš dāmîm* „Blutmensch" (2. Sam 16, 7 f. u. ö.) und ähnlichen Wendungen (vgl. 2. Sam 21, 1). „Blutstadt" ist der kürzeste Ausdruck für Ninives Ruf unter den Völkern. Die deutsche Redensart „Lug und Trug" ist ein Versuch, das eher seltene Nomen *kaḥaš* zu übersetzen, das gleichermaßen Verstellung, Falschheit, Lüge und Betrug meint. Die Blutstadt führte nicht nur grausame Kriege, sondern betrieb auch verlogene Diplomatie. Mit der 2. Zeile denkt Nahum an die permanente Ausbeutung der unterworfenen Länder durch Kriegsbeute wie durch Tributzahlungen. Obschon die Stadt mehr als genug zusammengerafft hat, ist ihre Raffgier ungestillt.

---

[40] Vgl. dazu den Exkurs bei H. W. Wolff, Amos (BK XIV/2) 284–287 sowie die Artikel von E. Jenni, THAT I 474–477, und H.-J. Zobel, ThWAT II 382–388.

Mit V. 2 beginnt höchst unvermittelt etwas Neues: Ein Streitwagencorps 2
rast heran, hörbar zuerst, eine grandiose Audition. Wer da kommt und gegen wen, wird nicht gesagt, ist aber sowohl dem engeren Kontext als auch der Parallele in 2, 4 ff. zu entnehmen. Wie dort bewirkt der Nominalstil Bewegung und Erregung. Peitschenknall: mit dem ersten Wort wird das Tempo der Attacke signalisiert. Die Bedeutung des nicht häufigen Wortes *šôṭ* „Peitsche" ist durch Spr 26, 3 gesichert: „Dem Pferd die Peitsche … dem Rücken der Toren die Rute." Die Wagenräder werden genannt, um den Lärm zu konkretisieren: *raʿaš* heißt zwar mehrfach „Erdbeben" (Am 1, 1), wird aber auch in lautmalerischer Absicht mit verschiedenen Nomina kombiniert, nach denen sich die Übers. richtet (vgl. Jes 9, 4 das „Dröhnen" der Militärstiefel). Die ‚jagenden'[41] Pferde sind die der Gespanne. *maerkābāh* heißt zwar allgemein „Wagen", steht aber meist für den einachsigen Streitwagen, wie auch Ägypter, Kanaanäer und Israeliten ihn gebrauchten. Zum Bild des Ansturms dieser Wagen vgl. Jer 4, 13. Dass die Wagen „tanzen" (Wellhausen), „hochaufhüpfen" (Marti), ist wirklich gemeint, denn die Wz. *rqš* heißt schon ug. und akk. „tanzen, hüpfen"[42]; zu Bild und Wortfeld vgl. Jl 2, 4 f.

Der Anfang von 3, offenkundig ein Fragment, ist ein zwar inhaltlich zu 3
2 passender (Pferde!), aber ungeschickter Nachtrag, der Metrum und Geschlossenheit der beiden vorausgehenden wie der beiden folgenden Zeilen empfindlich stört. Die beiden Wörter sind je für sich leicht übersetzbar, in ihrem Miteinander jedoch nicht.[43] Rudolphs Deutungsversuch hat HAL übernommen: „spornende Reiter". Vielleicht hat der Ergänzer hier die Kavallerie vermisst.

Das „Funkeln/Flammen" und „Blitzen/Glänzen" sind verbreitete Bilder für blanke Waffen. Schwert und Lanze/Wurfspieß stehen öfter nebeneinander (1. Sam 13, 19. 22; 17, 45. 47; 21, 9, aber auch Jes 2, 4). Was die blinkenden Waffen bewirken, tritt sogleich vor die Augen: Leichenberge. Nach dem Gesetz des Par. membr. bezeichnet der Dichter die Vielzahl sowohl mit dem gängigen Wort für „Menge/Fülle" (*rob*) als auch mit einem ganz seltenen für „Masse". Demselben Gesetz folgen die Wörter für die Toten: Sie sind die im Kampf „Durchbohrten"[44], die unbestattet herumliegenden „Leichname"[45] (beide Wörter stehen auch Jes 34, 3; Jer 41, 9; Ez 6, 5 parallel). In V. 3 b be-

---

[41] Das Verb *dhg* q. ist ein hap. leg., aber Ri 5, 22 besagt die Szene mit dem von der Wz. abgeleiteten Nomen *dahᵃgāh** (pl.) dasselbe: Galopp oder Attacke.

[42] Mit den „holpernden Wagen" der „Einheitsübersetzung" ist das Tempo aus der Szene heraus.

[43] Nach *sûs* „Pferd" meint *pārāš* in 2 b nicht das Gespannpferd am Streitwagen, sondern den Reiter (vgl. Ez 38, 4 „Pferde und Reiter"). Dieser ist dann Subj. von *maʿᵃlāh* (part. hi. von ʿlh) „ansteigen/hinaufgehen lassend", dem dann freilich das Obj. fehlt.

[44] Das Adj. *ḥālāl* (Wz. II *ḥll* „aushöhlen/durchbohren") ist ein 94mal belegter term. techn. der Kriegssprache, der erkennen lässt, durch welche Waffen die „Gefallenen" umkamen.

[45] *paegaer* wird überwiegend im Zusammenhang des Krieges gebraucht und „bezieht sich … immer nur auf den Leichnam eines Menschen, wobei an allen (18) Stellen der Tod immer gewaltsam herbeigeführt wurde" (ThWAT VI 510).

nutzt der Autor ein drittes Wort für Leichen, dies aber zweimal: *g^e^wijjāh* (13mal im AT) bezeichnet den Menschen in seiner Schwäche, in ‚Leibesnöten', in Krieg und Schlacht aber immer den toten Leib. Der Dichter von 2f. beherrscht die Kunst des abrupten Bildwechsels vom Aufmarsch der Truppen zu den unzählbaren Leichen, über die man nur noch stolpern oder stürzen kann.

4 War V. 2f. eine fragmentarische, aber impressive Probe hebr. Kriegslyrik, so wechseln mit V. 4 schon wieder Versmaß und Aussage. Wie in 1 wird in 4 Ninives Schuld aufgedeckt: dort als Anwendung von Gewalt, hier als Kunst der Verführung. Zwar bietet 4 keinen rechten Satzanfang, wird aber durch die thematische Weiterführung als Vordersatz zu 5f. verständlich: Wegen der Verblendung der Völker greift Jahwe selbst ein und nimmt der Verzaubernden all ihren Zauber.

Dabei wird in 4a auf eigentümliche Weise von Buhlerei und Buhlerin gesprochen. Das AT kann relativ unbefangen von Huren erzählen (Gen 38 Thamar, Jos 2 Rahab). Aber meist wird das Verb (und so auch das part.f.q. *zônāh* „Hure") im übertragenen Sinne gebraucht, nämlich für Israels Untreue gegenüber Jahwe, so vor allem in der Prophetie, am deutlichsten schon bei Hos, dann bei Jer und Ez. Nach Jes 1,21 kann auch eine Stadt (Jerusalem) als Hure bezeichnet werden. Als Ausdruck für das „Buhlen/Huren" gibt es bei Hos den Abstraktplural *z^e^nûnîm* (1,2; 2,4. 6; 4,12; 5,4); er erscheint auch in einer für Nah 3,4 aufschlussreichen Wendung 2. Kön 9,22, wo von Isebels „Buhlerei und ihren vielen Zaubereien" gesprochen wird.

Bezogen auf Israels Gottesverhältnis ist das Bildwort also häufig, nicht aber bezogen auf das Verhältnis eines Volkes oder einer Stadt gegen andere. Insofern bietet Nahum (aber auch nur 3,4a. b) eine Spezialität, die man aus der Situation Judas im 7. Jh. erklären muss und kann. Manasse hat in seiner langen Regierungszeit Juda durch seine Vasallentreue möglicherweise vor Schlimmerem bewahrt; aber es mag nicht einmal wenige gegeben haben, die sich durch Assurs Macht und Glanz ‚einfangen' ließen. Nahum spricht mit dem Wortfeld der Hurerei nicht ganz zufällig die Sprache Hoseas: Assur war nicht einfach eine säkulare Macht im neuzeitlichen Sinne, sondern vor seinen siegreichen Armeen zog der „Schreckensglanz" des Gottes Assur her, und das Reich lebte im Schutz der Staatsgötter. Insofern war mit der Fremdmacht in und für Juda immer auch das Fremdgötter-Potential präsent.

Der Reiz der Buhlerin wird in 4aβ mit *ḥen* markiert, das meist „Gunst/Gnade", aber eben auch „Liebreiz/Anmut" heißt (vgl. Spr 11,16 „eine anmutige Frau"). Parallel dazu wird die ‚Frau' nun auch eine zauberkundige, verzaubernde genannt. In den beiden Epitheta mischt sich das Erotische mit dem Religiösen. Zum „Zauber"[46] gibt es ein weites Wortfeld von parallelen

[46] Zum Nomen *kaešaep* (hier pl.) vgl. ThWAT IV 375–381. In akk. Texten gibt es zahllose Erwähnungen von *kašāpu* (und *kuššupu* wie hebr. pi.) „verhexen", *kišpu* „Zauber/Hexerei", *kaššāpu/kaššaptu* „Hexenmeister/Hexe" (vgl. AHw 461. 463. 491). Hexerei ist verboten und wird bestraft, gegen sie wird mit Beschwörungsexperten und -ritualen vorgegangen.

und verwandten Begriffen und Vorstellungen (vgl. Dtn 18, 10 f.). 2. Kön 9, 22 zeigte, welche Sphäre auch in Nah 3, 4 berührt wird: Die Verlockung Ninives ist nicht ohne religiösen Hintergrund, also auch nicht ohne religiöse Gefährdung Judas. Darin ist Nahum Prophet wie Hosea oder Jeremia: Wer der Hure nachläuft, hat Jahwes Liebreiz vergessen. Nahum sah über den Horizont seines Landes hinaus: Es war die ganze übersehbare Welt des AO, die von Ninive ‚eingefangen' wurde; und wo der Zauber nicht wirkte, half die Armee beim ‚Einfangen' der Völker.

Der Gottesspruch ist mit dem Vorausgehenden motivisch verbunden: Der 5
„Hurerei" (4) entspricht die Strafe, die (auch) für Ehebrecherinnen vorgesehen war: Sie wurden nackt zur Schau gestellt. So ist die Sprache von 5 aβ zwar drastisch, aber nicht ohne Parallelen. Das Wort für „Rocksäume" (**šûl*, gewöhnlich im pl.) bezeichnet in der Tempelvision Jes 6, 1 die Säume oder die Schleppe am Thronmantel Jahwes, Ex 28, 33 f.; 39, 24–26 die am Gewand des Hohenpriesters. In Verbindung mit *glh* pi. „aufdecken, enthüllen, entblößen" wird hier wie Jer 13, 22 das Nomen gewöhnlich als das gedeutet, was entblößt wird: die weibliche Schamgegend.[47] Da hier aber die Entblößung „(bis) über das Gesicht" vollzogen wird, bezeichnet das Nomen wohl nicht einen Körperteil, sondern (nach seiner Grundbedeutung: was tief herabhängt) einen Gewandteil: die Rocksäume oder -schöße. Die häufigere Übers. mit „Schleppe" empfiehlt sich hier nicht, weil eine Schleppe nur hinten hängt und nicht „über das Gesicht" gezogen wird.

Der Bezug auf V. 4 ist also eng und folgt dem Schema der Bestrafung der Hure Israel (Hos 2, 4. 5: Jahwe zieht sie nackt aus) oder der Hure Jerusalem (Ez 16, 37 b: „Ich will deine Scham entblößen"). Ohne Anspielung auf Ehebruch widerfährt dem gefallenen Babylon im Bild der entblößten Frau dieselbe Behandlung (vgl. Jes 47, 2. 3, aber auch schon aus dem 8. Jh. die aram. Inschrift von Sfire I A 40 f., KAI 222). Die Herausforderungsformel in 5 a zeigt, dass Jahwe die Zurschaustellung der Entblößung nicht nur duldet, sondern will: Scham und Schande für die, die Juda und dem ganzen AO Angst machten.

Stärker noch als 5 vermittelt 6 den Eindruck, als sei Jahwe selbst unersätt- 6
lich in dem Willen, Schönheit und Verführungskunst der großen Buhlerin vergessen zu machen: Er beschmutzt[48] und erniedrigt vollends die schon Nackte, so dass sie aller Welt zum exemplarischen Schaustück[49] dafür wird,

---

[47] Jer 13, 22 b steht „deine Scham(gegend)" tatsächlich parallel zu „deine Fersen", einem Euphemismus für „deine Hinterbacken". So erklärt sich auch Nah 3, 5 in G (καὶ ἀποκαλύψω τὰ ὀπίσω σου) und V (et revelabo pudenda tua).

[48] *šiqqûṣ* steht sonst im Zusammenhang der (verbotenen) Verehrung fremder Götter und Götzenbilder (Dtn 29, 16), die mit dem Wort als „Scheusale" o. ä. bezeichnet werden; vgl. Ausdrücke wie „Kemosch, der ‚Greuel' der Moabiter" (2. Kön 23, 13). Für den ‚profanen' Gebrauch des Wortes im Sinne von „Unrat" ist Nah 3, 6 der einzige Beleg.

[49] Das ganz seltene Nomen רֳאִי (vgl. HAL 1084 f.) steht 1. Sam 16, 12 für das gute „Aussehen" des jungen David. Nah 3, 6 legen auch die Vrs. die Ableitung von *rʾh* „sehen" und damit das Verständnis als „Schaustück/-spiel" nahe: καὶ θήσομαί σε εἰς παράδειγμα = et ponam te in exemplum.

dass Gott das Geschick derer zu wenden weiß, die der Macht so wehrlos ausgeliefert waren. Dabei verhält sich 6 b zu 6 a wie 5 b zu 5 a: Jahwes Handeln führt zur öffentlichen Darbietung. Die drei Formen bzw. Ableitungen von „sehen" in 5 bα. 6 b und 7aα zeigen zugleich den beabsichtigten Zusammenhang der Verse.

7 Wer der entblößten und verheerten Stadt ansichtig wird, kann nur erschrecken und fliehen. Die dtr Predigt kennt als festen Topos das erstaunte Fragen der Vorübergehenden nach dem Verursacher der Zerstörung Jerusalems (1. Kön 9, 8; Jer 22, 8): Jahwe hier wie dort, wenn auch aus verschiedenen Gründen. In Nah 3 sehen die einstmals umgarnten Völker (4) die Blöße (5) der von Jahwe zur Schau gestellten (6) Blutstadt (1), und Mitleid mit ihr kann angesichts des erfahrenen Unheils gar nicht aufkommen. Augenzeugen (7) wie Ohrenzeugen (vgl. V. 19) des Strafgerichts empfinden nichts als Genugtuung. Das Verb *nûd* bedeutet öfter „(sch)wanken" (1. Kön 14, 15; Jes 24, 20) oder auch „fliehen" (vgl. Gen 4, 12), aber in einer Reihe von Texten „Teilnahme bezeugen" o. ä., vielleicht wegen der ursprünglich damit verbundenen Bewegungen. Die in V. 7 gestellte Frage „wer bezeugt Mitleid für ..." findet sich Jes 51, 19 oder Jer 15, 5 mit Blick auf Jerusalem. Die Bedeutung des Verbs ergibt sich aus Parallelbegriffen: Jer 22, 10 steht es neben „weinen" und meint „beklagen" (eines Toten), Hi 2, 11; 42, 11 steht es neben „trösten" und meint „Teilnahme bekunden", „Mitleid bezeugen". Die „Tröster" von Nah 3, 7 b beweisen also, dass in 7a dasselbe wie in Hi 2 gemeint ist. Gleichwohl endet der Ausruf der ‚Zuschauer' mit 7a, da in 7 b wieder das Ich Jahwes hervortritt, der Ninive wie in 5 f. direkt anredet.[50] Ninives Untergang sollte endgültig sein – und er wurde es auch; und nach den Erfahrungen der Völker mit Ninive war in der Tat nirgends ein Tröster zu finden – eine Lage, wie sie in der bab. Epoche dann auch Jerusalem kennenlernen musste und beklagte (vgl. Klgl 1 und bes. V. 9).

3, 8–11: Ninive wie Theben

8 aα **Sollt' es dir besser ergehen als No-Amon,**
die an den Nil-Strömen thronte
β **[Wasser rings um sie her]**[51]**,**
8 b **deren Schutzwall das Meer,**
deren Mauer Wasser war?
9 a **Kusch war ‚ihre Stärke'**
und das endlose Ägypten,

[50] Von Wellhausen bis Elliger gaben die Kommentatoren dieser Rückkehr zum „Ich" kein Gewicht und folgten darum G „(Tröstung) für sie". Aber es ist unwahrscheinlich, dass also der Betrachter der Verwüstung plötzlich „Ich" sagt.

[51] V. 8 aβ überlädt das Versmaß des Doppelzweiers, vergröbert die topographische Angabe von 8 aα und ist vor 8 b ebenso blass wie überflüssig. – Die Übers. von 8 bβ basiert auf einer geläufigen Textkorrektur, lies mit G S V *majim* „Wasser" statt *mijjām* „vom Meer".

9 b **Put und Lubien**
waren ‚ihre' Stütze.
10 aα **Doch auch sie (musste) in die Verbannung,**
zog in die Gefangenschaft.
β **[Auch ihre Kleinkinder wurden zerschmettert**
an allen Straßenecken.]
10 b **Über ihre Edlen**
warf man das Los
und all ihre Großen
wurden in Fesseln[52] gelegt.
11 a **Auch du wirst betrunken,**
wirst von Sinnen sein,
11 b **auch du wirst Zuflucht suchen**
vor dem Feind.

Die Eingangsfrage zeigt einen rhetorischen Neueinsatz. Die Anrede (f. sg.) gilt Ninive, dessen Name nach V. 7 nicht neu genannt werden muss. In 8–11 wird das Geschick zweier Städte verglichen. „Dieser Vergleich gipfelt in V. 11 b in der Ausmalung einer Fluchtsituation, die mit der Belagerungsthematik der Verse 12 ff. schwer in Einklang zu bringen ist" (Jeremias 38 f.).

Dem rhetorischen Anspruch nach wird in V. 8 Ninive gefragt, aber die 8 a
Frage ist für die Ohren der Judäer, die nicht für möglich halten, was der Prophet schaut. Die Frage wird in 10 („auch sie …") und 11 („auch du …") beantwortet mit der Ankündigung: Das stolze Ninive wird ebenso untergehen wie das nicht weniger stolze No-Amon. Die einleitende Satzfrage ist keine Frage nach der Qualität (seit Luther geläufig: „bist du besser als …"), sondern der Vergleich zielt auf das Geschick der beiden Städte: wie die eine so die andere.[53]

Natürlich weiß Nahum, dass Theben am Nil[54] lag, aber persönliche Anschauung dürfte er nicht gehabt haben. Nach dem Aussehen des Stroms im 19. Jh. n. Chr. vermutet Th. Schneider zum pl. „Nil-Ströme" (יארים), es „dürften mit den ‚Nilen' die verschiedenen Nilläufe gemeint sein, in welche die Nilinseln den Fluss teilten. Tatsächlich lassen sich aus den griech.

---

52 Das Nomen *ziqqîm* kann man mit „Fesseln" oder „Ketten" übersetzen. Da es sonst nur Jes 45, 14 vorkommt (Ägypten und Kusch werden „in Fesseln gehen") und hier das Verb *rtq* (pu.) „(in Fesseln) legen" hap. leg. ist, bedarf der ganze Ausdruck der kontextualen Deutung. Eine die Übers. sichernde Parallele bietet Ps 149, 8. Die Vrs. deuten das seltene Nomen: G mit χειροπέδη „Handfessel", V mit compedes „Fußfessel".

53 Die überlieferte Punktierung ist eine Mischform aus q. und hi. Gegen die in den meisten Kommentaren gebotene Übers. spricht, dass das Verb *jṭb* im Sinn von „gut sein" nur hier belegt wäre.

54 Das hebr. Wort *jeʾor* (= äg. *ʾirw*) meint den Nil, wird aber nicht einfach als Eigenname empfunden worden sein, da es meist mit Art. oder Suff. gebraucht wird; G bietet ganz überwiegend ποταμός „Fluss". Wie Nah 3, 8 steht *jʾr* häufig im pl. (Ez 29, 3–5. 10; 30, 12 in den Ägyptensprüchen), der sich, bes. bei unteräg. Kontext, wohl auf die Nilarme im Delta bezieht.

Ostraka, die uns aus Theben überliefert sind, sowohl für die römische als auch für die ptolemäische Zeit je zumindest vier Nilinseln belegen" (Nahum und Theben, BN 44, 1988, 63–73; 65). Dass No an den ,Nilen' „thronte", ist eine absichtlich feierliche Übers., denn das hebr. Verb *jšb* „sitzen" steht beim König für „thronen".

Theben No (נא) ist die hebr. Form für äg. *nw.t/n.t* = „die Stadt". No-Amon ist also „die Stadt des (Gottes) Amon", mit hellenisiertem Namen das berühmte „hunderttorige Theben" in Homers Ilias (IX 381–384), heute Luxor und Karnak. „Die Stadt" in diesem strikten Sinne von Residenz- und Gottesstadt hieß in Ägypten nur Theben. In einer thebanischen Inschrift, dem Dankgebet eines Vaters für die Heilung seines Sohnes heißt es: „Giving praise to Amon-Re ... kissing the ground to Amon of the City, the Great God ..." (ANET 380). Amon wurde als Hauptgott des Neuen Reiches in Verbindung mit dem Sonnengott Re zum universalen Götterkönig.

Erst in der 18. Dynastie wurde Theben (750 km südlich von Kairo) zur oberäg. Hauptstadt. Als die Residenz dann von den Ramessiden in den Norden verlegt wurde, blieb Theben doch königlicher Begräbnisplatz und Sitz des Götterkönigs. Erst unter den äthiopischen/kuschitischen Pharaonen der 25. Dynastie (713/12–656) also in der für Nahum einschlägigen Zeit, gewann Theben noch einmal reale Macht, die freilich bald danach wieder absank. „Im 6. Jh., in dem der Schwerpunkt des Königtums im Delta liegt, ist Theben mit seinem Gottesstaat reichspolitisch schon Provinz geworden" (W. Zimmerli, Ezechiel, BK XIII/2, 736). Gerade auf diese Zeit beziehen sich aber die wenigen anderen Nennungen der Stadt im AT, nämlich in den Völkersprüchen bei Jer und Ez. Wie bedeutungslos „die Stadt" am Ende geworden war, zeigt G: Während sie in Nah 3, 8 die topographische Angabe gänzlich missversteht, deutet sie das No von Ez 30 als Διόσπολις, als Jupiterstadt. T und V identifizieren No sogar mit der in hellenistisch-römischer Zeit bedeutenden Metropole Alexandria, die Alexander d. Gr. doch erst 331 v. Chr. gegründet hatte.

Die Frage von Nah 3, 8 a bezieht sich auf die machtpolitischen und militärischen Auseinandersetzungen zwischen Ägypten und Assur z. Z. der 25. Dynastie, unter den Pharaonen Taharqa (690–664) und Tanutamun (664–656). Onasch beginnt sein für Nah 3, 8–10 hilfreiches Werk mit dem Hinweis: „Die Eroberungen Ägyptens durch die assyrischen Könige ... in der ersten Hälfte des siebten ... Jahrhunderts haben in Ägypten weder Spuren noch Zeugnisse hinterlassen. ... Insbesondere ... sind es die Annalen der assyrischen Könige, ohne die wir kaum etwas über diese Epoche wüßten ..."[55]

Asarhaddon unternahm drei Feldzüge gegen Ägypten (674, 671, 669 v. Chr.), erreichte die bis dahin äusserste Ausdehnung des neuass. Reiches nach Süden und zwang Taharqa zum Rückzug von Memphis nach Theben. Im Jahre der äg. Thronfolge von Taharqa auf seinen Neffen Tanutamun veranlasste Asarhaddons Nachfolger Assurbanipal einen weiteren Ägyptenfeldzug (664 v. Chr.), auf dem Tanutamun über Theben hinaus nach Süden vertrieben und die ,Gottesstadt' (in den keilschriftlichen Quellen *Ni'*) geplündert wurde. So unterschiedlich die Annalen den Feldzug beschreiben (vgl. Onasch I 156–158), so übereinstimmend (freilich auch stereotyp) berichten sie über die Plünderung Thebens (Text ebd. 109), aber nicht eigent-

[55] H.-M. Onasch, Die assyrischen Eroberungen Ägyptens. Teil I: Kommentare und Anmerkungen, Teil II: Texte in Umschrift (ÄAT 27), 1994; Teil I, S. 1.

lich über die Zerstörung der Stadt.[56] Doch schon wenige Jahre danach ging die Herrschaft Assyriens über Ägypten zu Ende: Der Begründer der 26. Dynastie (664–525), der aus dem libyschen Fürstenhaus von Saïs kommende Psammetich I. (664–610), einigte Ägypten, führte es in die Unabhängigkeit (655 v. Chr.) und zu neuer Blüte; er erlebte noch den Zusammenbruch des neuass. Reiches.

Wie lange und wie deutlich das historische Ereignis der Eroberung dieser ‚Gottesstadt' im fernen Juda in Erinnerung blieb, ist natürlich unsicher. Immerhin muss man dabei in Rechnung stellen, dass die Ägypten-Feldzüge der Assyrer immer über die syrisch-palästinische Landbrücke gingen, dass die Judäer Assyriens Macht und danach Ohnmacht aus eigener Anschauung genau kannten und im Jahrhundert Manasses und Josias aus verschiedenen Gründen wohl auch lebendig hielten. Doch gegen eine Datierung von Nah 3, 8 ff. in die Zeit bald nach 664/63 spricht nichts, und sie liegt näher als jede (gar erheblich) spätere. Auf der anderen Seite gibt das Beispiel Thebens für Nah 3, 8 den terminus ante quem non. Jahrzehnte später wäre das Beispiel Theben relativ witz- und wirkungslos gewesen.

Das seltsame Bild von V. 8 b erklärt sich am ehesten aus dem Anblick, den 8 b
der Nil während der jährlichen spätsommerlichen Überschwemmung bietet. Dabei entsteht eine Wasserfläche, die man durchaus als ‚Meer' bezeichnen kann, weshalb z. B. im Ägyptenspruch Jes 19, 5 Meer und Strom parallel stehen können. Schneider (66) zitiert die für Nah 3, 8 aufschlussreiche Beschreibung Herodots: „Wenn der Nil das Land überschwemmt, ragen nur die Städte über das Wasser hinaus, am meisten ähnlich den Inseln im ägäischen Meer. Denn aus dem übrigen Gebiet von Ägypten wird Meer" (Hist II 97; Übers. nach der Tusculum-Ausgabe). So werden die Ausdrücke „Wall/Schutzwall/Vormauer/Vorwerk" und „(Befestigungs)Mauer" verständlich. Die Wörter kannte Israel auch von der Erzählung des Meerwunders beim Auszug aus Ägypten: „Und das Wasser war für sie eine Mauer" (Ex 14, 22. 29). Aber das Bild wird für einen von keiner Nil-Flut gesegneten Bewohner Palästinas immer etwas Verwunderliches behalten haben, denn die Überflutung eines Wadis in der Regenzeit bietet keine vergleichbare Anschauung.

Wie die natürliche Lage so bot auch die immense Zahl der Ägypter und ih- 9
rer Söldner der Stadt keinen Schutz vor der ass. Eroberung. Nahum schlägt hier den Zirkel um Theben und nennt nordafrikanische Völkerschaften, die seit frühen Zeiten im AO bekannt waren und auch im AT öfter in mehr oder weniger standardisierten Reihen erscheinen. Von nubischen und libyschen Söldnertruppen der Pharaonen ist vom Alten bis zum Neuen äg. Reich die Rede.

Da Nah 3, 8 f. auf ein Ereignis noch unter der kuschitischen Dynastie anspielt, ist in 9 a Kusch sogar Ägypten vorgeordnet. 2. Kön 19, 9 wird der Pharao Taharqa „König von Kusch" genannt. Das äg. *K'š* meint wohl generell die Nilländer südlich von

[56] Vgl. Schneider 68–70 sowie A. Spalinger, Assurbanipal and Egypt: A Source Study, JAOS 94 (1974) 316–328.

Ägypten. G gebraucht hier das den Griechen seit Homer bekannte Αἰθιοπία (Nubien, Äthiopien). In der Völkertafel der Genesis werden Kusch, Miṣrajim (Ägypten), Put und Kanaan als Söhne Hams aufgelistet (10, 6). Nach Jer 13, 23 (vgl. Am 9,7) erscheinen die Kuschiten als typische Neger, als „Hamiten mit negroidem Einschlag" (BK X/2, 689). Nach Jes 20 wird der Koalition aus Ägyptern und Kuschiten, auf die Juda sich verlassen wollte, das Ende durch Sargon II. angekündigt, nach Ez 30, 4–9 wird Nebukadnezar II. das Ende Ägyptens und dieser seiner Helfer besiegeln. In V. 5 steht für die Söldner des Pharao die klangbetonte Reihe „Kusch und Put und Lud". Die Zusammenstellung von „Put und Lubien" in Nah 3, 9 b ist wohl eine „poetische Kombination zweier Namen des gleichen Territoriums" (M. Görg, NBL II 220 f.), denn G bietet Λίβυες sowohl für Put als auch für Lub[57] (V hat hier Africa et Lybies).

10 „Doch auch sie": Die Partikel *gam* „auch" hat hier die steigernde Bedeutung „selbst, sogar": Alles in V. 8 Aufgeführte konnte Theben nicht bewahren. Freilich bestätigen die akk. Quellen nicht, was in 10 a genannt wird: Massendeportationen oder gar Kindermord. Bedenkt man auch, dass die eigentliche applicatio erst in 11 erfolgt (8 f.: wie Theben, 11: so auch du, Ninive), kann man an der Ursprünglichkeit von 10 zweifeln: Das doppelte „auch" von 10 nimmt das von 11 vorweg, und der ganze Topos „Verbannung" bezieht sich außer in Jes 20 immer auf das bab. Exil. Die Zerschmetterung der Kleinkinder (τὰ νήπια, parvuli) ist zwar auch schon vor Nah bezeugt[58], aber 10 aβ stört ein wenig den Aussagezusammenhang von 10 aαb und ist überdies mit dem zweiten „auch" im Vers ungeschickt an V. aα angeschlossen.

10 b illustriert den Zug in die Gefangenschaft von 10 aα: Es ist die Oberschicht, die ihn anführt oder ihm doch das Gesicht gibt. Die entwürdigende Deportation der „Edlen/Würdigen" ist in neuass. Texten geläufig. So heißt es in der „Großen Prunkinschrift" Sargons II. (Z. 112): „man warf ihn [Jamani von Aschdod] in eine Halszwinge, Handschellen und Fesseln aus Eisen, und man brachte ihn nach Assyrien …"[59] Dass man über die Edlen zuvor „das Los warf" (dieser Ausdruck sonst nur Jl 4, 3; Ob 11), könnte bedeuten, dass man sie an bestimmte Truppenführer ‚verloste'.

11 Hier nun die applicatio: wie No so Ninive! Dabei bezieht sich die Vergleichsformel „auch du" nicht auf die Art, sondern auf die Gewißheit des Untergangs. Die Vision ist in ein poetisches Bild gekleidet: Ninive wird sich an den Gütern der Völker „vollsaufen", bis es wie von Sinnen oder geradezu umnachtet ist; in diesem Zustand wird es schutzlos herumtaumeln.

---

[57] **lûb* entspricht äg. *Rbw/Lbw* (als Stamm zuerst unter Ramses II. genannt); arab. *lūbī* meint alle (nicht schwarzen) Nordafrikaner. Im AT kommt der Name (immer im pl.) außer Nah 3, 9 nur Dan 11, 43; 2. Chr 12, 3; 16, 8 vor, immer parallel zu Kuschiten.

[58] Das seltene Verb *rṭš* (pi. und pu.) steht mit „Kleinkindern" schon Hos 14, 1, dann 2. Kön 8, 12 und auch noch Jes 13, 16 mit Blick auf Babylon. Die Wendung „an allen Straßenecken" erscheint allerdings niemals vor dem 6. Jh. und bezieht sich auf ganz verschiedene Inhalte (Jes 51, 20; Klgl 2, 19 b; 4, 1 b).

[59] TUAT I 383–385; ANET 286.

Das Verb *škr* meint nicht „trinken" (*šth*), sondern pejorativ „sich betrinken"; zum Unterschied vgl. Gen 9,21: Noah „trank von dem Wein und wurde betrunken." Das zweite Verb in 11 a (*ʿlm*) hat die Grundbedeutung „verbergen", im ni. „verborgen sein" (vgl. Hi 28,21, wo der Parallelismus von *ʿlm//śtr* die Bedeutung sichert). Rudolph: „Das Niphal ist reflexiv: ‚sich selbst verborgen werden' = bewusstlos werden". In derart reduziertem Bewusstseinszustand kann Ninive vor dem Feinde nur schutzlos sein, und ebendas will der Vergleichsspruch von 8–11 sagen.

3,12–15a: Die offene Stadt

12 **Alle deine Befestigungen (wie) Feigenbäume mit[60] Frühfeigen:**
werden sie geschüttelt, so fallen sie dem Esser ins Maul.
13 a **Siehe, deine Mannschaft: Weiber in deiner Mitte!**
Für deine Feinde stehen weit offen die Tore deines Landes,
13 b **Feuer frisst deine Riegel.**
14 a **Schöpfe dir Wasser für die [Zeit der] Belagerung,**
verstärke deine Befestigungen:
14 b **tritt in den Lehm und stampfe den Ton,**
greife zur Ziegelform –
15 aα **da frisst dich das Feuer, vertilgt dich das Schwert**
β **[frisst dich wie die Heuschreckenbrut].**

3,12 ff. ist eine redaktionelle Fortsetzung der beiden vorausgehenden Ab- 12
schnitte und bezieht sich wie diese auf Ninive. So sind die „Befestigungsanlagen" die der Stadt, obwohl *mbṣr* pl. ebenso einzelne Festungen bezeichnen kann. Beim Übergang von der Sache zum Bild vermisst man eine Vergleichspartikel, da man nicht Festungen schüttelt sondern Bäume. *tᵊʾenah* (f. sg., hier m. pl.) meint wie auch G mit συκῆ den Feigenbaum (vgl. nur 1. Kön 5,5), bezeichnet aber auch dessen Frucht; *bikkûrāh* meint im (f.) sg. die Frühfeige, im (m.) pl. gemäß der Wz.-Bedeutung „früh sein" ganz allgemein die frühen, die Erstlingsfrüchte. Sieht man wie Seybold V. 12 b als Zusatz an, ist 12 a witzlos.

„Dein Volk" ist nicht die Gesamtheit (was hier schon durch „in deiner 13 a
Mitte" verhindert wird), sondern wie öfter die Kriegsmannschaft. Deren Schmähung als „Weiber" ist z. Z. Nahums ein im AO wie im AT verbreiteter Topos. In einem Vasallenvertrag Asarhaddons heißt es: „May the gods make you like a woman in the sight of your enemies".[61] In atl. Prophetensprüchen am deutlichsten Jer 51,30: „Die Helden Babels sind zu Weibern geworden." Den Feinden steht also ein Land offen, dessen Krieger wie Weiber sind. „Tore des Landes" ist ein ungewöhnliches Bildwort, das wohl die Landesgrenzen,

[60] Dieser Gebrauch der Präp. *ʿim* ist sehr ungewöhnlich, wird aber von G in der Sache bestätigt.

[61] ANET 540; TUAT I/2, 175.

vielleicht die Grenzfestungen meint. Vgl. auch Nah 2,7: „Die Flusstore wurden geöffnet und der Palast vergeht vor Angst."

13 b V. 13 b hielt schon Sellin für eine Glosse, „denn, werden die Tore von selbst geöffnet, brauchen die Riegel nicht verbrannt zu werden". Aber bei kriegstechnischen Phrasen dieser Art bleiben solche Konsequenzen unsicher. Die Riegel sind die hölzernen Querbalken an den Toren. Offene Tore und verbrannte Riegel sind Varianten der Aussage, dass der Feind in das von der angeredeten Stadt beherrschte Land schon einbricht. Als Weiterführung von 12 sowie vor 14 ist das perf. der Verben in 13 allenfalls auf eben eingeleitete, aber nicht abgeschlossene Ereignisse zu beziehen (vgl. Rudolph).

14 Die Feinde haben die Landesgrenze überschritten (13) und nähern sich der Hauptstadt, der die Belagerung droht. „Wasser der Bedrängnis/Belagerung" gibt es nur hier, aber Jer 30,20 heißt der unsichere Text etwa „Brot der Bedrängnis und Wasser der Bedrückung". V. aβ hat Wellhausen sehr frei, aber richtig wiedergegeben: „Bessere deine Befestigungen aus." Deren „Verstärkung" (vgl. dasselbe Verb *ḥzq* pi. 2. Kön 12,8. 13 bei der Reparatur von Tempelschäden) wird durch die folgenden drei impp. expliziert. Die beiden Wörter für Lehm/Ton zur Ziegelherstellung sind geradezu austauschbar: Jes 10,6 wird das eine, Mi 7,10 das andere für „Straßendreck" benutzt. Im Par. membr. stehen sie sonst nur Jes 41,25 b beieinander, und zwar als Objekte derselben Verben wie Nah 3,14. Im Blick auf den Anmarsch von V. 13 erscheint die Ziegelfabrikation für die Verstärkung von Festungsmauern viel zu zeitaufwändig; aber diese Sätze bilden insgesamt eher eine Sammlung militärtechnischer Bilder als eine strikte Abfolge.

15 a V. 15 (ff.) bildet keine Redeeinheit mit 12–14: Fraß 13 b das Feuer „deine Riegel", so hier verallgemeinernd „dich". „Da"[62] hat nicht temporale, sondern lokale Bedeutung, der Hitzig mit Blick auf 14 b guten Sinn abgewann: „Eine geistreiche Wendung: dort, an deinem brennenden Ziegelofen, wird dich das Feuer verzehren."

Mitten durch V. 15 geht ein thematischer Riss: „Die erste Hälfte … gehört zu v. 14, die zweite zu v. 16" (Wellhausen). „Wie die Heuschrecken" sind in 15 a Assurs Feinde, in 15 b(ff.) die Assyrer selbst. V. 15 aβ ist eine vom Folgenden stimulierte, sprachlich aber recht ungeschickte Glosse: Das Feuer (oder das Schwert? Vgl. 2, 14 aβ) frisst nicht „wie die Heuschreckenbrut". So wird also der kleine Zusammenhang 12–14 in 15 a mit einem Klagelied-Stichos abgeschlossen. Bei der Vernichtung von Städten wirken Feuer und Schwert nicht selten zusammen (vgl. Ri 1,8; 20,48 sowie ug. Parallelen, ANET 140 b).

In 16 a. 17 geht es dann um die Vermehrung bzw. große Zahl bestimmter Berufsgruppen, wofür in 17a das Bild von den Heuschreckenschwärmen gebraucht wird. In 15 aβ (wie dann in 16 bα) wird es dagegen zur kontextual ganz unpassenden Überlagerung anderer Aussagen benutzt. Dass Heuschre-

[62] *šām* = ἐκεῖ = da/dort; cj. zur ‚Verbesserung' des Anschlusses sind durchweg Unfug.

cken ein Land kahl fressen, ist im Orient eine bittere, aber vertraute Erfahrung. Die als eine der äg. Plagen (Ex 10, 1–20) sprichwörtlich gewordene Bedrohung erscheint im ZPB außer hier nur bei Jl, und dort in zoologisch-terminologischer Vielfalt: „Was der Beißer ließ, fraß der Heuschreck. Was der Heuschreck ließ, fraß der Hüpfer. Was der Hüpfer ließ, fraß der Springer."[63] Das Nah 3, 15 f. gebrauchte Wort *jaelaeq* (nur 7mal im AT) bezeichnet die noch ungeflügelte Heuschrecke (Wolff: „der Hüpfer", in engl. Lit. „hopper", aber auch „young locust"). Das in 15 b parallel zu *jaelaeq* und im AT häufiger gebrauchte Wort *'arbaeh* bezeichnet die ausgewachsene Wanderheuschrecke. So endet 12–15 a mit der Heuschrecken-Glosse, die thematisch zum folgenden Abschnitt gehört, dessen Motiv also zur Überlagerung von 12–15 a führte.

3, 15 b–17: Wie die Heuschrecken: vermehrt und verschwunden

15 b **Mehre dich wie die Heuschreckenbrut,**
mehre dich wie der Heuschreckenschwarm!
16 a **Du hast deine Händler zahlreicher werden lassen**
als die Sterne am Himmel
16 b **[Heuschreckenbrut häutete sich und flog davon].**
17 a **Deine Beamten sind wie der Heuschreckenschwarm**
und deine Tafelschreiber wie die Wanderheuschrecken[64]**,**
17 b **die da lagern auf den Mauern am kalten Tag:**
Geht die Sonne auf, so verschwinden sie;
niemand kennt ihren Ort – wo sind sie nun?

Mit dem nächsten kleinen Abschnitt wird noch einmal Ninives Größe vorge- 15 b
stellt – für die Augen des Propheten zu Unrecht bewundert wie gefürchtet. Gegenüber dem Zusatz 15 aβ wechselt das Bild von der Gefräßigkeit zur Menge der Heuschrecken. Die ironische Pointe: mehre dich getrost, dem Untergang entgehst du nicht! Das Bild selbst ist geläufig, etwa Jer 46, 23 von den Babyloniern, die zahlreicher sind als die Heuschrecken. Die Übers. des Verbs mit „sich mehren" (*kbd* hitp. nur hier und Spr 12, 9) ist beim Heuschreckenvergleich nicht vermeidbar, lässt aber die Grundbedeutung der Wz. (im pi. „ehren") nicht erkennen. Mit der Mehrung ist die (Selbst-)Ehrung verbunden: werde groß, gewaltig, mächtig.[65]

---

[63] Jl 1, 4 in der Übers. von H. W. Wolff, Joel, BK XIV/2; vgl. ebd. 30–32 den Exkurs zu den Entwicklungsstadien und den diesen entsprechenden Benennungen der Heuschrecken. Zur Bedrohung durch Heuschreckenfraß vgl. in neuass. Texten z. B. TUAT I/2, 175.

[64] Die Übers. von *gobaj* bleibt trotz Am 7, 1 (der einzige Beleg sonst) unsicher. Unter den Heuschrecken-Namen Jl 1, 4 (s. o. zu V. 15 a) erscheint das Wort nicht.

[65] Am Heilswort Jer 30, 19 kann man Unterschied und Nähe der Verben von V. 15 b und 16 a studieren; vgl. auch Nah 3, 3.

16 Der ironische Zuruf 15 b nötigt keinesfalls dazu, in 16 a aus dem perf. einen imp. zu machen, denn hier wie in 17a wird konstatiert, was sich bereits entwickelt hat. *rkl* (part. q.) „Händler" steht häufig bei Ez. Es meint hier gewiss den ‚Außenhandel', der natürlich nicht ohne Zusammenhang mit den Feldzügen und von daher den bedrohten Völkern vertraut war.

V. 16 b steht in keinem gedanklichen Zusammenhang mit 16 a. 17a, sondern nimmt allenfalls 17 b vorweg. Der Zusatz stammt von derselben Hand wie der in 15 a; er beschreibt den Übergang der Heuschrecken vom Hüpfen zum Fliegen, und der ist verbunden mit dem Abstreifen der Hüllen über den Flügeln.[66]

17a V. 17a setzt 16 a fort: Die hybride Vergrößerung des ass. Staatswesens zeigt sich auch an der Zahl seiner Funktionäre. Der erste der genannten Titel ist ein hap. leg. mit entsprechend unsicherer Übers.[67], der zweite dagegen ist ein Lehnwort aus dem Akk., das dort über die Jahrtausende hin in unzweifelhafter Bedeutung benutzt wurde: *tupšarru* (aus sum. *dubsar*) ist der Tontafelschreiber, der von der Wirtschaft über die Staatsangelegenheiten bis zur Literatur in allen Lebensbereichen tätig war. Der Gebrauch der beiden hebraisierten Titel beweist, was im besetzten Juda des 7. Jh.s ohnehin naheliegt: die Kenntnis des ass. Funktionärswesens.[68] Nahum charakterisiert mit V. 17a einen ebenso mächtigen wie hypertrophen Staat, dessen Bedrohung durch die Vielzahl seiner ‚Staatsdiener' nicht abzuwenden war.

17 b In V. 17b hat das schon über 15 f. verstreute Heuschreckenthema wohl seinen Ursprungsort: So zahlreich die Plagegeister waren, sie finden ihr Ende und hinterlassen keine Spur. Dass Heuschrecken „lagern", wird nur hier gesagt. Statt des „kalten Tages" erwartet man hier die kalte Nacht vor dem Sonnenaufgang, aber das eher seltene Wort für Kälte steht nie im Nacht-Tag-Kontrast, sondern z. B. im Gegenüber von „Kälte und Hitze" Gen 8, 22. Ein Problem der Textkritik wie der Aussage beim Übergang zu V. 18 bietet das letzte Wort von 17. Zwar ist MT mit dem interrog. *'ajjām* „wo sind sie?" als Abschluss von 17 nicht unentbehrlich, aber doch sprachlich eindeutig; vgl. dasselbe Wort Gen 3, 9 „wo bist du?" oder Jes 19, 12 im Spruch gegen Ägypten „wo sind sie, deine Weisen?" In Nah 3, 17 kann man das Wort als Ausspinnung der vorausgehenden Phrase von der ‚Ortlosigkeit' verstehen. G dagegen zieht das Wort zum folgenden Vers (mit Textänderung: „wehe ihnen …"). Aber weder G noch eine cj. verbessert die Aussage von V. 18 (f.).

[66] Das Verb *pšṭ* steht zwar für „sich häuten" der Heuschrecke nur hier, bedeutet aber 11mal „(ein Gewand) ausziehen", 7mal neben dem Kontrastwort „anziehen". Im hi. wird es auch für das Abhäuten von Opfertieren gebraucht.

[67] *minnᵉzar* wird von akk. *maṣṣartu* „Wache" bzw. *maṣṣāru* „Wächter" oder auch von *manzazu* „Höfling" abgeleitet.

[68] Zur Präsenz neuass. Funktionäre in Juda vgl. H. Spieckermann, Juda unter Assur in der Sargonidenzeit.

3, 18–19: Ninive im Todesschlaf

18 **Es schlummern deine Hirten [König von Assur],**
es schlafen deine Edlen,
es ist dein Volk über die Berge zerstreut
und niemand, der (es) sammelt.
19 a **Keine Linderung gibt es für deine Verletzung,**
unheilbar ist deine Verwundung.[69]
19 b **Alle, die die Kunde von dir hören,**
klatschen in die Hände[70] **über dich,**
denn über wen erging nicht
deine Bosheit ohne Unterlass?

Den Abschluss der Sammlung bildet ein Rückblick auf das Ende der Stadt 18
von späterer Hand. Ihre Schäden sind irreversibel, und das findet den Beifall der einst von ihrer Gewalt betroffenen Völker. Inbegriff des bedrohlichen und darum prophetisch bedrohten Feindes war bei Nahum die Blutstadt; dagegen wird „der König von Assur" bei Hab (wie im ganzen ZPB) nur hier genannt. Dass es sich dabei um eine nicht ganz glückliche ‚Korrektur' handelt, erkennt man schon daran, dass nicht der König, der überall im AO selbst der Hirte seines Volkes ist, sondern die Bürgerschaft Hirten hat. Der Ergänzer wollte hier nicht die in Vergessenheit geratende Stadt, sondern das unvergessene Reich und seine Herrscher namhaft machen. „Dass der fremde Eroberer Assur genannt wird, ist auch in babylonischer und persischer Zeit nicht ungewöhnlich … So erscheint denn auch nach dem Untergang des neuassyrischen Großreiches ‚Assur' als Deckname für die folgenden Großmächte" (H. W. Wolff, Micha, BK XIV/4, 119 f.); vgl. dazu Jes 7, 17 .20; 8, 7; 20, 1 ff.; Jer 50, 17 f.

„Hirten" heißen außer den Königen auch verschiedene Führer des Volkes. Die „Edlen" stehen neben Fürsten und Befehlshabern (2. Chr 23, 20), im Endgericht wiederum neben den Hirten (Jer 25, 34–36, wo die Kleinviehherde nicht den Hirten, sondern den „Edlen" zugeordnet wird). Diese Führungsschicht ist nun ‚entschlafen'. V. 18 a meint also nicht den Mangel an Wachsamkeit vor dem Ende, sondern den ‚Todesschlaf'. Das wird im Par. membr. mit dem Wortpaar „schlummern und schlafen" ausgedrückt wie Ps. 121, 4.[71]

---

[69] Gemäß der Auslegung von V. 18 sind in 19 ohne Änderung im Konsonantenbestand überall f. statt m. Suffixe zu lesen.

[70] „In die Hände klatschen" ist ein Ausdruck der Freude, der mit dem Subj. „alle Völker" auch Ps 47, 2 bezeugt ist; in beiden Fällen (ähnlich auch Jes 55, 12) steht „Hand" im sg., aber mit einer Hand kann man schlecht klatschen.

[71] Weil die poetischen Synonyme *nwm* und *jšn* verbal (Jes 5, 27) wie nominal (Spr 6, 4. 10; 24, 33) einen festen Ausdruck bilden, muss man statt „sie wohnen" (*škn* impf.) mit Wellhausen „sie schlafen" (*jšn* perf.) lesen.

Das „über die Berge zerstreute“[72] „Volk“ meint hier wohl nicht wie V. 13 die Kriegsmannschaft, sondern die gesamte Bevölkerung; vgl. 1. Kön 22, 17, wo „ganz Israel“ über die Berge zerstreut ist „wie das Kleinvieh, das keinen Hirten hat“. Während Jahwe das Zerstreute liebevoll sammelt wie Herdentiere (Ez 20, 34; Mi 4, 6; Zeph 3, 19 f.), gibt es für die Menschen aus Ninive nun keinen ‚Sammler‘ mehr (ebenso formelhaft wie Jes 13, 14; Jer 49, 5).

19 a 19 a bereitet dem Übersetzer erhebliche Schwierigkeiten.[73] Der Halbvers hat seine Sprach- und Motivparallelen im Jeremiabuch oder späteren Texten. Drei der vier Wörter von 19 a stehen auch Jer 30, 12: Keine Heilung für deinen ‚Zusammenbruch‘, unheilbar dein ‚Schlag‘. Die Kombination von staatlichem Zusammenbruch (*šaebaer*, vgl. Am 6, 6) mit Verben des Heilens findet sich Jer 6, 14; 8, 11 und in besonderer Nähe zu Nah 3, 19 in dem sekundären Vers Jes 30, 26: „An dem Tage, an dem Jahwe den ‚Zusammenbruch‘ meines Volkes verbindet und seine Wunde heilt.“ Aber auch die Phrase „unheilbare Verwundung“ ist am Ausgang des 7. Jh.s geläufig: Jer 10, 19; 14, 17 neben 30, 12. Es empfiehlt sich nicht, literarische Abhängigkeiten zu konstruieren, gleichgültig in welcher Richtung. V. 19 a gehört in einen Überlieferungsstrom sekundär-prophetischer Sprache.

19 b Dass alle Welt vom Niedergang der Weltmacht erfährt, wird in einer fig. etym. ausgedrückt („Hörbares hören“), die man kaum wörtlich übersetzen kann (vgl. aber V: qui audierunt auditionem tuam). Das 8mal belegte Nomen *šemaʿ* meint hier dasselbe wie 1. Kön 10, 1: Die Königin von Saba „hörte das Gerücht über/die Kunde von Salomo“.

V. 19 b beschließt die Spruchreihe von V. 8 ff. wie 7 die von 1 ff. ‚Begleiten‘ dort die Völker Ninives Verwüstung ohne Mitleid so hier mit offenem Beifall. Es ist literarischer Purismus, 19 bβ für eine „völlig überflüssige Begründung“ von 19 bα zu halten. Der Verf. stellt Juda in die Schicksalsgemeinschaft der kleinen Völker, über die die neuass. Armeen in immer neuen Schüben hinweggezogen waren. Dabei kann man *rāʿāh* mit „Bosheit“, aber auch mit „Unheil“ übersetzen.

---

[72] Statt *pûš* „hüpfen“ ist *pûṣ* ni. „zerstreut werden“ zu lesen.

[73] „Linderung“ ist ein traditioneller Versuch der Wiedergabe des hap. leg. *kehāh*. G übersetzt mit ἴασις „Heilung“. Gemeint ist also: es gibt keine ‚Abschwächung‘ des eingetretenen Schadens. Zu diesem Schwachwerden vgl. auch das Verb *khh* im ersten Gottesknechtslied (Jes 42, 3 f.): Der Knecht wird das geknickte Rohr nicht zerbrechen (*šbr*) und den ‚verglimmenden‘ Docht nicht auslöschen; aber auch er selbst ‚erlischt nicht‘/‚wird nicht schwach‘. Das letzte Wort von V. 19 a (*makkāh*) bedeutet „Schlag“, aber ebenso wie πληγή in G auch dessen Ergebnis, die Wunde (vgl. 1. Kön 22, 35 „das Blut des Schlages = der Wunde“).

Habakuk

Einleitung

1. Person

Vom Menschen Habakuk erfahren wir nichts außer seinem eher komischen Namen und dem Titel „Prophet". Das Orakel 1, 5–11 rechtfertigt ihn, die Szene 2, 1–3 sogar den eines Visionärs. Ob er ein bisschen „Kultprophet" war (Jeremias 108–110) oder aber gar nicht (Rudolph 193 f.), wurde in der 2. Hälfte des 20. Jh.s diskutiert. Aber „it is not clear that a firm answer to that question, wether negative or positive, would contribute significantly to a better understanding of the prophet's message" (Roberts 85). An der kanonischen Gestalt des Büchleins kann man ablesen, „dass die scharfe Trennung: hie Heils-, hie Unheilsprophet der Mannigfaltigkeit des Lebens nicht entspricht, dass es zwischen den beiden Gruppen Nuancen und Übergänge gibt" (Rudolph 250), dass jedenfalls in den nachexilischen Jahrhunderten vieles und sehr Verschiedenes unter der Überschrift „Spruch, den der Prophet schaute" vereint und überliefert werden konnte.

2. Zeit

In der Forschung „schwankte die zeitliche Ansetzung Habakuks von der Zeit Hiskijas … bis zu den Makkabäern … umfasst also mehr als 500 Jahre" (Jöcken 518). So ging Duhm – um nur einen einflussreichen Entwurf zu nennen – zwar richtig von 1, 5 ff. aus, aber für seine extreme Spätdatierung des Propheten und dementsprechend des ganzen Buches hatte er keine Gründe, die der Kritik standhielten. Derlei ist ja nur möglich, wenn man den einzigen historischen Bezug, die Nennung der Chaldäer (1, 6), für einen Irrtum oder für Irreführung hält, was freilich in der 2. Hälfte des 20. Jh.s kaum mehr geschah. Man kann die Frage nach der Wirkungszeit nur mit den Habakuk zugeschriebenen Texten beantworten, also in erster Linie mit den Völkersprüchen. Freilich ist die Stoßrichtung des Orakels von 1, 5 ff. so wenig eindeutig, dass zwar dessen Zuordnung zur neubab. Epoche alle Wahrscheinlichkeit für sich hat, eine Datierung aufs Jahr aber unmöglich ist. Die Nennung der Chaldäer war vor ihrem Eintreten in die Geschichte Judas nicht möglich, nach dem Fall Jerusalems 587/86 aber nicht sinnvoll. Der Fall Ninives (612) und der Sieg der Babylonier über die Ägypter bei Karkemisch (605) dürften jedenfalls diesen

Orakeln vorausgegangen sein und das Anschauungsmaterial für die Darstellung der anstürmenden Chaldäer geliefert haben. Auf der anderen Seite hat wohl erst die neubab. Belagerung Jerusalems 598/97 auch für Juda eine Klarheit in die Weltlage gebracht, die Ankündigungen wie 1, 6 ff. erübrigte.

3. Botschaft

Eine schöne Darstellung der „Verkündigung Habakuks“ bietet Rudolph (248–251) – um den Preis der Harmonisierung aller Einheiten und Schichten des Buches, die eben nur teilweise auf den Propheten zurückgehen. Methodisch richtig ist die Differenzierung Seybolds (46–48): „Die Botschaft der Buchteile“. Die Botschaft Habakuks findet sich jedenfalls nicht in den Psalmversen von Kap. 1 oder im Hymnus von Kap. 3, sondern allein in den Grundschichten der Prophetensprüche von Hab 1 f., also im Chaldäer-Orakel und den Weherufen gegen das eigene Volk. Ob es einen inneren Zusammenhang und eine bestimmte Abfolge dieser beiden Anteile gibt, kann man nur vermuten. Man muss bedenken, dass Habakuks Blick in 1, 5 ff. weit über das Geschick des eigenen Volkes hinausreicht auf das der anderen Völker, denn das Eroberervolk „zieht in die Weiten der Erde“ (1, 6 b). Die Ergänzungsschicht der Weherufe (2, 7–17) sieht schon auf dieses Eroberervolk zurück und teilt die ‚Theologie‘ vieler nachexilischer Völkersprüche. Verglichen mit größeren Völkerspruch-Sammlungen handelt es sich bei 1, 5 ff. wie bei 2, 6 ff. nur um Fragmente einer ‚Botschaft‘, die vielleicht niemals mündlich erging, was auch der Aufzeichnungsbefehl 2, 2 vermuten lässt.

Mit den theologischen Bearbeitungen der Gedichte Habakuks verändert sich naturgemäß deren Botschaft. Die Klagepsalm-Fragen „wie lange“ (1, 2) und „warum?“ (1, 3. 13) lenken den Blick von der bedrohlichen Weltmacht auf den Gott Israels in seinem Heiligtum (2, 20) und lösen so die Erstarrung (1, 5) im Gebet, in der Hoffnung (2, 3) und in Dank und Jubel (3, 18). Gerade solche Zusätze zeigen aber, dass die Judäer z. Z. des zweiten Tempels die Botschaft Habakuks und die Schrecken der Vergangenheit nicht vergessen hatten, sondern sie in Konfrontation mit den religiösen Fragen und Gewissheiten ihrer Zeit bewahrten.

4. Buch

Habakuk ist nicht der Verf. ‚seines‘ Buches. Dieses ist durch die Überschriften 1, 2; 3, 1 zweigeteilt, besteht aber wohl aus drei literarischen Kompositionen (1, 2–2, 5; 2, 6–20; 3, 1–19) mit je eigenem Wachstum. Fragmente eines individuellen Klagegebetes, Völkerorakel, Visionsbericht, Weherufe, Theophanieschilderung, Hymnus: in alledem sind Redeformen und Intentionen so unterschiedlich, dass die drei ‚Einheiten‘ jeweils einer eigenen „Einleitung“ bedürfen. Es scheint, als hätten an den wenigen ‚prophetischen‘ Textstücken so viele Hände gearbeitet, dass jedenfalls keine einheitliche Redaktion erkennbar ist. Hab 3 ist im Ganzen dem Psalter näher als der Prophetie, aber auch Hab 1 f. läuft überlieferungsgeschichtlich auf eine gottesdienstliche Lesung zu.

Geht man davon aus, dass Habakuk um 600 v. Chr. wirkte, so beginnt die Buchgeschichte also kaum in vorexilischer Zeit. Wie tief sie in die nachexilischen Jahrhunderte reichte, bleibt ein Feld für Hypothesen. Besonders die Zusätze in den Randzonen der drei Kompositionen (wie 2, 4. 5. 6 a. 18. 19. 20; 3, 17. 18–19 a) entziehen sich beinahe ganz der zeitlichen Fixierung. Aber selbst die wichtigsten kompositionellen Prozesse wie die Einfügung der Völkerorakel in die Psalmfragmente und die Umdeutung der Weherufe auf ein gewalttätiges Volk sind nicht sicher datierbar. Doch sprechen Vergleiche mit der übrigen judäischen Literaturgeschichte dafür, dass das Buch im 4. Jh. ‚fertig' war. Die älteste Schicht, also die Basis für alles weitere, behält ihr Eigengewicht für die Exegese, weil sie der Ursprung und Anlass für die gesamte Überlieferung und alle Stufen der Buchwerdung war.

1, 1: Überschrift

1 **Der Spruch, den Habakuk, der Prophet, schaute.**

Biographische Angaben konnten oder wollten die Tradenten nicht machen. Hab beginnt wie Nah mit *maśśā'* (s. o. zu Nah 1, 1), das demnach als term. techn. für Offenbarung steht. Während aber in Nah 1, 1 die Wortverbindung „Ninivespruch" den wesentlichen Inhalt der Schrift anzeigt, fehlt hier der Adressat. Stattdessen hängt an „Spruch" ein Relativsatz, dessen Verb *ḥzh* den Leser verblüffen muss: Habakuk hat den Spruch nicht gehört, sondern „geschaut".[1] Nah 1, 1 b ist zwar auch von Schauung *(ḥᵃzôn)* die Rede, aber in einem unabhängigen Satz. Die ‚reinste' Form dieses Überschrifttypus steht über dem größten Prophetenbuch: „Die Schauung Jesajas …, die er schaute über …" Die Verbindung der Begriffe von Hab 1, 1 gibt es sonst nur über Jes 13: „Babal-Spruch, den Jesaja schaute". Wie wenig „sehen" und „hören" in dieser Chiffrierung wörtlich genommen werden müssen, zeigen andere Objekte zu „schauen" in Prophetenbuch-Überschriften: „das Wort" (Jes 2, 1), „die Worte des Amos …, die er schaute über …" (1, 1), „das Jahwewort" (Mi 1, 1); umgekehrt kann in Hab 2, 1 b gesagt werden: „sehen *(r'h)*, was er zu mir redet".

Zwar empfindet man in 1, 1 das Fehlen eines Adressaten als Lücke, aber die Überschrift will nur sagen: Hier folgt Wortverkündigung, die aus prophetischer Schau verstanden werden muss. Darum steht beim Namen nun auch der Titel *nābî'* „Prophet", den es in Überschriften sonst nur Hag 1, 1; Sach 1, 1 gibt. Als Subj. von *ḥzh* besagt der Titel: Was Habakuk „schaute", verkündete er als Prophet.[2]

‚Originell' ist hier nur der Personenname, und das in mehrfacher Hinsicht. Luther schrieb am Ende der kurzen Vorrede zur Übers. in der „Biblia" von 1545: „Habacuc aber hat einen rechten namen zu seinem Ampt/ Denn Habacuc heißt auff Deudsch ein Hertzer / oder der sich mit eim andern hertzet vnd in die arm nimpt. Er thut auch also mit seiner Weissagung/ das er sein Volck hertzet vnd in die arm nimpt/ das ist/ Er tröstet sie." Luther entnahm die Deutung „Herzer" der vermuteten hebr. Wz. *ḥbq*, die wenige Male im AT entsprechend gebraucht wird, etwa Gen 33, 4: Esau lief seinem Bruder Jakob entgegen „und umarmte ihn". Aber der Name ist wohl doch eher ein Fremdwort aus dem Akk., wo *ḫabbaqūqu/ḫambaqūqu* der Name einer Garten-

---

[1] Die Übers. „Ausspruch, den (er) in einer Vision hörte" in der sog. Einheitsübersetzung ist eine Irreführung des auf den Wortlaut angewiesenen Lesers.

[2] Zu *nābî'* s. H.-P. Müller, ThWAT V 140–163.

pflanze ist (Gurke?)[3], einmal aber auch als Personenname vorkommt.[4] Es ist schwer zu sagen, wie jemand zu dem Namen Gurke/Melone o. ä. kommt. Selbst wenn man an einen „nickname" denkt, ist es unwahrscheinlich, dass er für den Titel „Habakuk, der Prophet" benutzt worden wäre.

---

[3] Vgl. AHw 304; zu Pflanzennamen im AT s. M. Noth, Die israelitischen Personennamen (1928) 230f.; vgl. J. Hobbins, Il nome del profeta Abacuc, RivBib 35 (1987) 307–311.

[4] G bietet 'Αμβακούμ, ebenso die Hab-Erzählung in der apokryphen griech. Schrift „Bel und der Drache", V. 1. 33–39; dazu J. Kottsieper, ATD Apokryphen, Bd. 5 (1998) 271–274.

1, 2–2, 5: Gebet – Völkerspruch – Vision

Die erste Komposition reicht bis zu den Weherufen (2, 6 ff.), von denen sie aber unscharf abgetrennt ist (s. zu 2, 5. 6 a). Dieser umfangreiche Komplex ist keine „geschlossene Gedankeneinheit“ (Rudolph 200) und schon gar keine „Liturgie“, sondern eine literarische Verknüpfung heterogenen Materials. So sind schon in 1, 2–17 formal und thematisch unterschiedliche Stücke locker zusammengestellt: die visionäre Ankündigung und Beschreibung eines gewalttätigen Volkes einerseits (1, 5–11 [14] 15–17), Fragmente eines Klagegebetes andererseits (1, 2–3 a [4] 12–13). Dass diese Bestandteile der Komposition uno actu entstanden seien und von demselben Autor stammen, ist kaum möglich. Die Abschnitte können nur mit Mühe überhaupt aufeinander bezogen werden. So arbeitet nicht ein Autor, sondern ein Tradent, der ihm vorliegende Stoffe bewahren, aber nicht unkommentiert weiterreichen wollte.

Die Frage, ob die Gebetsfragmente oder aber die Fremdvolksprüche den Ausgangspunkt bildeten, beantworten viele (von Sellin bis Roberts) mit der unterschiedlich begründeten These, das Fremdvolkorakel sei in die vorgegebene Klage nicht nur eingefügt, sondern auch für diesen Ort und Zweck gedichtet worden. Aber: weder die grandiose Beschreibung der anstürmenden Chaldäer in 1,(5)6–11 noch das Fischnetzgleichnis in 1,(14)15–17 sind als ‚Antwort‘ auf die Klagen zu deuten, denn „if 1, 5–11 were a response to the surrounding complaint, one would expect the sparse evidence that it would containe some element of salvation, explicitly or implicitly“.[5] Die Analyse der Komposition führt vielmehr zu der Einsicht: „If there is any element of response in the interrelationship of these two textual units, it is 1, 2–4 that responds to 1, 5–11 rather than the other way round. The complaint in 1, 2–4 thus presupposes the oracle in 1, 5–11, even though the oracle follows the complaint in the present composition.“[6]

Damit ist gesagt, was aus mehreren Gründen plausibel ist: 1, 5–11 (vielleicht im Zusammenhang damit auch 1, 15–17) gehört zu den prophetischen Kriegsdichtungen ebenso wie die wesentlichen Stücke in Nah 2 f. – nicht etwa als deren Imitation oder redaktionelle Fortsetzung, sondern als gleichrangige Dichtung eigener Herkunft. Hab 1, 5–11 „ist ein älteres Orakel, welches das erste Erscheinen der Chaldäer weissagt und beschreibt“ (Wellhausen), aber es ist hier kein „eingesprengtes Stück“, auch keine „Antwort

[5] M. H. Floyd, Prophetic complaints about the fulfillment of oracles in Habakkuk 1, 2–17 and Jeremiah 15, 10–18, JBL 110 (1991) 397–418; 402.

[6] Ebd. 403.

auf die Klage" (ebd.), sondern vom Verf. des Psalms eingebettet in dessen Fragen an Gott. Es gibt jedenfalls keinen literarischen, historischen oder theologischen Grund, die „Vision vom Reitersturm" dem abzusprechen, der in 1, 1 als schauender Prophet bei Namen genannt wird, und „einigermaßen einheitlich prophetisch ist die Sprache nur in 1, 5–11 und 1, 14–17, also dort, wo von der feindlichen Macht als Zuchtrute Jahwes gesprochen wird".[7] Insofern wird die Vision auch im jüngsten deutschsprachigen Kommentar als „prophetisches Urgestein" bezeichnet (Seybold 47).

Demgegenüber werden die Unrechts- und Unheilserfahrungen des Beters ebenso wie seine Fragen an Jahwe in der Sprache der meist späteren Klagepsalmen vorgebracht. Diese Psalmfragmente sind nicht mit Bezug auf das Orakel in V. 5–11 gedichtet, sondern beklagen das Vorgehen der Frevler gegen die Gerechten im Lande. Nur an einer Stelle ist die Einbettung der Vision in das Gebet klar bezeugt: V. 12 b kann sich nur auf das gewalttätige Volk beziehen, das seinen Auftrag zu Gericht und Strafe durch Selbstvergottung (V. 11 b) hemmungslos überschritten hat. Mit der Hereinnahme der Vision in das Gebet wird freilich dessen Horizont erweitert: Jahwes Zuschauen und Schweigen wird nun auf inneres und äußeres Unheil bezogen.

Der Mangel an Namen, an Standort- und Zielangaben verwundert zwar nicht in einem Psalm, wohl aber in einem Prophetenbuch. Ohne die Ankündigung der Chaldäer in V. 6 a hinge das Gebet mitsamt dem Orakel historisch-geographisch in der Luft. Weder Juda noch Jerusalem werden genannt, aber auch Zeitgeschichtliches findet sich weder in 1, 1 noch in 1, 2–2, 5.

So ist die Frage, ob „Habakuk, der Prophet" auch der Verf. des Gebets, also der späteren Schicht in Kap. 1 sei, einigermaßen sicher negativ zu beantworten. Natürlich kann man nicht apodiktisch ausschließen, dass ein ‚gebildeter' Judäer um 600 v. Chr. gleichermaßen die Kriegslyrik wie die Gebetssprache seines Volkes beherrschte. Aber: die Anteile von 1, 2–2, 5 bilden keinen ‚Dialog', wie vielfach behauptet; sie sind so unzureichend aufeinander bezogen, dass redaktionelle Arbeit unverkennbar ist. Dann gilt, was auch für Nah und andere Prophetenschriften gilt: Gebete sind in aller Regel Zeugnisse der Überlieferung und des Gebrauchs der Prophetensprüche. Zudem gilt ja längst nicht mehr die Meinung, solche ‚sekundären' Texte seien religiös von minderem Rang.

Zu der fast einhellig vertretenen Ansicht, die Komposition bilde einen geordneten Dialog zwischen dem Beter und Jahwe, gehört das bisher ausgesparte Stück 2, 1–4(5) als die den Dialog abschließende Antwort. Aber 2, 1 ff. ist keine Antwort – weder auf die Klage noch gar auf die Ankündigung der Chaldäer: „In sum, considerations of form and content converge in showing that chap. 1 … is a unit distinct from chap. 2."[8] In der Tat beginnt in 2, 1 mit

---

[7] A. H. J. Gunneweg, Habakuk und das Problem des leidenden צדיק, ZAW 98 (1986) 400–415; 403.

[8] M. H. Floyd (wie A. 5) 405. Floyd hat seine Beobachtungen in einem weiteren Beitrag präzisiert: Prophecy and writing in Habakkuk 2, 1–5, ZAW 105 (1993) 462–481.

der Vorbereitung des Wortempfangs eine ‚prophetische' Szene, die in Hab 1 kein Vorspiel hat und die allenfalls mit 2, 1 bβ an 1, 13 angebunden sein könnte.

Das Motiv der Tafeln und deren ganz unsicherer Beschriftung wächst aus keinem Teil von Kap. 1 heraus. Wenn die erwartete Schauung sodann wirklich nur in dem statement von 2, 4 b besteht, ist der szenische Aufwand von 2, 1–3 unverhältnismäßig und der Rückbezug auf Kap. 1 auch deshalb kaum möglich, weil dort der Gerechte nur Opfer der Frevler, sein eigenes Verhalten aber kein Thema war.

Wie unklar der Zusammenhang der Komposition schon den frühen Tradenten war, zeigen die das Fazit der Szene rahmenden, aber beinahe unverständlichen Brocken in 2, 4 a. 5 a. Doch gerade wenn man 2, 1 ff. nicht als organische Fortsetzung von 1, 2 ff. ansieht, stellt sich die Frage nach der Herkunft der Visions- und Tafelszene noch einmal neu. Man kann sie wie die Gebetsfragmente „Habakuk, dem Propheten" absprechen, aber die Gründe dafür sind hier schwächer oder gar schwach.

1, 2–4: Wie lange, Jahwe?

2 a **Wie lange, Jahwe, rufe ich um Hilfe –**
und du hörst nicht,
2 b **schreie ich zu dir: Gewalt –**
und du hilfst nicht.
3 aα **Warum lässt du mich Unrecht sehen**
und schaust (selber) dem Unheil zu,
β **sind Unterdrückung und Gewalt vor mir?**
3 b **[Und da ist Streit, und Zank ‚erhebt sich'.]**[9]
4 a **Darum wird das Gesetz kraftlos,**
und Recht kommt nicht hervor.
4 b **Weil der Frevler den Gerechten einkreist,**
kommt (nur) verdrehtes Recht hervor.

Mit V. 2 f. beginnt etwas Unerwartetes: „wie lange", „warum" sind Urwörter der Klage. Auch die vier Verben in V. 2 zählen zum Grundbestand der Klagegebete im Psalter: Hilferufe zu Gott in der Hoffnung auf Erhörung. In 2. 3 a (wie dann wieder in 12) klagt ein Einzelner, angeredet wird Jahwe, wogegen 5 die Gottesrede 6 ff. einleitet.

2 Die individuelle Klage in Ps 13, 2 f. beginnt mit viermaligem *ʿad-ʾānāh* „wie lange (verbirgst du dein Angesicht)?" Das Verb *zʿq* (so 73mal; 55mal gleich-

---

[9] Die Bedeutung des letzten Wortes ist mehr erwünscht als erwiesen, und das seit dem 19. Jh.: „Die Übersetzung ‚Streit hebt an' (Ewald) ist schwerlich möglich, denn יִשָּׂא ist nicht intransitiv" (Duhm 14). Die meisten Konjekturen listet Haak auf, wenige sind wahrscheinlich, keine ist zwingend.

bedeutend *ṣʿq*) meint das „Schreien" eines Menschen in Not, der bei Gott Rettung sucht. Darum wird *z/ṣʿq* auch öfter wie hier mit dem sog. Zeter-Schrei *ḥāmās* (s. zu V. 3) verbunden: „Hilfe, mir droht/geschieht Gewalttat!" So klagt Hiob mit den Wörtern von Hab 1, 2: „Ich schreie: Gewalt – und bekomme keine Antwort, ich rufe um Hilfe – und bekomme kein Recht" (19, 7). Das Wortfeld findet sich auch in der Prophetenklage Jeremias (20, 8). Dass Jahwe das Schreien (er)hören (*šmʿ*), dass er „helfen/retten" (*jšʿ* hi.) möge, gehört gleichfalls zur Pss-Sprache. „*jšʿ* kommt in fast der Hälfte aller Psalmen einmal oder öfters vor."[10]

V. 3 bleibt in der Sprache der Klagepsalmen: „Mein Gott, warum hast du 3 aα
mich verlassen" (22, 2), „vergessen" (42, 10), „verstoßen" (43, 2)? „Warum schaust du" verweist aber auch auf V. (12)13. Das Verb *nbṭ* hi. „(auf)blicken, (hin- oder zu)schauen" steht oft im Par. membr. oder einfach neben „sehen" (so V. 5. 13) wie etwa 1. Sam 17 ,42 ganz profan: Goliath „blickte auf und sah David". In Klagen erscheinen beide Verben oft parallel: „Blicke vom Himmel herab und sieh" (Ps 80, 15; Jes 63, 15). In Hab 1, 3 meint *nbṭ* vorwurfsvoll: „Warum schaust du … untätig zu?" Die Klage hat hier ihre Verschärfung darin, dass Jahwe die Zuschauerhaltung unterstellt wird.

Was nun aber der Beter ansehen, d. h. erleiden muss, ist nicht wie meist Krankheit oder persönliche Anfeindung, sondern es sind allgemeine Unrechts- und Unheilsverhältnisse, für deren Bezeichnung der Dichter wiederum auf überlieferte Wörter zurückgreift. Mit dem überwiegend in prophetischen Texten und im Psalter gebrauchten Nomen *'āwaen* wird „Unrecht, Frevel, Böses" bezeichnet. Das Wort steht oft neben Parallelbegriffen, 10mal allein wie hier neben *ʿāmāl* „Unheil, Bedrängnis", bei Koh (mit 22 von 55 Belegen) eher Mühsal oder mühevolle, aber sinnlose Arbeit. Doch muss man in V. 3 besonders auf die Wortpaare achten. Das zeigt auch G mit κόπους καὶ πόνους: Mit beiden Wörtern wird ebenso oft *'āwaen* wie *ʿāmāl* übersetzt. Das Wortpaar bezieht sich im Psalter auf Individuen wie auf die Gemeinschaft. So heißt es Ps 55, 11 von einer Stadt in der Wortfolge von Hab 1, 3: „Unrecht und Unheil sind in ihrer Mitte."

Die ungeheuerliche Aussage, dass der angerufene Gott tatenlos zuschaue, wird in V. 13a mit dem Credo der Beter regelrecht konterkariert: „Du kannst doch dem Unheil nicht zuschauen" (statt *'āwaen* steht in V. 13 *rāʿ* „das Böse, Schlechte". Die Sprache von V. 2. 3 a ist also die der individuellen Klage, nicht die der Befeindung durch ein Volk, wohin V. 5 ff. führt.

Das zweite Wortpaar bilden *šod wᵉḥāmās*. Das erste Wort steht in poeti- 3 aβ
schen Texten für gewaltsame „Unterdrückung"[11], öfter in kriegerischem Kontext. Das zweite Wort hat eine größere Zahl von Synonymen oder Paral-

---

[10] Vgl. den Art. *jšʿ*, ThWAT III 1035–1059; 1055.

[11] 4mal parallel zu *šaebaer* „Zusammenbruch", Hab 1, 3 vor, sonst 5mal hinter *ḥāmās*, so auch Hab 2, 17.

lelausdrücken[12], am häufigsten aber *šod*. Das Wortpaar wird ‚innenpolitisch' im Sozialbereich verwendet, so etwa Am 3, 10: „Gewalttat und Unterdrückung" werden in den Palästen angehäuft. Aber in Prophetensprüchen werden auch ‚außenpolitisch' Herrscher und Völker wegen ihrer Gewaltausübung angeprangert, so etwa Ez 26, 16 der König von Tyrus, Jl 4, 19 Ägypten und Edom, Jon 3, 8 Ninive, Hab 1, 9; 2, 8 die Chaldäer; Hab 2, 17a steht dafür wieder *ḥāmās* ... *w*ᵉ*šod* im Par. membr. *ḥāmās* bedeutet also immer unrechte Gewalt, gleich ob an Volksgenossen oder an unterdrückten Völkern ausgeübt. Das gesamte Wortfeld von Hab 1, 2 f. findet sich am dichtesten in Jes 59, wo auch Gebetssprache und Elemente prophetischer Ankündigung ineinander verschlungen sind. V. 4–8 ist wahrscheinlich ein Zusatz, der das Treiben der Frevler in der Volksgemeinschaft beklagt (vgl. Hab 1, 4), wiederum weitgehend in der Sprache der Einzelklage. In V. 4b begegnen *ʿāmāl* und *'āwaen*, in V. 6b die „Werke des Unrechts" *('āwaen)* und „Unterdrückung und Verheerung" *(šod wāšaeber)*. Als Kontrast dazu erscheinen V. 8 *šālôm* „Heil" und *mišpāṭ* „Recht".

Die in Hab 1, 2 f. beschriebenen Missstände und Leiden sind also nicht die Folgen des Einbruchs einer fremden Macht und militärischer Gewalt. Schon Luther bemerkte zu V. 3: „Da sehen wyr, das er von dem Judischen volck redet und noch nicht von dem könige zu Babylon" (356).

3 b V. 3b ist gewiss nicht korrekt überliefert, die Syntax ist höchst befremdlich. Die Gebetssprache von 3a ist verlassen, es gibt kein Ich und kein Du mehr. G gliedert 3aβb anders, aber nicht besser. Das Wortpaar „Streit und Zank" wirkt hier blass und passt kaum zu den beiden vorausgehenden. 3b ist eine ungeschickte Glosse. Das häufige Nomen *rîb* „Streit", bes. „Rechtsstreit", wird auf Einzelne (Ps 43, 1) wie auf Gruppen (Spr 22, 22 f.) oder auch auf das ganze Volk bezogen (Jer 51, 36). Das Nomen *mādôn* (Wz. *dîn* „richten") bedeutet Streit und Zank schlechthin (überwiegend in Spr). Als Wortpaar erscheinen beide im antithetischen Par. membr. Spr 15, 18: „Der Jähzornige erregt Zank, der Langmütige beschwichtigt den Streit."

4 V. 4 setzt nicht die Anrede Gottes fort, sondern nennt Rechtsfolgen der beklagten Zustände. Der Anschluss mit *ʿal-ken* „darum" suggeriert eine logische Verknüpfung. Einen sachlogischen Anschluss schafft *ʿal-ken* zur Not in 4b, nicht aber vor 4a. Insgesamt bietet 4 ein raisonnement, das nicht in das Klagegebet gehört, so dass 2–4 schwerlich aus einem Guss sind. Aber auch 4a und 4b passen schlecht zusammen, wie die Wiederholung der Phrase „Recht geht hervor" zeigt.

4 a *tôrāh* „Gesetz" gibt es bei Hab nur hier, *mišpāṭ* „Recht" auch 1, 7. 12. Gemeinsam kommen die Begriffe im AT nur noch zweimal bei Dtjes vor: „*tôrāh* geht von mir aus und *mišpāṭ* als Licht der Völker" (51, 4). Der Gottesknecht „wird auf Erden *mišpāṭ* errichten, und die fernen Gestade harren auf seine

[12] So *dām* „Blut" (Hab 2, 8. 17 u. ö.), *šaeqaer* „Lüge" (Jes 59, 3; Mi 6, 12), *šaebaer* (Jes 59, 6 u. ö.). Neben vielen anderen Übersetzungen bietet G am häufigsten ἀδικία.

tôrāh“ (42, 4). Hab 1, 4 a. b steht zumindest in sprachlichem Zusammenhang mit Jes 42, 1–4, denn hier wie dort ist das „Recht“ mit Formen des Verbs *jṣ’* im Sinne von „herausgehen, -bringen“ verbunden.

V. 4a spricht zwar nicht die Sprache des zeitgenössischen Deuteronomismus[13], aber es ist nicht gut vorstellbar, dass in dieser nachexilischen Reflexion das Wort *tôrāh* ganz ohne Rückblick auf das als Gesetz-Buch schon abgerundete Dtn gebraucht worden sein könnte. Darum wird hier bewusst auch mit „Gesetz“ und „Recht“ übersetzt. Dass die *tôrāh* „kraftlos“, also „unwirksam“ werde, könnte weder im Dtn noch bei Dtjes gesagt werden. Das Verb dafür ist äußerst selten, aber seine Bedeutung ist einigermaßen klar. Unsicher ist die hier angemessene Übers. von *jṣ’* „herausgehen“. Während Jes 42, 1–4 das Recht in die Welt hinausgeht bzw. durch den Knecht hinausgebracht wird (*jṣ’* hi.), geht es in Hab 1, 4 nirgendwo hin, also gerade nicht „heraus“, sondern bleibt verborgen, kommt nicht zum Vorschein, bleibt also, parallel zu V. 4aα ‚wirkungslos‘ – eine Deutung, die durch 4bβ in gewisser Weise bestätigt wird. Dass *mišpāṭ* „nicht für immer“ oder „nie mehr“ ‚hervorgeht‘, ist eine ebenso gewichtige wie schwer zu erklärende Aussage. Im Anschluss an V. 2 f. meint 4a wohl: Wo solche beklagenswerten Zustände herrschen, werden Gesetz und Recht gänzlich unwirksam.

V. 4b scheint eine gewisse Erklärungsbedürftigkeit von 4a vorauszusetzen 4 b
und aufheben zu wollen. Hier (wie dann wieder V. 13) begegnet das bei Propheten seltene, in Pss und Spr vorherrschende Gegensatzpaar *rāšāʿ*, ἀσεβής, impius, „Frevler“ und *ṣaddîq*, δίκαιος, iustus, „Gerechter“, das im Zentrum der Frömmigkeit des nachexilischen Judentums steht. Immer ist der Gerechte der Gott wohlgefällige Fromme und der Frevler oder Gottlose (Luther) etwas anderes als nur ein fehlbarer Mensch. Im sehr späten Ps 1 wird der Gegensatz idealtypisch fixiert. „Die Sünder verfehlen jeweils den Weg Gottes, die Frevler widerstreben ihm ihrer konstitutiven Grundhaltung nach. Der Sünder tut Böses, der Frevler ist böse.“[14]

In V. 13 „verschlingt“ der Frevler den Gerechten, in V. 4 kreist oder engt er ihn ein.[15] Dass es dadurch zur „Rechtsverdrehung“ kommen kann, soll durch „weil ... darum“ ausgedrückt werden. Aber 4aβ und 4bβ passen schon darin nicht zusammen, dass das Recht einmal gar nicht, einmal nur „verdreht/verkehrt“, also pervertiert hervor-/herauskommt.

V. 4 steht sperrig zwischen dem Gebet 2 f. und dessen Fortsetzung 12 f. Die Verse 2–4 sind unspezifisch für eine prophetische Botschaft, sie enthalten nichts, was man „schauen“ müsste (V. 1). Aber sie zeigen den Propheten als

---

[13] Anders M. D. Johnson, The Paralysis of Torah in Habakkuk I 4, VT 35 (1985) 257–266.

[14] M. Buber, Recht und Unrecht. Deutung einiger Psalmen, in: Werke, 2. Bd.: Schriften zur Bibel (1964) 951–990; 989.

[15] *ktr* hi. bedeutet dasselbe wie *ktr* pi. in Ps 22, 13, wo der synonyme Par. membr. die Wz.-Bedeutung sichert: „Große Stiere umringen mich *(sbb)*, Büffel ... umgeben/umkreisen mich.“ Diese Übers. wird Hab 1, 4 freilich dadurch erschwert, dass das Subj. von „einkreisen“ im sg. steht. G V übersetzen denn auch mit allgemeinen Ausdrücken für „unterdrücken“ oder „beherrschen“.

Beter, und das war die Absicht derer, die das Buch oder zumindest dessen ersten Block komponiert haben. Deren Absicht war zugleich die Abfolge der Stücke in 1, 2 f.(4)5–11. 12 f.

1, 5–11: Die Chaldäer kommen

5a Seht auf die Völker[16] und schaut hin,
starrt einander an und erstarrt,
5b denn ein Werk wirkt er[17] in euren Tagen,
ihr würdet es nicht glauben, wenn es erzählt würde.
6a Denn siehe, ich lasse die Chaldäer aufstehen,
das stechende und ungestüme Volk,
6b das zieht in die Weiten der Erde,
um Wohnplätze in Besitz zu nehmen, die ihm nicht gehören.
7 Erschreckend ist es und furchterregend,
von ihm (selbst) geht sein Recht und seine Hoheit aus.
8a Schneller als Panther sind seine Rosse,
‚schärfer' als Wölfe am Abend sind seine Reiter.
8b Sie stürmen heran, kommen von fernher geflogen
wie der Geier, der sich stürzt auf den Fraß.
9a Ein jeder kommt zur Gewalttat heran,
ihrer aller Gesichter vorwärts gerichtet.
9b Es sammelt[18] Gefangene ein wie Sand.
10a Es treibt mit Königen seinen Spott,
und Herrscher sind ihm ein Gelächter,
10b ja, es lacht über jede Festung,
schüttet Erde auf und nimmt sie ein.
11 Dann setzt es sich ab[19] und zieht dahin: ein Sturmwind.
So macht[20] es seine Kraft zu seinem Gott.

5a Obwohl jegliche Über- oder Einleitungsformel fehlt, zeigt gleich die erste Zeile, dass eine neue Einheit beginnt: Nicht mehr Gott, sondern eine Vielzahl von Menschen wird angeredet. Zugleich kommt zum ersten Mal die Völkerwelt in den Blick.

---

[16] Wie V (aspicite in gentibus) und Luther („schawet unter den heyden") haben viele Ausleger *rʾh bᵉ* mit „seht euch um unter (den Völkern)" übersetzt. Aber die Präp. steht ebenso für den acc.: „Ich kann den Tod des Kindes nicht ansehen …" (Gen 21, 16). Für „Völker" bietet Q „Treulose", G „Betrüger", wohl von V. 13b her.

[17] Der hebr. Text lässt das Subj. offen. Gegen Q V deutet G das part. *poʿel* als 1.P.sg. Damit würde die Gottesrede schon in 5 beginnen. Der seit Wellhausen bevorzugte G-Text verfolgt offenkundig diese Tendenz, doch ist bei MT zu bleiben.

[18] Hier muss mit G V präsentisch vokalisiert werden.

[19] Die Verben sind mit G V auch hier präsentisch zu lesen.

[20] Vgl. BHS und lies die Wz. *śîm* „setzen, bestimmen, ‚machen'.

Die vier pl. impp. sind wie die Verben und Nomina in V. 2 f. paarweise gegliedert. Das erste Paar bietet die Verben von 3a, das zweite ein artifizielles Spiel mit der Wz. *tmh*, welches das poetische Können des Autors verrät. *tmh* „heißt gewiss ‚staunen', aber zugleich ‚starr', wie gelähmt vor Unerwartetem bzw. Entsetzlichem sein" (Jesaja, BK X/3, 1114). Da die Anrede keinen Namen enthält, bleibt zunächst offen, wer zum Starren gebracht werden soll.

Starr vom Schauen werden die Angeredeten durch ein „Werk", das am Ge- 5b
schick der Völker erkennbar wird. Was nicht ausdrücklich gesagt werden muss: Solche „Werke wirkt" allein Gott (vgl. Ps 44, 2). Im Unterschied zum Alltagswort *ʿśh* „tun" (2800mal) wird *pʿl* (111mal) fast nur in Poesie gebraucht. Jes 5, 12 b stehen die Nomina beider Wurzeln mit den Verben von V. 5a im synonymen Par. membr.: „Das Werk Jahwes erblickten sie nicht, und das Tun seiner Hände sahen sie nicht." Man gewinnt an V. 5 den Eindruck, der Autor sei mit Proto- und Dtjes vertraut. Über eine beiden Prophetenbüchern gemeinsame Redaktion kann man indes nur spekulieren[21], denn die ‚Verwandtschaft' betrifft nur Wörter und Phrasen. So erinnert das im AT eher seltene *ʾmn* hi. „glauben" an Jes 7, 9 und mehr noch an 53, 1. Direkt davor heißt es: „Was ihnen nicht erzählt wurde (*spr* pu. wie Hab 1, 5), sahen sie" (Jes 52, 15 b).

Mit V. 6 a beginnt die Gottesrede im Prophetenspruch, die der Voranktün- 6 a
digung in V. 5 die Deutung und das Gewicht gibt: „Denn siehe, ich bin es", der das Werk wirkt. „Ich lasse aufstehen/hochkommen/auftreten" (*qwm* hi.) ist so formuliert wie die Strafankündigung Am 6, 14: „Denn siehe, ich lasse gegen euch aufstehen das Volk …" Die bei weitem häufigere Formel hat *bwʾ* hi. statt *qwm* hi.: „Siehe, ich bringe über euch ein Volk aus der Ferne" (Jer 5, 15; 31, 8), „Unheil" (Jer 11, 11 u. ö.), „das Schwert" (Ez 6, 3; 29, 8) oder eben Nebukadnezar mit seinem Heer (Ez 26, 7). Alle diese Belege sind zwar mit der Gottesspruchformel und einer meist üppigen Jahwe-Titulatur eingeleitet, aber Hab 1, 6 a ist in seiner Knappheit doch nach diesem Muster gebildet.

Chaldäer heißen im AT fast nur die Babylonier des neubab. Reiches (626–539). Der Name ist am häufigsten in dem Buch, das die Geschichte Judas unter dieser Herrschaft als zeitlichen Rahmen hat: Jer. Nach erfolgreichem Aufstand gegen die neuass. Oberherrschaft bestieg der ‚Chaldäer' Nabopolassar 626 in Babylon den Thron, eroberte 614 Assur, 612 Ninive. Im Jahre 605 schlug der Kronprinz Nebukadnezar die Ägypter bei Karkemisch, so dass die Babylonier in Palästina deren Erbe antreten konnten. Unter Nebukadnezar II. (604–562) erlebte das neubab. Reich sogleich seine Blütezeit, denn schon z. Z. Nabonids (555–539) eroberte es der Perser Kyros, zog 539 in Babylon ein und wurde dort als Herr der Welt bejubelt. In akk. Texten ist das „Land Kaldu" seit dem 9. Jh. bezeugt. Die Chaldäer werden in Inschriften und Briefen der neuass. Könige des 9.–7. Jh.s genannt; von einer chal-

---

[21] Vgl. die Hab betreffenden Kapitel in E. Bosshard-Nepustil, Rezeptionen von Jesaja 1–39 im ZPB. Dazu ein rundes Jh. früher: „Wegen der Reminiscenzen an Jes 5, 12 b und 29, 9 ist V. 5 noch lange nicht für redaktionell zu halten" (Marti).

däischen Dynastie ist freilich nicht in den älteren Keilschrifturkunden die Rede, sondern erst bei Berossos (4.–3. Jh.). Griech. Χαλδαίοι wie lat. Chaldaei folgen akk. *kaldu*, aber im hebr. AT heißt das gentil. *kaśdîm*. Der Lautwandel ist schwer zu erklären (zum inner-akk. Lautwandel von *śd* zu *ld* s. GAG § 30g).

Einige Exegeten hielten den Namen in V. 6 für eine Glosse – eine Hypothese, die Elliger, methodisch unzulässig, sogar in den App. der Edition eintrug. Sie ist trotz G (dazu s. Rudolph) schon deshalb falsch, weil die dem Namen folgende Apposition über das herannahende Volk ohne Beziehungswort syntaktisch in der Luft hinge. Diese Streichung und ebenso Duhms Ersetzung der Chaldäer durch die Kittäer *(kittîm)*, die Griechen der Alexander- oder Diadochenzeit, sind durch die Qumran-Funde buchstäblich erledigt. In 1QpHab II 10–14 steht *kaśdîm* im getreulich zitierten atl. Text, "die Kittäer" aber in der aktualisierenden Auslegung, also in der Umdeutung der Chaldäer auf die zeitgenössischen Griechen (oder gar schon Römer?).

6 aβ Die visionäre Schilderung eines Erobererervolkes beginnt also ohne Kennzeichnung als Gottesrede, ohne Anrede, ohne Angaben zu Zeit und Ort. Aber der mit dem Art. gegebene Hinweis auf „ebendas Volk“, das in V. aα genannt wurde, verbindet die bis V. 11 reichende Schilderung mit der Gottesrede. Schon „Volk“ im sg. zeigt, dass hier gegenüber den „Völkern“ von 5 etwas Neues beginnt: konzentrierte Poesie (z. T. schwer zu übersetzen). Das Fremdvolk wird zuerst mit Formen von *mrr* „bitter sein“ und *mhr* „eilen“ beschrieben, die ein Klang-Wortspiel ergeben. Darum darf man die Wörter nicht zu ‚eng‘ übersetzen.

6 b Das Anschauungsmaterial für solche Eroberungszüge bekamen die kleinen Völker der syrisch-palästinischen Landbrücke epochenweise: von den Ägyptern, den Assyrern, den Babyloniern usw. Insofern ist aus dieser Militär-Poesie nicht auf eine bestimmte dieser Mächte zu schließen bzw. sie passt auf die meisten. Von den „Weiten der Erde“ ist nur hier die Rede. Was *jrš* (V possidere) heißt, zeigt Dtn 1, 8: Jahwe übergibt dem Volk das Land, Israel „nimmt es in Besitz“. Dass dem Eroberer hier diese Wohnplätze nicht gehören und nicht zustehen, drückt der Dichter meisterhaft knapp aus: *lo᾽-lô* „nicht sein“ (vgl. 2, 6).

7 Wie in 5 f. bedient sich der Dichter auch in 7a.b des Stilmittels der Wortpaare, sprachlich reizvoll in 7a von V erfasst: horribilis et terribilis est. *᾽ājom* „erschreckend“ ist ein rarissimum (nur noch Hld 6, 4. 10), aber als Ableitung von dem oft gebrauchten Nomen *᾽êmāh* „Schrecken“ gut verständlich. *nôrā᾽* „furchtbar“ kann die Wüste (Dtn 1, 19), ein Volk (Jes 18, 2) oder auch Gott selbst sein.

Die Zusammenstellung „sein Recht und seine Hoheit“ ist singulär. Das furchterregende Volk ist an kein (Völker-)Recht gebunden, es setzt sein ‚Recht‘ selbst und findet seine Hoheit in seiner Machtausübung.

8 Das negative moralische Urteil über dieses Volk weicht einer geradezu bewundernden Beschreibung des Ansturms seiner Truppen: Auf ihren Pferden kommen sie wie im Fluge. Für Israel wird der Aufbau von Streitwagencorps und Reiterabteilungen durch Pferde-Import aus Ägypten unter Salomo behauptet (1. Kön 10, 26. 28; für die Zeit um 800 auch 2. Kön 13, 7). In der neu-

ass. Armee gab es Reiterei seit dem 9. Jh.[22] Im 8. Jh. erbeutete Tiglatpileser III. in Palästina „große Pferde aus Ägypten“. Obschon es zur Bildung einer regelrechten Kavallerie wohl erst unter den Persern kam, zeigt z. B. der Prophetenspruch Jer 46, 4, der sich auf die Schlacht zwischen Necho und Nebukadnezar bezieht, dass z. Z. Habakuks mit militärischer Reiterei in Juda zu rechnen ist: „Schirrt die Pferde an und steigt auf, ihr Reiter!“ Aber man darf aus solchen Dichtungen wie Hab 1 nicht auf ein bestimmtes „Reitervolk“ und damit auf eine bestimmte Zeit (die persische oder gar die seleukidische) schließen. Vielmehr ist hier mit literarischen Topoi zu rechnen, wofür allein der Rückverweis auf Nah 3, 2 f. genügt.

Wie in der Poesie Pferde schneller sein können als Adler (Jer 4, 13; vgl. 2. Sam 1, 23), so hier schneller als Panther oder Leoparden; vielleicht ist mit *nāmer* sogar der langbeinige, besonders schnelle Gepard gemeint. V. 8aβ wird meist als Fortsetzung der Aussage über die Pferde begriffen: „schneller als Panther und schärfer als Wölfe.“ Das mit „scharf sein“ übersetzte Verb *ḥdd* (akk. *edēdu* „spitz sein“) kommt sonst nicht vor. Aber das Adj. *ḥad* gehört immer zu „Schwert“, so dass die Bedeutung „scharf“ sicher ist. Aber Pferde sind nicht „scharf“ und schon gar nicht schärfer als Wölfe. Luther folgte V (velox „schnell“) mit „behender denn wolffe“. Aber damit wird das auch von Q bezeugte *ḥdd* verlassen. Um dessen Sinn wenigstens anzudeuten, übersetzte Wellhausen mit „schneidig“. Wiederum: Pferde sind weder „schärfer“ noch „schneidiger“, und darum darf man die Kolon-Grenze zwischen 8 a und 8 b nicht da suchen, wo fast die gesamte neuere Forschung sie sucht, sondern da, wo die Masoreten sie mit dem Satztrenner markiert haben – mit der Folge der hier gewählten Übers.: „schneller als … sind die Rosse und ‚schärfer‘ als … seine Reiter“. Dabei bietet der Text an der Kolon-Grenze gleichwohl erhebliche Schwierigkeiten. MT müsste heißen: „Es stürmen heran seine Pferde/Reiter und seine Pferde/Reiter“ (*pārāš* heißt mal Ross, mal Reiter; vgl. ThWAT VI 782–787). Da in 8 a das Pferd mit dem gewöhnlichen Wort *sûs* bezeichnet wird, ist es ganz unwahrscheinlich, dass mit *pārāš* einfach dasselbe gemeint ist.

Die Tierbilder zielen auf Bewegung, Schnelligkeit und Bedrohlichkeit. Gleichviel ob die Wölfe „Abend“- oder „Steppenwölfe“ sind[23], sie stehen für

---

[22] Vgl. P. R. S. Moorey, Pictorial evidence for the history of horse-riding in Iraq before the Kassite Period, Iraq 32 (1970) 36–50.

[23] MT bietet „Abendwölfe“ (V lupi vespertini), was man besser mit „Wölfe am Abend“ übersetzt (vgl. GK § 128 f.). Weil „Abendwölfe“ nicht ohne Komik sind, wollte Elliger ihnen den Todesstoß versetzen: „Das Ende der ‚Abendwölfe‘ Zeph 3, 3 Hab 1, 8“, in: FS A. Bertholet (1959) 148–175. Aber die Tiere haben ein zähes Leben, denn 1. hat MT wohl kaum gleich an zwei Stellen irrtümlich *ʿaeraeb* „Abend“, 2. steht *ʿaeraeb* Zeph 3, 3 in einem Sinnzusammenhang mit *labbôqaer* „zum Morgen hin“, 3. setzt G beide Male gerade das voraus, was sie durch τῆς ʼΑϱαβίας „… Arabiens“ zu korrigieren wünscht: *ʿaeraeb*, 4. reißen Wölfe, die in einer Nacht bis zu 40 km laufen, ihre Beute vornehmlich abends oder nachts. Das Gegenbeispiel bietet freilich Jer 5, 6, wo „der Löwe aus dem Walde“ und „der Wolf der Steppen“ (ʿᵃrābôt) die Schuldigen bedrohen, nun aber umgekehrt Ά S T V zu „Abendwolf“ korrigieren. Jedenfalls scheint der „Steppenwolf“ im antiken Palästina keine feste Größe der Sprache wie der Anschauung gewesen zu sein.

das Gefährliche, Überfallartige. Dabei ist „stürmen“ (*pûš* q.) am Anfang von V. b unsicher, denn das Verb kommt sonst für das Springen der Kälber vor (Jer 50, 11; Mal 3, 20), nur hier für das Heranstürmen von Pferden. Das Heer kommt förmlich „geflogen“ *(ʿûp)*. Hier wird die Bewegung des Raubvogels assoziiert. Mit *naešaer* ist meist der Geier (gyps fulvus) gemeint, wie Mi 1, 16 mit dem Hinweis auf die „Kahlheit“ (an Kopf und Hals) beweist. In einigen Fällen meint das Wort aber den Adler, so im Tiervergleich Jer 4, 13. So wollen es G (ἀετός) und V (aquila) auch für Hab 1, 8. Vom Bewegungsablauf her könnte in 8 a tatsächlich der Adler gemeint sein, aber der „Fraß“ lässt doch eher an den Geier als Aasvogel denken. Er „stürzt sich“ auf seine Beute; *ḥûš* heißt normalerweise „eilen“ (Ps 22, 20 „eile mir zur Hilfe“). So erreichen die Bilder in 8, was sie sollen: Schrecken.

9 In 8–10 wechselt mehrmals der Numerus des Subjekts. So schließt 9 a („er kommt“) schlecht an 8 b („sie stürmen heran“). Darum egalisiert V mit dem pl. (omnes … venient), während Q G mit dem sg. MT bestätigen. Es scheint, als sei der Vers aus Satzfetzen erwachsen. Sicher ist: das Feindesheer ist, Mann für Mann, zur Gewaltanwendung (*ḥāmās* wie 2 f.) bereit und zum Vormarsch entschlossen. Gefangene, soweit man solche überhaupt macht, werden ‚eingesammelt‘ wie „Sand“ *(ḥôl)*. Das eher unglückliche Bild kann sich nur auf die Menge der Sandkörner beziehen.

10 In V. 10 wird die absolute Überlegenheit der Eroberer herausgestrichen. Ihr Vordringen (9 bβ) erscheint ebenso arrogant wie spielerisch leicht. Die Herrscher der betroffenen Völker sind ihnen nur Anlass zu Spott und Spaß. Aber: hier liegt nicht Anschauung vor, sondern poetische Emphase. Allein schon das Wort „Herrscher“, das in 5 von 6 Belegen parallel zu „Könige“ steht, kommt nur in der Poesie vor.

Die Feinde „treiben ihren Spott“/„machen sich lustig“ über die Könige. Was *qls* hitp. genau bedeutet, zeigt 2. Kön 2, 23: Die Gassenbuben von Bethel „machen sich lustig“ über Elisa, indem sie ihm nachrufen: „Kahlkopf!“ Das „Gelächter“ (*miśḥāq* nur hier im AT) meint ziemlich dasselbe. Das Fremdvolk tut, was Jahwe vorbehalten ist: Herrscher erheben sich, aber der im Himmel thront, lacht (Ps 2, 2. 4).

Der Angreifer schüttet Erde auf – wohl zu einem mauerhohen Wall. Das seltene Verb *ṣbr* „auf einen Haufen schütten“ (Gen 41, 35. 49 für Getreide) klingt an das Verb *bṣr* an, das in *mibṣār* „Festung“ steckt.

11 Der Eroberer hat noch nicht sein letztes Opfer gefunden, sondern bricht auf und stürmt voran „in die Weiten der Erde“ (6 b). Mit 11 b kommt das Gedicht 5 ff. auf den Höhepunkt: Dieses Volk setzt nicht nur eigenmächtig das Recht (7 b), das doch im AO überall der göttlichen Sphäre entstammt und zugeordnet bleibt, sondern es macht sich mit all seiner Selbstbehauptung und Machtausübung zu seinem eigenen Gott – im strikten Gegensatz zu seiner Beauftragung durch Jahwe: „Denn siehe, ich lasse die Chaldäer aufstehen“ (6 a). Damit bekamen sie eine Aufgabe, aber auch eine Grenze, die sie mit der Selbstvergottung überschreiten.

Im überlieferten Zusammenhang ist V. 5–11 Gottes ‚Antwort‘ auf die erste

Klage (V. 2–4). Aber diese ‚Antwort‘ erhält nicht der einzelne klagende Beter, sondern eine Gemeinschaft, die nur die judäische sein kann, in der Habakuk lebt. Jahwe gebraucht die Chaldäer zur Änderung der beklagten Verhältnisse. Dass er sich dabei keiner ‚Engel‘ bedient, zeigt die Vision zur Genüge; dass andererseits die Sache für den Hab 1 komponierenden Tradenten nicht erledigt ist, zeigt die zweite Klage.

1, 12–13: Warum, Jahwe?

12 a **Bist du nicht von jeher, Jahwe, mein heiliger Gott?**
[Wir werden nicht sterben.]
12 b **Jahwe, hast du es zum Gericht bestellt,**
Fels, hast du es zum Strafen[24] bestimmt?
13 a **Der du zu reiner Augen bist, um Böses anzusehen[25],**
und Unheil anzuschauen nicht vermagst:
13 b **Warum schaust du den Rechtsbrechern zu,**
(und)[26] schweigst, wenn der Frevler den Gerechten[27] verschlingt?

Mit dem Ich des Beters und seiner Hinwendung zu Jahwe wechselt erneut die 12 a
Sprechrichtung: „12 schließt an v. 4 an und setzt die Frage in 1, 2. 3 fort, deren Sinn authentisch interpretiert wird“ (Wellhausen). Die rhetorische Frage ist Ausdruck der positiven Emphase: „Ja, du bist …“ Jahwe ist hier in der Gebetssprache der Gott *miqqaedaem* (30mal im AT, immer in Poesie), ἀπ’ ἀρχῆς, a principio, „von Urzeit/Ewigkeit her“ (vgl. Ps 93, 2; 102, 13). Der „Heilige Israels“ heißt er oft bei Jesaja; „mein heiliger Gott“ ist von daher ein verständliches, aber kein geläufig gewordenes Prädikat (vgl. 3, 3 a).

In 12 aβ vermuten viele ursprüngliches „du stirbst nicht“ oder „er stirbt nicht“. Dann wäre „wir sterben nicht“ eine theologische Korrektur der ungeziemenden Aussage über Gott, weshalb Hab 1, 12 in vielen Listen der *tiqqûnê sop^{e}rîm* („Versehen der Schreiber“) steht. Aber: viel älter als diese Bemühungen der spätantiken bis mittelalterlichen jüdischen Tradenten sind die

---

[24] Statt des inf. bietet 1QpHab ein suffigiertes part.: „zu seinem Züchtiger“; aber wer ist mit dem Suff. gemeint?

[25] Q hat *r'h* „sehen“ mit der Präp. *b^{e}* bei gleicher Bedeutung. Jahwe sieht das Elend von Menschen an: Ex 4, 31 *r'h* mit acc., Gen 23, 32; 1. Sam 1, 11 mit *bε*; ähnlich bei „an-/zuschauen“: hier *nbṭ* hi. mit Präp. *'ael*, in V. 3 mit acc.

[26] So Q, aber auch V (et taces).

[27] Übers. mit G, die das letzte Wort von MT *(mimmaennû)* nicht hat. Zwar ist MT übersetzbar (der Gerechte, der im Unterschied oder im Gegensatz zum Frevler unschuldig ist; s. Jeremias 76, A. 1), aber das Kontrast-Wortpaar Frevler – Gerechter ist in der Gebetsliteratur so feststehend (s. o. zu V. 4 b), dass eine Abstufung zwischen beiden Begriffen eher als ungeschickter Nachtrag erscheint.

Bestätigungen des MT durch 1QpHab und G.[28] Es ist zudem ganz unwahrscheinlich, dass Jahwe als Subj. von „sterben" vorkommen sollte. Wo man sagt „so wahr Jahwe lebt", kann man nicht sagen „er stirbt" und muss man nicht sagen „er stirbt nicht". „Wir werden nicht sterben" ist wohl der Zusatz eines durch die Vision vom Eroberervolk Geängsteten.

12 b Die Suffixe in 12 b weisen über 12 a hinweg auf 11 zurück, also auf das in 5–11 geschilderte Volk. Damit ist zumindest für 12 b, eher aber für 12 f. ein beabsichtigter Zusammenhang mit dem Voranstehenden gegeben. 12 a und 13 b sind Fragesätze; in 12 b könnte die Fragepartikel von 12 a fortwirken, aber der Satz ist auch nach Aussage und Kontext als Frage zu verstehen. Jahwe wird verwundert befragt, ob wirklich er es war, der dieses aggressive Volk zur Durchsetzung des Rechts in seinen Dienst genommen hat.

In 12 b bezeichnen die Verben *sîm* und *jsd* im Par. membr. diese Bestimmung und Indienstnahme der Chaldäer. Anders als in V. 4 meint *mišpāṭ* hier die Anwendung des Rechts, das Strafgericht. Entsprechend dazu heißt das parallele *jkḥ* hi. „züchtigen/strafen"; vgl. Ps 6, 2: „Jahwe, strafe mich nicht (*jkḥ* hi.) in deinem Zorn und züchtige mich nicht (*jsr* pi.) in deinem Grimm." Wie der Stichos mit seinen Verben und deren Objekten einen synonymen Par. membr. bildet, so gewiss auch mit den Gebetsanreden „Jahwe" und *ṣûr* „Fels" (missverstanden in G V). Die Metapher findet sich oft im Psalter, meist in der Anrede „mein Fels". Dabei ist der „Übergang von *ṣûr* vom Epitheton zum Gottesnamen … fließend".[29]

13 Dass Jahwe „reine Augen" hat, wird nur hier gesagt. Gewöhnlich steht *ṭāhôr* für „rein" im kultischen Sinne, hier aber meint das Wort etwas zentral Theologisches: 13 a klingt „wie eine Definition der Heiligkeit" von 12 a (Elliger): Der Heilige kann Böses nicht „mitansehen" und darum nicht dulden. So muss er sich ja schon in V. 3 fragen lassen, warum er dem Unheil zuschaue. Hinter der Frage steht das Vertrauen in die Fähigkeit des Angerufenen zum Mitleiden. Er kann das Unheil der Seinen so wenig „mitansehen" wie Hagar den Tod des Kindes (Gen 21, 16). Der Zusammenhang zwischen V. 2 f. und V. 12 f. zeigt sich also sprachlich wie gedanklich.

Die Frage in V. b ergibt sich zwingend aus den Gottesprädikaten von V. a: Der du Böses und Unheil nicht anschauen kannst, wie kannst du „schweigend d. h. untätig zusehen" (Nowack)? In der Frage steckt der Vorwurf gegen Jahwe, „dass er schweigt, wo er reden d. i. einschreiten müsste" (Sellin). Er stellt sich taub und stumm, und das meint das Verb *ḥrš*. „Wenn Gott dem Unrecht geduldig zusieht …, so ist das eben so viel, als wenn man gar keinen Gott … hätte" (Hitzig). Bricht er aber sein Schweigen, so beginnt neues Le-

---

[28] Dazu vgl. A. J. O. van der Wal, *Lōʾ nāmūt* in Habakkuk I 12: A Suggestion, VT 38 (1988) 480–483 (Übers.: „we should not die!"). M. A. Zipor, Some notes on the origin of the tradition of the eighteen tiqqûnê sôpᵉrîm, VT 44 (1994) 77–102; E. Tov, Der Text der Hebräischen Bibel, 1997 (hebr. 1989, engl. 1992), 52 f.

[29] H.-J. Fabry, Art. *ṣûr*, ThWAT VI 973–983; 981.

ben für die, die im Elend saßen (vgl. Jes 42, 14 f.). Darum wird er im Gebet angefleht, sein Schweigen zu brechen (Ps 28, 1; 35, 22; 39, 13; 83, 2).

Er schaut den „Rechtsbrechern" zu: Das part. pl. *bôg*^{e}*dîm* ist von der Wz. *bgd* gebildet. Sie meint im Kern „treulos handeln", etwa gegen die Ehefrau (Ex 21, 8), meist aber gegen Gott (vgl. Jer 3, 20). „Das Verb drückt das unbeständige Verhältnis des Menschen zu einer ... festen Ordnung aus" (ThWAT I 508), und darum stehen die *bôg*^{e}*dîm* in Spr auch im Par. membr. mit den „Frevlern" (2, 22; 21, 18) und im Gegensatz zu den „Geraden, Redlichen, Rechtlichen" (6, 11). Hab 1, 13 meint Treulose, die zu „Rechtsbrechern" geworden sind.

1, 14–17: Die Völker im Fischnetz

14 **Du aber machst die Menschen wie die Fische im Meer,**
wie das Gewürm, das niemand beherrscht:
15 a **Einen jeden holt**[30] **es mit der Angel herauf,**
zieht ihn in seinem Schleppnetz fort
15 b **oder sammelt ihn mit seinem Wurfnetz ein;**
des freut es sich und jubelt.
16 a **Darum opfert es seinem Schleppnetz**
und räuchert seinem Wurfnetz,
16 b **denn durch sie ist sein Anteil fett**
und sein Mahl üppig.
17 **Daher leert es beständig**[31] **sein Schleppnetz,**
um Völker schonungslos abzuschlachten.

Das Verständnis des Zusammenhangs von V. 12–17 hängt an der Lesung 14
des ersten Wortes von 14. MT „du machtest" kann man in Anlehnung an G und ohne Änderung des Konsonantentextes auch präsentisch vokalisieren: *w*^{e}*ta*^{ca}*śaeh* „du machst". Um der Einordnung von 14 in den Kontext willen hat schon Marti, aber auch noch Jeremias „er macht" vorgeschlagen.[32] Doch diese „Änderung in die dritte Person ... ist eine unerlaubte Erleichterung" (Rudolph). Warum wurde sie gesucht? Mit „du machst" wird 14 an 12 f. angeschlossen oder doch die Aussage toleriert: Es ist Gott, ohne dessen Willen Menschen nicht zu Fischen werden. Dagegen wird mit „er macht" 14 von 12 f. getrennt und erst so eine unterschiedliche redaktionelle Zuordnung von 12 f. und 14–17 ermöglicht.

---

[30] MT und G haben perf.; die richtige Lesung bietet Q mit dem impf., weil alle Verben in 15–17 im impf. stehen.

[31] Bei Q endet V. 17a sachgemäß mit *tāmîd* „beständig", währen MT das Wort (mit cop.) 17 b zuordnet.

[32] Jeremias stützt die Annahme der überlieferungsmäßigen Unterscheidung und Trennung von 12 f. und 14–17 mit einem denkbar schwachen textkritischen Argument zum ersten Wort in V. 14: Nur die griech. Minuskel G^{233} (aus dem 10. Jh.!) bietet das erwünschte ποιήσει „er macht" – wahrscheinlich aus denselben Gründen wie Jeremias.

Durch das Obj. *'ādām* „Mensch(en)" bezieht sich 14 auf die weite Welt: Das Fremdvolk fiel mit Jahwes Erlaubnis nicht nur über Juda, sondern über ‚alle Welt' her, was 17 bestätigt. Doch auch mit den Bildworten Fisch und Gewürm wird 15 ff. deutlich vorbereitet. Beide Tierarten stehen nebeneinander im Schöpfungsbericht (Gen 1, 26) wie z. B. als Gegenstand der Natur-Weisheit Salomos (1. Kön 5, 13); und wie Heuschrecken einen König weder haben noch brauchen (Spr 30, 27), so ist das Gewimmel der Kriechtiere nicht regierbar (*mošel* part. q.), obschon der Schöpfer den Menschen über seiner Hände Werk herrschen lässt (Ps 8, 7 *mšl* hi.). V. 14 zeigt so, was die Chaldäer nach 15 ff. bei den Völkern antreffen und darum leicht ‚fischen' können: verworrenes und wehrloses ‚Getier'.

15 Subj. von 15(–17) kann im Gesamtkontext von Hab 1 nur „es", das Volk von 6(ff.) sein. Darum sind auch die impp. in 15–17 Fortsetzungen der Drohungen von 6–11. Im Bildwechsel, durch 14 eingeleitet, werden aus den wilden Reitern kundige Fischer, die mit allen technischen Mitteln Beute machen; und weil Jahwe Menschen wie Fische gemacht hatte (14), ist der Feind nun Menschen-Fischer, „der Volk um Volk aus dem Völkermeer fängt" (Horst).

Über die Praktiken des Fischfangs in Palästina kann man sich leicht orientieren.[33] Soviel in den Evangelien von Fischen und Fischern erzählt wird, so selten sind die Geräte von V. 15 im AT bezeugt. Dass *ḥakkāh* „Angel(haken)" bedeutet, zeigt der Gebrauch (nur Jes 19, 8; Hi 40, 25). *ḥeraem* „Schleppnetz", hier in V. 15. 16. 17, sonst 6mal im AT, war ca. 40 m lang; mit ihm wurde die gelegentlich gewaltige Beute ans Ufer gezogen (Wz. *grr*?).[34] *mikmaeraet* „Wurfnetz" (nur Jer 19, 8 neben der Angel) hatte nur ein paar Meter Durchmesser und wurde vom Ufer her in den See geworfen. Der ganze Abschnitt ist strikt auf die Fischerei bezogen und hat nichts mit dem Netz zu tun, in dem mesopotamische Götter und Krieger („Fänger") Feinde ‚einsammelten'. Das „Einsammeln" im Fischernetz ist auch etwas anderes als in V. 9 b das „Einsammeln" von Kriegsgefangenen.

V. 15 b. 16 a. 17a werden mit *ʿal-ken* „deshalb" eingeleitet; es bleibt fraglich, ob die drei Sätze gleich ursprünglich sind. Wie Jes 9, 2 die Freude über die Ernte wird hier die Freude über den Fang mit dem Wortpaar *smḥ* und *gîl* ausgedrückt (so auch Hos 9, 1; Jl 2, 21. 23; Ps 14, 7; 16, 9 u. ö.).

16 Darin bietet 16 klassische hebr. Poesie, dass im Par. membr. alles doppelt genannt wird: Netze, Opferarten, Gewinn und dessen Größe: Ausdruck für die erfolgreiche Menschenfischerei von 15 a.

Das Opfern und Räuchern geschieht im legitimen wie im illegitimen Kult, hier mit vergötterten Gegenständen, in der Regel aber mit fremden Göttern. Dabei stehen die beiden Verben nicht selten nebeneinander (vgl. 1. Kön 11, 8; 22, 44; Hos 11, 2). Der „Anteil" (*ḥelaeq* ist der Anteil an Landbesitz, Einkünften oder Beute) wie das Mahl (*ma'*^{a}*kāl* meint schlicht „das, was man

[33] Vgl. Dalman, AuS VI 343–370; BRL[2] 83 f.; ThWAT II 139–147; 144 f.

[34] Dalman 348–350; er erzählt (359), dass die Fischer von Tiberias nach dem Wort *ḥeraem* geradezu genannt wurden: *ḥārāmin* (aram.) „Netzler".

isst") sind „fett" und „üppig": mehr oder weniger gelungene Bilder für die Ausbeute von 15 a und damit der Grund für die göttergleiche Verehrung der Fanggeräte. So wird 16 „ein bloßes Bild sein für die ‚Selbstbeweihräucherung' (der Chaldäer), die dem Stolz auf ihre Waffen und der mit ihnen erzielten … Erfolge Ausdruck gibt" (Rudolph). In der Analyse des Propheten besagt die Vergötterung der Werkzeuge dann nichts anderes als die Selbstvergottung jenes Volkes, das „seine Kraft zu seinem Gott macht" (11 b) – ein Hinweis zugleich auf die Zusammengehörigkeit von 5–11 mit 14–16(17).

V. 17 ist vielleicht nicht zufällig „ganz verdorben überliefert" (Marti): Wenn 17
16 für 14–16 ein ebenso kräftiger Abschluss ist wie 11 b für 5–11, dann ist 17 nach der einen Lesart eine Wiederaufnahme der Fragen von 12 f. (freilich nicht als Anrede Gottes), nach der anderen eine überflüssige, weil schon mit 6–11 gegebene Erklärung der Fischer als Mörder. Die Deutung des Satzes hängt an einem einzigen Buchstaben: MT beginnt mit der Fragepartikel, die sich weder in Q noch in G findet. Wo diese beiden ältesten Textzeugen gegen MT zusammengehen, haben sie textkritisch meist den Vorrang. Es ist auch geradezu ausgeschlossen, dass Q und G, die ganz verschiedene Lebenskreise repräsentieren, die Fragepartikel gleichermaßen ‚gestrichen' haben. Aus diesen Gründen ist der Aussagesatz, und d. h. die an 16 angehängte ‚Erklärung' wohl der ursprüngliche Text. Für einen Zusatz sprechen auch solche Details wie die eine Netzart statt der zwei in 15 f. sowie das dritte *ʿal-ken* „daher" in 15 b–17a.

Für *ḥeraem* „Schleppnetz" hat Q *ḥaeraeb* „Schwert" und bestätigt damit eine alte cj. (s. Wellhausen), die sich darauf stützt, dass *ḥaeraeb* mit dem Verb *rîq* term. techn. für „das Schwert ziehen" ist (vgl. Ex 15, 9; Ez 28, 7; 30, 11). Aber die Wz. heißt in vielen sem. Dialekten „leer sein/leeren", und so ist sie auch im AT belegt: Gen 42, 35 für das Ausschütten der Säcke, Jer 48, 12 für das Leeren der Gefäße; vgl. auch das Adj. *req* „leer": Gen 37, 24 die Zisterne, Ri 7, 16 die Krüge. Das „Leeren" der Netze gehört im Übrigen zur Fischerei nicht weniger als der Versuch, sie zu füllen. Da also beide Lesarten sprachlich belegt sind, bleibt darin eine Unsicherheit, ob Q in 17a wegen 17 b das Schwert bietet oder aber MT mit dem Netz die penible Angleichung von 17 an 14–16 suchte. Den Ausschlag für MT gibt jedoch G (V) mit dem (nicht „Ausleeren", sondern) „Auswerfen" des Netzes.

2, 1–4: Schauung und Tröstung

1 a **Auf meine Warte will ich treten**
und mich auf die Wache stellen
[und ich will Ausschau halten],
1 b **um zu sehen, was er zu mir reden**
und gegen meine Beschwerde einwenden wird.
2 a **Da antwortete mir Jahwe und sagte:**
„Schreibe die Schauung, und zwar deutlich, auf die Tafeln,

2 b **damit man sie geläufig lesen kann.**
3 a **Denn noch ist es eine Schauung auf bestimmte Zeit,**
aber sie bezeugt das Ende – und sie trügt nicht;
3 b **wenn sie sich auch verzögert, so harre doch auf sie,**
denn sie trifft bestimmt ein, sie bleibt nicht aus.“
4 a **Siehe, … nicht rechtschaffen ist seine**[35] **Seele in ihm,**
4 b **aber der Gerechte bleibt durch seine**[36] **Treue am Leben.**

2, 1 bietet keinen rhetorischen Anschluss an 1, 15–17; die Vorbereitung auf die Vision ist keine ursprüngliche Fortsetzung der Fremdvolk-Aktion. Andererseits fehlt dem Satz eine Einleitung(sformel), mit der ein neues ‚Kapitel' aufgeschlagen würde. Doch wird das Ich, das hier (wieder) zu sprechen beginnt, offenbar als bekannt vorausgesetzt – als das betende und fragende Ich von 1, 2 f. 12 f.? Die Fragen dieses Beters waren unbeantwortet geblieben. Das Bild des auf der Warte stehenden, auf Gottes Antwort wartenden Propheten könnte die sachliche Fortsetzung von Kap. 1 sein – jedenfalls nach der Absicht dessen, der 2, 1 hier an 1, 2–17 anschließen ließ. Aber damit ist über die Einheitlichkeit von 2, 1–4(5) in sich oder mit 1, 2–17 noch nicht entschieden.

1 a V. 1 a erweist sich durch den synonymen Par. membr. und die chiastische Wortstellung als makelloser poetischer Vers, aus dem das dritte Verb („ich will ausschauen/spähen“) als Zusatz herausfällt. Es ist aber auch vor dem ersten Verb von V. b („um zu sehen“) überflüssig.

Es ist umstritten, ob Warte und Wache auf reale Orte verweisen oder Metaphern sind. Beide Wörter sind sinnverwandt, denn *mišmaeraet* ist von *šmr* „hüten, bewahren; beobachten“ und *maṣṣôr* (so wohl statt *māṣôr*) von *nṣr* „bewachen, behüten“ (s. o. zu Nah 2, 2) abgeleitet.[37] Das ganze Wortfeld von 2, 1 begegnet im Paralleltext Jes 21, 1–10 über den Fall Babels. Er besteht aus z. T. schwer verständlichen Bruchstücken[38], aber das militärische Milieu der einschlägigen Sätze ist deutlich: „Geh, stell den Späher (*ṣph* part. pi.) auf, er soll melden, was er sieht (*rʾh*)“, nämlich Kriegswagen usw. (V. 6). In V. 8 ruft dann der ‚Seher'[39]: „Auf den Ausschauplatz (*miṣpaeh*) … trat ich … am Tage und auf meine Warte (*mišmaeraet*) stellte ich mich jede Nacht.“ So unklar Seher und Späher als Gestalten sind, die sprachliche und vorstellungsmäßige Nähe zu Hab 2, 1 ist evident; und weil zu diesem Wortfeld auch

---

[35] G hat ἡ ψυχή μου und versteht die ganze Phrase als Gottesrede: „Meine Seele hat kein Gefallen an ihm.“

[36] Eine gravierende Differenz zu MT Q V bietet G mit ἐκ πίστεώς μου „aus meiner (sc. Gottes) Treue“, eine Lesung, die kaum in den theologischen Kontext von Hab 2 passt, aber in den ntl. G-Zitaten wieder auftaucht. Zu Röm 1, 17 b; Gal 3, 11 b; Hebr 10, 38 a vgl. D.-A. Koch, Der Text von Hab 2, 4 b in der Septuaginta und im Neuen Testament, ZNW 76 (1985) 68–85.

[37] Jeremias (104–107) entwickelt aus der sprachlichen Verwandtschaft mit akk. *maṣṣartu* „Wache“ (*naṣāru* „bewachen“) und dem gelegentlichen Gebrauch des (in der Regel militärischen) Ausdrucks im Zusammenhang mit Mantikern die Hypothese, Hab 2, 1 a spiele auf einen bestimmten Ort im Tempelbezirk an und Habakuk sei ein ‚Kultprophet' gewesen; dazu s. nur Rudolph 214 mit A. 6.

[38] Vgl. H. Wildberger, Jesaja (BK X/2) 761–786, bes. 780–783 die Exegese von V. 6–8 und die Vergleichung mit Hab 2, 1.

[39] So mit Q, während MT „Löwe“ bietet.

ṣph „spähen" gehört, ist der Nachtrag in V. 1 aβ höchst verständlich. Dieses Verb wird sowohl profan (1. Sam 4, 13) als auch religiös gebraucht (Mi 7, 7: „Ich will ausschauen nach Jahwe …").

Wie in 1 a das „ich" so ist in 1 b das „er" aus der ‚Entschlüsselung' in 2 a zu 1 b
verstehen. Die Form *'āšîb* „ich bringe zurück/antworte" ist textkritisch unanfechtbar, fügt sich aber nicht in die Satzaussage und zerstört den Par. membr. in 1 bα.β. Eine cj. (hier von der 1. in die 3. P.) ist immer ultima ratio, hier aber auch mit Blick auf den Anfang von V. 2 zu vertreten. In 1 b heißt *dbr* pi. mit Präp. *b^e^* nicht „reden in/durch", sondern „mit/zu", wie 2 aα bestätigt: Jahwe antwortet dem Propheten als ein Gegenüber.

Habakuk will hören/sehen/wissen, was Jahwe gegen ihn einwendet: „ein kühnes Wort" (Sellin). Das Nomen *tôkaḥat* wird ebenso wie das Verb *jkḥ* (vgl. 1, 12 b) im pädagogischen wie im forensischen Bereich benutzt, ist also entweder die „Zurechtweisung, Warnung" oder wie hier die „Parteirede" (ThWAT III 627; vgl. Hi 23, 4 f.). Einreden, Einwände, Beschwerden gegen Jahwe gab es auch bei Abraham, Mose, Jeremia, Hiob.

V. 2 beginnt mit einer redaktionellen Notiz in Prosa, die 2 f. ausdrücklich 2
mit 1 verbindet. Es wird nicht gesagt, wie lange der Prophet auf Antwort warten musste. Wie er „sehen" wollte, was Jahwe redet, so „antwortete" Jahwe mit einer Schauung; zu *ḥāzôn* „Gesicht, Vision" s. o. S. 5 zu Nah 1, 1 und vgl. *ḥāzāh* in Hab 1, 1. Die Antwort bestätigt, dass die Wörter von V. 1 eine prophetische Szenerie beschreiben wollten. Was aber der Inhalt des *ḥāzôn* ist, wird hier noch nicht gesagt. Dass es sich beim Geschauten um Worte handelt, geht aus dem Befehl zum Aufschreiben zwingend hervor. Was aufgeschrieben werden muss, soll aufbewahrt werden als ein Zeugnis. Die prophetische Zeichenhandlung von Jes 8, 1–4 war kein Vorbild für Hab 2, 2; außer dem Schreibbefehl *(k^e^tob ʿal)* gibt es keine sprachlichen Berührungen. Aber in Jes 30, 8 ergeht der Befehl zur Bezeugung der Inschrift „für einen künftigen Tag" – seltsamerweise auf eine Tafel und eine Buchrolle.

Geschrieben wird auf „die Tafeln"; *lûaḥ* steht im AT ganz überwiegend für die steinernen Tafeln vom Sinai. Während in Mesopotamien mit dem Griffel auf Tontafeln geschrieben wurde, handelt es sich hier wie meist in Palästina um Holztafeln. Der pl. meint vielleicht eine Klapptafel, ein Diptychon. Geschrieben wird fürs Lesen; *qārā'* meint meist lautes und/oder öffentliches Lesen.[40]

V. 2 enthält zwei umstrittene Wörter, die hier adverbiell mit „deutlich" und „geläufig" übersetzt sind. Auch G hat „deutlich" für das erste Wort. Sollte aber *bā'er* ein imp. sein, der „schreibe auf" gleichgeordnet wäre, dann müsste ein technischer Vorgang gemeint sein, der sich strikt auf die Tafeln bezieht; aber derlei ist nicht belegt.[41] V. 2 b könnte übersetzt werden: „damit schnell

[40] *qārā'* hat erst allmählich die Bedeutung „lesen" angenommen (Jer 36 heißt es 2mal „diktieren", 10mal „vorlesen").

[41] Das Verb *b'r* gibt es im AT sonst nur Dtn 1, 5; 27, 8, aber seine Bedeutung ist durch akk. *bâru* D „deutlich machen" gesichert (AHw 108 f.). Gegen andere Deutungsversuche s. die philologische Begründung bei L. Perlitt, Deuteronomium (BK V/1), 22 f. zu Dtn 1, 5 und Hab 2, 2.

läuft *(rûṣ)*, der sie liest." Aber das wäre albern, denn weder vor noch nach V. 2 gibt es jemanden, der rennt, wohin auch immer. Subj. des Verbs ist sonst der Mensch, hier müsste man indirekt die Augen als Subj. nehmen (wie Jes 59,7; Spr 1, 16; 6, 18 die Füße). Aber weder bei „deutlich" noch bei "geläufig" kennen wir die konkreten Vorstellungen, auf die angespielt sein könnte.

Wellhausen fand, die ganze Geschichte mit der Warte und den Tafeln sei „nicht sehr ernst zu nehmen": „Der Schriftsteller geberdet sich nur möglichst prophetisch." Diese Bestreitung der Authentizität hat ebenso viele Gründe für wie gegen sich. Sprache und Satzbau in V. 1 f. sind so schwierig und ohne ‚schriftstellerische' Glättung, dass man eher mit einer längeren Überlieferung eines von vornherein ungewöhnlichen Textes rechnen möchte, der mit dem Prophetischen nicht spielt. Zudem weiß der Leser am Ende von 1 f. immer noch nicht, was der Prophet sah/hörte und was er aufschreiben sollte.

3 a Die Anknüpfung mit „denn noch" bezieht sich auf die Zeit, in der die Schauung noch „gelesen/beachtet" werden kann (2 b), also noch nicht verwirklicht ist. Aber diese Zeit soll begrenzt sein, sie ist die „bestimmte Zeit" (εἰς καιρὸν) vor dem Ende, das hier nur das Ende der Bedrängung durch die Feindmacht sein kann. Was mit *qeṣ* „Ende" angekündigt und erhofft wird, ist „ein in naher Zukunft bevorstehendes Ereignis", also „nicht auf eine apokalyptische Zeitskala" bezogen, denn „nur in wenigen spätbiblischen Belegen begenet *qeṣ* in einem eschatologischen Kontext".[42]

Über 3 a gibt es einen philologischen Streit, den man durch Vergleich der Übers. hier mit der von Roberts leicht begreift: „For the vision is a witness to the appointed time. It is a testifier to the end …" Damit ist das für den Zusammenhang entscheidende „noch" verschwunden: Statt *ʿôd* wird *ʿed* „Zeuge, Zeugnis" gelesen. Dafür gibt es keine zwingenden Gründe.[43] Zuerst: *ʿôd* „noch, erst" ist textkritisch unanfechtbar (Q = MT; G ἔτι). Sodann zielt der ganze V. 3 nicht auf das Zeugnis, das mit Tafel und Schrift von 2 schon eindeutig ist, sondern auf die quälende Verzögerung der Bewahrheitung des Geschauten: so V. aα mit „noch … auf Frist", V. aβ mit „auf das Ende zu" und V. b mit der Aufforderung zum Ausharren. Mit dem Verzicht auf das „noch" würde die Spannung in 1–3 zerstört.

3 b Gott selbst spricht dem Propheten in 3 b tröstend zu, dass die „bestimmte Zeit" zwar schmerzhaft lange, aber nicht vergeblich erwartet wird. Dabei stehen sich das erste und das letzte Wort von 3 b ganz nahe: *mhh* hitpalp. „(sich ver)zögern" und *ʾḥr* pi, „ausbleiben, zögern". Die Bedeutung ergibt sich aus wenigen Beispielen. Ps 119, 60 sagt der Beter: „Ich eile *(ḥûš)* und zögere

---

[42] ThWAT VII 89. Wie in Hab 2, 3 stehen *môʿed* und *qeṣ* in der Apokalyptik in engem Zusammenhang (vgl. Dan 8, 17. 19; 12, 6 f.).

[43] Vgl. zu *jāpeaḥ* (hier mit „sie bezeugt" übersetzt) D. Pardee, YPḤ „Witness" in Hebrew and Ugaritic, VT 28 (1978) 204–213. Doch auch die neuesten Lexikographen schwanken bei der etymologischen Deutung zwischen *pwḥ* I „blasen" oder II „bezeugen" und *jpḥ* (ähnlich doppeldeutig); vgl. HAL 866 f. (1983); ThWAT VI 538–543 (1989); Ges[18] 479 (1995). Jedenfalls verweisen Q und G auf eine Verbform in V. 3 aβ.

(mhh) nicht." Oder Ps 70, 6: „Gott, eile *(ḥûš)* zu mir ... Jahwe, säume/zögere *('ḥr)* nicht" mit deiner Hilfe. Dem entspricht Gottes Zusage Jes 46, 13.

Die Schauung wird hier also als Verheißung gedeutet, deren Erfüllung mit Sicherheit „kommt/eintrifft" wie Prophetenworte (vgl. 1. Sam 9, 6; Jer 28, 9, aber auch Zeph 3, 8 a). Weil die Schauung bestimmt eintreffen wird, sind nicht Zweifel und Verzagen am Platze, sondern dieses Harren (*ḥkh* pi.), „das unbedingte Sichverlassen auf den Herrn, den man bei seinem Wort nehmen soll" (Elliger). Was dem Propheten hier zugemutet wird, hatte Jesaja in einem vergleichbaren Szenario gelobt: „Ich will auf Jahwe harren *(ḥkh)* ..." (8, 17). Aber: es ist noch immer nicht gesagt, was da eigentlich eintreffen soll, was also auf den Tafeln stand. In dieser Ungewissheit haben sich die Augen der Ausleger natürlich besonders auf V. 4 gerichtet.

Wegen des unverständlichen Anfangs ist der Vers, der für Paulus die theologische Mitte berührte, nur schwer zu deuten. Ein Jahrhundert lang, von Wellhausen 1892 („siehe, der Frevler ...") bis Seybold 1991 („siehe, das Urteil ...") erfanden die Kommentatoren Dutzende von ‚Verbesserungen', die hier weder zitiert noch vermehrt werden müssen. Bleibt man bei der vermuteten Bedeutung von *ʿpl* „vermessen sein", so passt doch die grammatische Form (f.sg.perf.pu.) nicht, denn der Aufgeblasene (Nowack) oder Vermessene (Jeremias) steht eben nicht da, so gerne man ein Nomen dieser Art in V. a als Kontrast zum Gerechten in V. b läse. Also bleibt in der Übers. die Lücke. Geht man vom halbwegs Gesicherten aus – und das ist V. b, partiell V. aβ –, dann fehlt in V. a also der Gegenbegriff zu *ṣaddîq* „der Gerechte", und das ist in der Regel *rāšāʿ* „der Frevler" wie in 1, 4 b. 13 b. Aber auch zum positiven Urteil „bleibt am Leben" fehlt ein negativer Kontrast, denn „nicht rechtschaffen" beschreibt das Wesen des Frevlers (der freilich gar nicht genannt wird!), nicht aber sein Ende. Dass seine ‚Seele' nicht „rechtschaffen" sei, ist ein singulärer Ausdruck; *jšr* „gerade sein" wird sonst mit *leb* „Herz" gebraucht. 4 a

Verzichtet man auf Spekulationen über 4a, muss man 4b zunächst aus sich heraus zu verstehen trachten, zumal die Anbindung von V. 5 an 4 strittig ist. 4b galt Luther als ein theologischer „meister spruch"; literarisch ist es eine Sentenz über Lebensweise und daraus folgenden Lebensgewinn des *ṣaddîq*, dessen ‚Lebens-Mittel' hier *'aemûnāh* ist. Gemäß der Wz. *'mn* „beständig, zuverlässig sein" meint das Nomen Treue und vor allem die Gottes, die von Geschlecht zu Geschlecht währt (Ps 100, 5), ebenso wie die des Menschen (Jer 5, 1 neben „Recht", 1. Sam 26, 23; Jes 11, 5 neben „Gerechtigkeit"). Da keine dieser Tugenden ohne Gottesbezug ist, kommt und gelingt die Treue des Gerechten aus seiner Gottesbindung. 4 b

Mit Bezug auf πίστις in G[44] übersetzt Luther, der Gerechte lebe „seines Glaubens". Zwar heißt *'aemûnāh* nicht „Glauben" im ntl. Sinne, aber die be-

---

[44] G (ἐκ πίστεώς μου) wird durch 'A (ἐν πίστει αὐτοῦ) und V (in fide sua) nach MT korrigiert.

ständige Treue in Hab 2,4 richtet sich ja nicht auf Menschen, sondern sie ist ein vertrauensvolles Festhalten an dem Gott, dem hier das politische Geschick ‚verdankt' und geklagt wird. „V. 4b fasst das jesajanische Wort Jes 7,9 zusammen" (Marti), wo das Verhältnis von Glauben und (am Leben) Bleiben durch das Wortspiel mit der Wz. *'mn* ausgedrückt wird. „Man kann ein solches Verhalten ‚Glauben' nennen, präziser ist ‚Treue', ‚Vertrauen', vielleicht ‚Glaubenstreue'" (Seybold).[45] Das Verb „leben" meint hier wohl für die Bedrohten und Geängsteten „am Leben bleiben". Die Wendung „leben von/durch" (*ḥjh* q. mit Präp. *b*^{e}) wird nur 2. Kön 4,7 auf das Essen bezogen, sonst im übertragenen Sinne auf die, die durch ihren Gebotsgehorsam und ihre Glaubenstreue am Leben bleiben (vgl. nur Ez 18,21 ff.; 20,10 ff.).[46]

Sieht man von V. 4 auf 2 f. zurück, so stellt sich die Frage, ob die Antithese 4a.b oder nur die Sentenz 4b Jahwes ersehnte Antwort und damit der Inhalt der Schauung ist, die Habakuk auf die Tafeln schreiben sollte. Luther war sich über V. (3)4 sicher: „Dis ist der text, der auff der tafel grob und klar geschrieben gewest ist." Spöttisch dagegen Wellhausens Frage im Blick auf 4 als Fazit von 1–3: „braucht es dazu der Offenbarung? Geschaut hat Habakuk herzlich wenig, ob er gleich darum sorgte." Gleichwohl sehen neuere Kommentatoren in V. 4 die Klimax von 1,2–2,4. Für Rudolph enthält V. 4(f.) den eigentlichen Gottesbescheid und damit die Antwort auf 1,12 f.: „an dem allgemeinen Grundsatz vom gerechten Walten Jahwes gegenüber den Gottlosen und den Gerechten ändert sich nichts." Auch für Seybold passt 2,4 zwar nicht zu 1,6 ff. oder 2,(5)6 ff., wohl aber zu 1,2–4. 12–13.

Doch die Zusammenbindung von 2,1–3 mit 2,4 bleibt problematisch. V. 4 ist kein angemessener ‚Inhalt' und Tafeltext für eine Vision, die so pompös eingeführt wurde. Der Satz vom Leben des Gerechten ist in Kult und Weisheit Israels eher ein ‚Dauer-Satz', der kaum zur Spannung von „Termin" und „Ende" in V. 3 passt. Die Ungewissheit über den Sinn der Tafeln und ihrer Beschriftung bleibt. Auch Seybold sah, dass der „direkte Kontext" von 2,4 „literarisch verloren gegangen" zu sein scheint, denn „der direkte Anschluss von V. 4 an die Gottesrede 2,2 f. wäre genauso unvermittelt wie der Anschluss an 2,5"; erst „auf der Ebene der Letztfassung ist 2,4 als Gotteswort der Spitzensatz". Als solcher theologischer Spitzen- und Grund-Satz ist er dann von Paulus wiederum aus seinem Kontext gerissen worden. Wellhausen zu V. 4a.b: „Die Antithesis hat ein anderer Mann dadurch berühmt gemacht, dass er einen anderen Geist hineinlegte."

---

[45] K. Seybold, Habakuk 2,4 b und sein Kontext, in: FS G. Sauer (1992) 99–107; 107.

[46] Vgl. dazu die sprachlichen Differenzierungen und theologischen Akzente bei L. Perlitt, Wovon der Mensch lebt (Dtn 8,3 b), 1981, in: Ders., Deuteronomium-Studien (FAT 8), 1994, 74–96, bes. 85–87.

2, 5: Zwischen-Satz

5 a **Wieviel mehr ‚betrügt Reichtum‘[47] den ‚hohen Herrn‘[48],**
so dass er erfolglos bleibt[49],
5 bα **obschon er seinen Rachen aufreißt wie die Unterwelt**
und unersättlich ist wie der Tod.
5 bβ **Er hat alle Völker zu sich eingesammelt**
und alle Nationen zu sich versammelt.

„Very serious textual problems make the interpretation of Hab. 2:5 a hazardous“ (Roberts), aber textkritische Entscheidungen sind für die Deutung und Zuordnung von 5 besonders folgenreich. Schon das erste Wort überrascht: *'ap kî* heißt „wieviel mehr/weniger“ o. ä., hier also: Wieviel mehr ist der Wein ein Betrüger – eine absurde Aussage, wenn sie Fortsetzung von 4 b sein sollte, der aber keine Fortsetzung, schon gar keine mit moralischen Quisquilien wie Wein oder Reichtum (Q) duldet. V. 5 b ist auch deshalb nicht von derselben Hand wie 4 a, weil derselbe Autor im selben Zusammenhang schwerlich *napšô* einmal als „seine Seele“, einmal als „seine Kehle“ liest. Aber an *'ap kî* ist nicht zu rütteln, da auch von Q T V bezeugt.

Gleichwohl haben Exegeten von Wellhausen bis Seybold eine völlig ‚textfreie‘ cj. gewagt und *hôj* „wehe“ gelesen. Der Grund dafür liegt natürlich in der Absicht, 5 den in 6 ff. folgenden Weherufen zuzuordnen. Dass in 5 eine Reihe von Weherufen gegen die Chaldäer beginnt, ist abgesehen von der fehlenden Textgrundlage auch deshalb falsch, weil der prophetische Weheruf (der dem Verf. vertraut ist, s. V. 6b.9a.15a) mit *hôj* + part. eingeleitet wird. Dies wissend, hat Seybold den Weheruf-Anfang frei erfunden: „Wehe dem, der schindet ...“

Durch die Übers. von *gaebaer jāhîr* „anmaßender Mann“ mit „frecher Tyrann“ bezieht Elliger den ganzen Vers auf das Fremdvolk und seinen Herrscher. Aber wie sich in den Weherufen die Applikationen auf die Völker als Ergänzungsschicht abheben lassen, so wird auch hier mit dem „Mann“ ursprünglich wohl der raffgierige Judäer gemeint sein. In Spr 28, 25 ist der Mann mit „weiter Kehle“ einfach der Habgierige. Die beiden Vergleichswörter „wie die Unterwelt“, „wie der Tod“ stehen öfter parallel: wie hier zur drastischen Beschreibung des Habgierigen so Hld 8, 6 für die erotische Leidenschaft. In G ist „Unterwelt“ fast durchgängig (60mal) der „Hades“ der Griechen.

---

[47] MT „der Wein ist ein Betrüger“ gibt hier keinen Sinn, wird aber von G V in etwa bestätigt. Eine empfehlenswerte Alternative zu „der Wein“ bietet Q mit „Besitz, Reichtum“ und der Verbform „er betrügt“ statt „Betrüger“.

[48] Die Übers. ist sehr frei: *gaebaer* ist einfach „Mann“, *jāhîr* (sonst nur Spr 21, 24) wahrscheinlich „frech, anmaßend, arrogant“. G hat ἀνὴρ ἀλαζών, etwa „Prahlhans“, V vir superbus.

[49] Über die Wz. in *jinwaeh* ist viel gerätselt worden. Am ehesten überzeugen Emerton, Rudolph und Roberts mit dem Hinweis auf arab. *njw* (im 2. Stamm: „seine Arbeit vollenden“). Dem entsprechen G mit „vollenden“ und Σ mit „erfolgreich sein“.

Erst in 5 bβ ist wie zuletzt in 1, 17 b eindeutig von Völkern die Rede, die „er" zu sich sammelte. Das auch hier nicht benannte Subj. kann wegen der Fähigkeit, Völker einzusammeln, wohl nur der König von Babylon sein. Selbst wenn V. bβ ein erklärender Zusatz ist, lenkt er die Deutung des ganzen Verses auf die Völkerwelt. Q bietet die beiden Verben im pl., so dass die Völker selbst Subj. sein müssten. Aber es ist nicht wahrscheinlich, dass Völker sich selber einsammeln.

Eine unumstrittene Antwort auf die Frage nach den Elementen oder Schichten in V. 5 hat weder die literar- noch die redaktionskritische Forschung gefunden. Rudolph dekretiert für den ganzen Vers: „Mit dem ‚Mann' ist natürlich der König gemeint, der sein Volk repräsentiert und in dem sich dessen ganze Wesensart konzentriert." Davor aber hatte Jeremias (im Rahmen seiner Gesamtdeutung) V. 5 bβ als Nachinterpretation bestimmt: „Sie deutet die Frevler von V. 4 a.5 ab unter Anknüpfung an 1, 9 b. 15 a wie stets auf die Babylonier, die dem Untergang geweiht sind ... An den Zusatz 2, 5 bβ knüpft die Nachinterpretation der Weheworte an ..." Dem schließt sich Seybold an: Im Kern, also in 5 abα, sei der einzelne Beter gemeint. „Schon einige Jahrzehnte später erkannte man darin die Babylonier ..." Ohne eine schichtenweise Anreicherung des Ausgangstextes wäre die sprachliche und intentionale Verschiedenheit der drei Zeilen von V. 5 gar nicht verständlich. Die schlechte Textüberlieferung gerade in 5 a wird auch eine Folge des Versuchs sein, V. 5 an den (seinerseits interpretierten) Zyklus 6 ff. anzugleichen.

Durch V. bβ ist nun aber der gesamte V. 5 von 1–4 abgerückt, zu den Völker-Notizen in 1, 5. 9. 17 dagegen in Beziehung gebracht. Dabei ist der synonyme Par. membr. in 5 bβ erstaunlich inhaltsarm, denn die beiden Wörter für die Völker ebenso wie die für „sammeln" sind erquälte Ausdrucksvarianten. Im pl. meint *gôj* fast immer, *ʿam* eher selten die Fremdvölker. Im Par. membr. sind die Wörter geradezu austauschbar und darum in der Übers. nur schwer zu unterscheiden. „Nation" ist nur ein traditioneller Ausweg für das jeweils zweite Wort. Das Standardwort für die Fremdvölker („Heiden") ist *gôj*, weshalb es im AT mit 78 % im pl. erscheint, *ʿam* dagegen mit 88 % im sg.[50] Hab 2, 5 bβ gehört mit dem Par. membr. der „Völker"-Wörter eindeutig zu den entsprechenden Aussagen im Rahmen der Weherufe (2, 8 a. 13 b). Von *gôjim* ist im gleichen Sinne auch 1, 5. 17; 3, 6. 12 die Rede.

Das Verb *ʾsp* (und ganz ähnlich *qbṣ*) bedeutet „einsammeln" (Früchte u. a., vgl. 1, 9 b) oder „versammeln" (wie hier mit der auf die Person bezogenen Präp. *ʾael* z. B. 1. Sam 5, 8). Beide Verben stehen oft sinngleich im Par. membr., so Jes 43, 9 im ni. (wie Hab 2, 5 Q!): „Alle Völker sollen sich versammeln *(qbṣ)*, und es sollen sich sammeln *(ʾsp)* die Nationen." In engl. Übers.en behilft man sich mit „to gather" und „to collect".

In seiner Endgestalt ist V. 5 also ein Versuch, aus nicht mehr sicher bestimmbaren Rudimenten einen Übergang zwischen 1, 5 ff. und 2, 6 ff. herzustellen.

---

[50] Vgl. dazu Art. *ʿam/gôj* „Volk", THAT II 290–325, bes. 318–322.

2, 6–20: Weherufe

Die zweite literarische Komposition besteht im Kern aus vier Weherufen mit (in der Übers. eingerückten) Erweiterungen: I V. 6b–8, II V. 9–11, III V. 12–14, IV V. 15–17. Die Unterscheidung der Schichten basiert auf einfachen Beobachtungen: Die Weheworte können sich nicht gegen Völker, sondern nur gegen einzelne (Judäer) richten und darum nur gekünstelt auf den „Imperialismus der Weltmacht" (Elliger) bezogen werden, während umgekehrt die Erweiterungen sich nur an Völker wenden können und wollen (vgl. nur V. 8 gegen V. 6b.7). Daraus folgt, dass die Komposition aus einer Grundschicht und (zumindest) einer Ergänzungsschicht besteht und erst mit Blick auf letztere eine „elégie sur la chute du tyran" (Keller) genannt werden kann. Die alte These Rothsteins[51], dass sich die Weherufe im Kern an (die) Judäer richten, wurde von Jeremias neu und zwingend begründet. Er zeigt, „dass sämtliche Weheworte Habakuks eine einschneidende Nachinterpretation in spätexilischer Zeit erfahren haben, die die Weheworte als gegen die Israel bedrückenden Babylonier gerichtet verstand" (67).

Die Komposition war in keinem Wachstumsstadium formal einheitlich. I und IV werden durch direkte Anrede an das Du, dem das Wehe gilt, weitergeführt (V. 7 und 16aα. bβ), II und III dagegen nicht. In I, II und IV wird im Rahmen der Ergänzungsschicht mit diesem Du ein Volk angeredet (V. 8. 10. 17), während in III von den Völkern in 3. P. geredet wird (13b). Darin zeigt sich, dass die verschiedenen Ergänzer der primären Weheworte nichts im Sinn hatten, was formgeschichtlich orientierten Exegeten Freude macht. Desgleichen kann man hier auch nicht von einer ‚Redaktion' des Buches (oder gar des ZPB) reden, denn allein schon die Völker-‚Theologie' der Ergänzungen in Hab 2 ist eine sehr andere als die in Hab 1.

In V. 18f. findet sich ein fünfter Weheruf, der aus dem formalen Rahmen von I–IV ganz herausfällt: Der Weheruf (19a) steht nicht am Anfang, sondern mitten im raisonnement von 18. 19b. Es gibt im Unterschied zu I–IV auch keine Fortführung durch eine direkte Anrede, also auch nicht durch die an die Völker. 18f. passt inhaltlich weder zur Grundschicht (soziale Themen) noch zur Völkerwelt der Ergänzungsschicht. Schließlich ist ‚V' ganz unmöglich im Munde der Völker, wie das die Einführung von 6a verlangt. So gehört V weder zur Grundschicht noch zur Ergänzungsschicht von I–IV, sondern bildet in lockerer Anlehnung an das Modell der Weherufe einen Nachtrag sui generis.

---

[51] J. W. Rothstein, Über Habakuk Kapitel 1 und 2, ThStKr 67 (1894) 51–85.

Das gilt unter ganz anderen Aspekten auch von V. 20, der nach Redeform und Aussage in keiner direkten Verbindung mehr zu den Weherufen steht, sondern vielleicht schon Hab 3 im Blick hat.

Die ursprünglichen, knappen Weherufe[52] zeigen mit einiger Wahrscheinlichkeit den Propheten des ausgehenden 7. Jh.s thematisch in der Spur Jesajas, ohne dass man von direkten Übernahmen sprechen müsste.[53] Im Wachstum der Komposition 2, 6–20 von der „primären Sozialkritik" zur „sekundären Staatskritik" (Seybold) wird zugleich der theologische Weg von Jes zu Dtjes ablesbar, falls man solche Vorbilder oder Vergleiche sucht.

2, 6–8: Weheruf I

6 a **Werden nicht diese alle über ihn einen Spottvers anstimmen**
und Anspielung (und) Rätselsprüche auf ihn?
[Und er wird sagen:][54]
6 b **Wehe dem, der anhäuft, was ihm nicht gehört**
[wie lange noch?],
und sich selber belädt durch Pfand(nehmen).
7 a **Werden nicht plötzlich aufstehen, die dich beißen,**
und aufwachen, die dich angreifen,
7 b **so dass du ihre Beute wirst?**
8 a **Denn wie du selbst viele Völker ausgeplündert hast,**
so wird dich der ganze Rest der Nationen ausplündern –
8 b **wegen der Bluttat an den Menschen**
und der Gewalttat an der Erde,
an Siedlungen und allen ihren Bewohnern.

6 a V. 6 a hat außer „diese alle" kein eigenes Subj. Im Kontext können nur die Völker von 5 bβ Subj. des pl. Verbs sein. Aber dass diese Völker die ‚Weherufer' gegen Pfandmissbrauch etc. sein könnten, ist undenkbar. Mit den Begriffen von 6 a werden auch keine Weherufe eingeleitet. Aber 6 a will mit den Kunstbegriffen „Spottvers" etc. eine Art Überschrift sein. Nach Gehalt und Gestalt bietet dieser Anfang geradezu den Beweis dafür, dass vor 6 b kein weiterer Weheruf stand.

---

[52] Dazu s. o. S. 26 zu Nah 3,1.

[53] „Dass der für die Komposition in Hab 2 Verantwortliche … die Komposition in Jes 5 … gekannt und zum Vorbild genommen" habe, vertritt W. Dietrich, Habakuk – ein Jesajaschüler, in: Nachdenken über Israel, Bibel und Theologie. FS K.-D. Schunck (1994) 197–215; 205–207. Ihm widerspricht J. T. A. G. M. van Ruiten, „His Masters Voice"? The Supposed Influence of the Book of Isaiah in the Book of Habakkuk, in: Studies in the Book of Isaiah. FS W. A. M. Beuken (BEThL 132) 1997, 397–411; 406–408. „The common use of words is in most cases too small to conclude the dependency" (411).

[54] MT V haben die sg., QGS die pl. Verbform, vielleicht eine Korrektur nach dem pl. Verb „sie stimmen an".

Die drei Objekte von „anstimmen/anheben" „are synonyms and sometimes difficult to clearly distinguish" (Roberts). Die drei sind sonst nur Spr 1, 6 vereint und bezeichnen dort das Ziel weisheitlicher Lehre. Keiner dieser Begriffe ist nur auf eine Bedeutung sowie auf nur einen literarischen Bereich beschränkt. In den Überschriften Spr 1, 1; 10, 1; 25, 1 steht *māšāl* für die „Sprüche" Salomos. Aber *māšāl* ist als term. techn. auch in die Prophetie eingedrungen. Auch der Seher Bileam „hebt seinen Spruch an". Den Nebenton von Spottvers hat *māšāl* auch Jes 14, 4 in der Einleitung des ‚Liedes' auf den König von Babylon (vgl. Mi 2, 4). Die beiden anderen Begriffe sind im prophetischen Kontext schwer erklärbar. Das Nomen *m^{e}lîṣāh* ist von der Wz. *lîṣ* „verspotten" abzuleiten. Von 17 Belegen für *ḥîdāh* „Rätsel" stehen 8 in Ri 11, 12–19 und beweisen die Grundbedeutung. Eine theologische Nuance bietet Num 12, 8: Nur mit Mose redete Jahwe „von Mund zu Mund" und nicht „in Rätseln" (b^{e}ḥîdot).

V. 6 a ist der (unpassende) Zusatz eines ‚Redaktors', der mit vergleichbaren Überschriften in weisheitlicher und prophetischer Literatur vertraut ist und die Wörter mehr häuft als wägt.

Der erste Weheruf Habakuks richtet sich wie der Jesajas (5, 8) gegen jene, 6 b
die ihren Besitz auf Kosten der Armen und Verschuldeten vermehren. Da nicht von Beute oder Tribut die Rede ist, sondern in V. bβ die Terminologie des privaten Pfandrechts gebraucht wird, bezieht sich dieses Wehe nicht auf Völker. Die eingeschobenen Worte „wie lange" sind für Sellin „Stoßseufzer eines Lesers, die das Metrum zerstören."

Das hap. leg *ʿabṭîṭ* ist eine Weiterbildung von *ʿ^{a}bôṭ*, das Dtn 24, 10–13 mit Sicherheit „Pfand" bedeutet[55], also den Gegenstand, den sich der Geber eines Darlehens vom Schuldner als Sicherung für seine Forderung geben lässt. Das zweite auf das „wehe" folgende part. hi. *makbîd* „schwer machen, belasten, beladen" ist von der Wz. *kbd* her gleichfalls klar. Dennoch bleibt die Übers. des Ausdrucks in V. bβ unsicher, wie noch die neuesten Versuche zeigen: „wodurch er schwere Pfandschuld auf sich lädt" (Rudolph), „der sich mit Pfänderverleih schwer bereichert" (Seybold). Gemeint ist in jedem Fall die harte oder gar unrechtliche Behandlung des wirtschaftlich Schwächeren durch eine Praxis der Pfandleihe, die im Bundesbuch (Ex 22, 24–26) wie im Dtn (24, 10–13) als mit Jahwes Willen unvereinbar bezeichnet wird.

Der Weheruf (3. P.) geht über in eine Gerichtsankündigung (2. P.) in 7
Gestalt einer rhetorischen Frage: Die Ausgebeuteten werden sich gegen ihren Ausbeuter erheben, so dass er, in Umkehrung der Verhältnisse, nun für sie zur Beute wird. „Zum Raube, zur Beute werden" bezieht sich zwar sonst (1. Kön 21, 14; Jer 30, 16; Zeph 1, 13) immer auf Kollektive, aber auch hier ist ja nicht ein Individuum, sondern ein Verhaltenstyp gemeint. Die sich hier erheben, sind natürlich nicht die Pfand (und Zins) nehmenden „Gläubiger", wie das Verb *nāšak* fast immer übersetzt wird, sondern „die Schuldner, die über ihren Gläubiger herfallen" (Jeremias 71). Jeremias und Rudolph übersetzen darum in der Sache richtig „Zinszahler", während Seybold ein Wortspiel mit

[55] Vgl. *ʿbṭ* q. „Pfand nehmen" (Dtn 15, 6; 24, 10) und hi. „gegen Pfand leihen" (Dtn 15, 6. 8).

zwei homonymen Wurzeln vermutet: „Werden nicht plötzlich (Schuldner) aufstehen, die dich beißen."[56] Die ursprüngliche Bedeutung „beißen" wird von G S V festgehalten, und nur so kann auch der Parallelismus der Begriffe in V. a erfasst werden: aufstehen//erwachen und beißen//angreifen. Das letzte Wort übersetzt Seybold mit „anbellen", wozu Rudolph, nicht weniger komisch, schon vorher erklärt hatte: „Hunde, die bellen, beißen nicht" – schön wär's. Schon V kombinierte die beiden Verben der Aggression mit mordere „beißen" und lacerare „zerfleischen". Hier kommt die Strafe für das unsoziale Verhalten also keineswegs von ‚oben', sondern durchaus von ‚unten': im Aufstand der Betroffenen.

8 Der Milieu- und Adressatenwechsel von 6 b. 7 zu 8 kann größer nicht sein: dort der Pfandleiher, hier die ganze Welt. Die Weheworte wurden also mit Blick auf die neubab. Macht neu gedeutet (Jeremias: „Nachinterpretation"). Selbst Rudolph, der diese Schichtung bestreitet, bemerkt doch, dass 8 „nicht die Fortsetzung von 6 b. 7" ist. V. 8 b ist seinerseits keine Fortsetzung von 8 a, sondern nennt andere Gründe für die Bestrafung der Weltmacht. V. 8 b „wiederholt sich in v. 17; er passt weder hier noch dort", bemerkt Wellhausen. Keinesfalls handelt es sich aber bei 8 b=17 um einen „Kehrvers" (so Sellin, dann wieder Jeremias). Die Abfolge 7. 8 a. 8 b bildet keinen geschlossenen Gedankengang, sondern eine Addition vertrauter Motive, wobei es schwer zu sagen ist, welcher zeitliche Abstand sie trennt.

V. 8 a begründet die Strafe mit der Praktizierung des ius talionis. Im Unterschied zu 8 b, wo geradezu die Menschheit geschändet wird, bewahrt 8 a ein gewisses Maß: Nicht alle, sondern viele Völker waren betroffen. Das seltene Verb *šll* „plündern" kommt in Nah bis Zeph nur hier vor, das häufige Nomen *šālāl* „Beute" nie. „Völker" und „Nationen" stehen hier wie 5 bβ ohne Bedeutungsunterschied. So wie *ʾādām* „Mensch(en)" nicht die Bewohner eines bestimmten Landes meint (vgl. 1, 14), so meint *ʾaeraeṣ* nicht ein „Land", sondern wie 1, 6; 3, 3. 6. 9. 12 die (ganze) „Erde". *qirjāh* „Stadt", fast bedeutungsgleich mit dem viel häufigeren *ʿîr*, wird hier mit „Siedlung" übersetzt, um die beiden Wörter in V. 12, wo sie im Par. membr. stehen, auseinanderhalten zu können.

[56] Die Wz. *nšk* „beißen" hat fast immer „Schlangen" zum Subj. Aber: das Verb steht Dtn 23, 20 f.; Lev 25, 36 f. auch im Sinne von „Zins nehmen". Es wird daher abgeleitet von *naešaek* „Zins" als „das, was abgebissen wird" (ThWAT V 665–669). HAL rechnet freilich mit zwei homonymen Wurzeln.

2, 9–11: Weheruf II

9 a **Wehe dem, der auf unrechten Gewinn aus ist**
– (zum) Unglück für sein Haus[57] **–:**
9 b **sein Nest in der Höhe zu bauen,**
um sich zu retten vor dem Zugriff des Unglücks.
10 a **Du hast Schande bewirkt für dein Haus,**
10 b **hast viele Nationen verletzt**[58]
und (so) dein eigenes Leben verwirkt.
11 **Denn der Stein aus dem Gemäuer wird schreien**
und der Sparren aus dem Gebälk ihm antworten.

Der zweite Weheruf verurteilt wie der erste unredliches und unsoziales Verhalten. Der paronomastische Ausdruck *bṣ*ʿ *baeṣa*ʿ „Gewinn gewinnen" steht für unrechten Gewinn. Neben den prophetischen Belegen (Jer 6, 13; 8, 10; Ez 22, 27) stehen die weisheitlichen Hab 2, 9 nahe, ohne dass man wie Jeremias (67–69) generell „die weisheitliche Tradition der Weheworte Habakuks" behaupten muss. Eng verwandt erscheint Spr 15, 27: „Sein Haus bringt ins Unglück, wer auf (unrechten) Gewinn aus ist" (*bôṣe*ᵃᵉ *baeṣa*ʿ). Wehe also dem, der durch seine Gier sein ‚Haus', seine Familie ins Unglück zieht, obschon er meint (9 b), so seine Existenz unangreifbar zu machen. Durch Nester in der Höhe sichern Vögel ihre Jungen – während Edom, das „in der Höhe", ja „zwischen den Sternen" sein Nest gebaut hatte, von Jahwe hinabgestürzt wurde (Ob 3 f.). Durch die Kommentare geistern bei 9 b Mauern und Türme Babylons, aber 9 a ist so wenig auf Völker zu beziehen wie 6 b. 9

Wie 8 im Weheruf I thematisiert 10 die Völkerwelt, beide in direkter Anrede. Wie 8 keine Fortsetzung von 6 b. 7 auf gleicher literarischer Ebene ist, so 10 keine von 9, sondern hier spricht dieselbe Stimme wie in 8 und variiert den Vorwurf „Du hast viele Völker geplündert". Der Ergänzer hat sich hier aber aus 9 a das Stichwort zur Anknüpfung geholt: Unglück für sein, Schande für dein Haus. Durch den Blick auf die Völker bekommt „Haus" deutlich den Sinn von Dynastie. 10

Das erste Verb im Satz (*j*ʿ*ṣ*) heißt „raten, beschließen, planen", die Übers. mit „bewirken" betont die (unerwünschten) Folgen des Planens: die Beschädigung des eigenen ‚Hauses'. Der Satz endet mit einem beinahe singulären Ausdruck, der sprachlich schwer zu erfassen ist (vgl. Jeremias 68); G V „deine Seele sündigte" ist durch MT nicht gedeckt.

---

[57] In 9 aβ scheint ein Verb zu fehlen. Da auch Q G V keine Spur einer Auslassung zeigen, sind Ergänzungen beliebig, also wertlos. Die Parenthese in der Übers. ist eine Notlösung.

[58] In 10 bα bietet MT „die Enden vieler Nationen", was weder in sich noch im Satz Sinn gibt. Die Vrs., denen die meisten Exegeten folgen, setzen *qaṣṣôt* (statt *q*ᵉ*ṣôt*) voraus, ein perf. q. von *qṣṣ* „abschneiden/-hauen".

V. 10 gehört darin mit 8 aufs Engste zusammen, dass die Gewalttaten des einen Volkes gegen die anderen nicht folgenlos bleiben. Das war tröstlich gemeint und ist so gewiss auch gehört worden.

11 Die Bauelemente eines Hauses passen schlecht zum Völkerhorizont von 10, wohl aber zu dem durch unrechten Gewinn ‚erworbenen' Haus in 9. Seybold zieht 11 zum nächsten Weheruf und stellt ihn hinter 12; aber wer sollte solche Unordnung geschaffen haben? Im übrigen bleibt 11 dem Stadthorizont von 12 so fremd wie dem von 10. Man muss sich damit abfinden, dass der sprichwortartige Satz nur locker auf den unmittelbaren Kontext bezogen ist. Als Einzel-Zusatz ist er nicht Teil der Völker-Interpretation.

Stein und Holz als Baumaterial sind eindeutig, unsicher ist das hebr. Wort für „Sparren".[59] Stein und Holz, Gemäuer und Gebälk schreien (zu *zʿq* s.o. bei 1,2) hier um Rechtshilfe wie sonst unschuldig vergossenes Blut (Gen 4,10) oder auch Acker und Ackerfurchen (Hi 31,38). In Hab 2,11 werden Stein und Holz also im Klagegeschrei einander respondieren – vor und hin zu Jahwe.

2,12–14: Weheruf III

12 Wehe dem, der die Stadt erbaut mit Bluttat
und die Siedlung gründet auf Übeltat.
13 a [Kommt das[60] nicht von Jahwe der Heerscharen?]
13 b Nationen werden sich abmühen fürs Feuer,
Volksstämme sich ermüden für nichts.
14 Denn die Erde wird erfüllt sein von Erkenntnis
der Herrlichkeit Jahwes,
wie Wasser das Meer bedeckt.

12 Der dritte Weheruf schließt an den zweiten in V. 9 an. Er trifft jene, die ihre Bauvorhaben auf Blut und Frevel gründen. Dabei ist wahrscheinlich an das rücksichtslose Schinden der Bauarbeiter gedacht (vgl. Jer 22,13.17). Die Formulierung ist Mi 3,10 vorgegeben, wo sie den Fürsten Israels entgegengehalten wird, „die Zion mit Bluttat erbauen und Jerusalem mit Übeltat" vgl. auch Jes 59,3). Zur „Siedlung" s.o. zu V. 8. In V. 12 steht *qirjāh* im Par. membr. mit *ʿîr*, dem gebräuchlichen Wort für Stadt. G übersetzt beide Wörter mit πόλις „Stadt", V versucht die Unterscheidung mit civitas und urbs. Es ist „deutlich, dass Habakuk im zweiten und dritten Weheruf auf die Prachtbauten einflussreicher Jerusalemer anspielt" (Jeremias 7).

---

[59] *kāpîs* ist hap. leg., die Vrs. haben geraten (vgl. Rudolph zur Textkritik). G z.B. bietet κάνθαρος „Mistkäfer (aus Holz)" – vielleicht ein bautechnischer Ausdruck. Eine mir unwahrscheinliche Emendation zuletzt bei A. Pinker, Castanets, ZAW 114 (2002) 618–621.

[60] Statt MT *hinneh* „siehe" ist nach G (ταῦτά ἐστι) und V (hac) *hennāh* „das" zu vokalisieren.

Als Fortsetzung von 12 wäre 13 a absurd. Im Unterschied zu den Weheru- 13
fen I, II, IV fehlt hier die Anrede ganz. Es bleibt unerfindlich, was der Ergänzer an dieser Stelle mit dem Hinweis auf Jahwe als Urheber des (welches?) Geschehens sagen wollte. Aber auch 13 b(14) kann nur künstlich mit 13 a verbunden werden, denn hier richtet sich das Interesse wieder auf die Völkerwelt wie zuletzt (nicht 12, sondern) 8. 10.

V. 13 b bildet einen vollkommenen Par. membr.: die Verben, die Völkerbezeichnungen wie die Ausdrücke für Nichtigkeit sind austauschbar. An Stelle von *gôj* „Volk“ und *ʿam* „Nation“ in 5 b steht hier neben *ʿam* das seltenere, nur in poetischen Texten und fast immer im pl. bezeugte Wort *l*^{e}*ʾom*, zur Unterscheidung mit „Volksstämme“ übersetzt. Auch die Verben *jgʿ* und *jʿp* haben die gleiche Grundbedeutung „müde sein/werden, (sich) ermüden“ und von daher auch „sich (ab)mühen“. Aber auch „fürs Feuer“ meint nichts anderes als „für nichts“: „vergeblich/leer/nichtig“.

V. 13 b ist fast identisch mit Jer 51, 58 b. Keine von beiden Stellen „haftet unlöslich in ihrem Kontext“ (Jeremias 62). Da weder Jer 50 f. noch die ‚weltpolitischen‘ Ergänzungen in Hab 2, 6 ff. zeitlich sicher anzusetzen sind, gibt es über Alter und Priorität nur Vermutungen.

„Deutlicher noch als V. 13 gehört V. 14 der Nachinterpretation der Wehe- 14
worte an“ (Jeremias 63); dass er „im jetzigen Textzusammenhang ein völliger Fremdkörper ist, braucht nicht bewiesen zu werden“ (Rudolph 223). Wellhausen bestritt die Authentizität von V. 12–14, „sie sind nämlich zusammengesetzt aus“ Mi 3, 10; Jer 51, 58; Jes 11, 9. Tatsächlich war der Hab-Glossator ein Kenner und Sammler verstreuter Motive, wogegen die Redaktoren anderer Prophetenbücher wohl kaum fragmentarisch benutzt haben werden, was in Hab 2, 13 f. bereits vereint gewesen wäre.

Den Eindruck eines primären Zusammenhangs von 14 mit 13 kann man nur erwecken, wenn man *kî* nicht mit „denn“, sondern mit „doch“ (Jeremias) oder „vielmehr“ (Rudolph) übersetzt. Aber der Blick auf die Völker ist in 14 (Jes 11, 9) ein anderer als in 13 (Jer 51, 58), so dass diese ‚Nachinterpretation‘ nicht von einer Hand ist. Der eschatologische Ton von 14 harmoniert auch nicht mit 13 und schon gar nicht mit 12.

2, 15–17: Weheruf IV

15 a Wehe dem, der seinen Gefährten[61] einschenkt,
sie aus ‚seinem Giftkrug' trunken macht,
15 b um sich ihre Blöße anzusehen.
16 a Du hast dich gesättigt an Schande statt an Ehre.
So trinke nun auch du, dass du taumelst.[62]
16 b An dich kommt der Becher (aus) der Rechten Jahwes
[und Dreck auf deine Ehre].
17 a Denn die Gewalttat am Libanon wird dich bedecken,
und die Unterdrückung der Tiere wird dich erschrecken[63] –
17 b wegen der Bluttat an den Menschen und der Gewalttat an der Erde,
an Siedlungen und allen ihren Bewohnern.

15 Weheruf IV wendet sich gegen einen, der andere besoffen macht; das ist im Kontext von V. 6 ff. verblüffend und erinnert an die Deliktmischung Jes 5, 8 ff. Sicher ist die inkriminierte Tat (*šqh* part. hi. „der zu trinken gibt"), weniger sicher sind „seine Saufkumpane", ganz unsicher ist, was der Gastgeber einschenkt. An den „Taumelbecher" für die Völker ist erst in 16 b zu denken, denn es ist Jahwe, der ihn reicht, und er heißt *kôs*. Was aber war im „Krug"? *ḥemāh* heißt gewöhnlich (und sehr oft) „Zorn". Die Übers. mit „Gift" ist riskant, denn diese Bedeutung hat das Wort nur 5mal, davon 4mal für Schlangengift, doch gehört „Gift" bei den ug. und akk. Wortentsprechungen zur Grundbedeutung. „Giftkrug" bezieht sich also auf die Wirkung des Getränks, wie ‚Rausch-Gift'. „Der Krug seines Zorns" bliebe hier jedenfalls unverständlich.

Es bleibt unsicher, wem genau dieses Wehe gilt. „Gäste/Nachbarn/Gefährten" (*re*ᵃᶜ bezeichnet den engeren Lebenskreis) mit Absicht ‚abzufüllen', galt wohl niemals als ehrenhaft. Gewiss ist dieser Gastgeber nicht ein König und „sein Gefährte" nicht die „kollektivische Bezeichnung aller anderen Könige" (Sellin). Die standardisierte Sprache der Weherufe („wehe dem, der …") verbirgt hinter dem part. generell die, die konkret gemeint sein könnten.

V. 15 b bietet eine Zweckbestimmung der unfeinen Tat – ebenso perfide wie überflüssig, denn „trunken machen" (*škr* pi.) in V. aβ war Zweck genug: So macht David den braven Uria trunken (2. Sam 11, 13) und Babel gar die ganze Erde (Jer 51, 7). Nach 15 b ist der Gastgeber zusätzlich Voyeur, der sich an der Unachtsamkeit seiner volltrunkenen Gäste weidet – anders als Noahs

---

[61] *reᶜehû* „sein Gefährte" ist hier kollektiv gemeint, wie das Suff. „ihre" (m. pl.) in V. b zeigt.

[62] MT hat *heᶜārel*, wohl eine Konsonantenvertauschung, denn die ‚Wolke der Zeugen' Q G 'A S V bezeugt *herāᶜel*, ein sonst nicht belegtes ni. von *rᶜl*, die Wz. von *raᶜal* oder *tarᶜelāh* „Taumel".

[63] MT ist unmöglich; GST und wohl auch 1QpHab verweisen auf *ḥtt* hi. „in Schrecken versetzen".

Söhne, die es sorgfältig vermeiden, die Blöße ihres trunkenen Vaters anzusehen (Gen 9, 21–23). Die Zurschaustellung der „Scham" durch Entkleidung war eines der Strafmittel Jahwes gegen Ninive Nah 3, 5.

Wie auf den ersten und zweiten Weheruf folgt auf den vierten die direkte 16
Anrede; und bezog sich das „du" in 7 auf das Individuum von 6, das „du" in 8. 10 aber auf die Völker, so liegt auch in 16 eine mehrschichtige Weiterführung des Weherufs vor: Schande statt Ehre (zu diesem Gegensatz vgl. Hos 4, 7; Spr 3, 35) hat sich der Gastgeber von 15 erwirkt, wie 16 aα. bβ zeigt, der Becher aus Jahwes Hand dagegen gilt hier wie auch sonst ganz überwiegend fremden Völkern.[64] Aus dieser Mischung erklärt sich die Unordnung im Vers, die zu Umstellungen Anlass gab.

Dass (nur hier) in den Weherufen Jahwe genannt wird, erklärt sich aus der geprägten Sprache für den aus seiner Hand dargereichten Taumelbecher in prophetischen Völkersprüchen (Jer 25, 15–28; 51, 39. 57 u. ö.). Der Becher macht geradezu die Runde (16 b *sbb ʿl*; dafür Klgl 4, 21 *ʿbr ʿl*), bevor er „an dich" kommt, und wie im ersten Weheruf (8) kann die Drohung nur den Babyloniern gelten. „Der Becher aus der Rechten Jahwes" beweist, dass der üble Wirt, der in 15 einschenkte, eben nicht Jahwe war und darum sein Opfer auch nicht die Völker, was man behaupten muss, wenn man die Nachinterpretation der Weherute bestreitet. Auf seine Ehre fällt (in dem kleinen Zusatz V. bβ) denn auch der „Dreck/Mist/Kot" (*qîqālôn*, hap. leg.). So ist 16 eine Mischung aus der Fortführung des Wehe im Stil der Anrede und der auf Babylon und die Völkerwelt bezogenen Interpretation.

Mit V. 17 wird die Anrede fortgesetzt, nun eindeutig wieder im Völkerho- 17
rizont, denn kein Judäer war imstande, am Libanon oder gar an der ganzen Erde Gewalt auszuüben. 17 b ist identisch mit 8 b und hier so unpassend wie dort: Ein und derselbe Autor schreibt nicht „am Libanon/an der Erde". Der Glossator sagt: Babylon wurde nicht nur an Bäumen und Tieren, sondern auch an Menschen schuldig.

ḥāmās (überall mit „Gewalttat" übersetzt) steht bei Hab in ganz verschiedenen Zusammenhängen (1, 2. 3. 9; 2, 8. 17 a. 17 b), in 1, 3 wie hier neben *šod* „Unterdrückung". Das Libanon-Gebirge wird hier wie oft im AT wegen der als Bauholz begehrten Zedern genannt. Sie galten geradezu als Jahwes eigene Pflanzung (Ps 104, 16), so dass ihre Abholzung als Frevel empfunden werden konnte. Wie schon Sanherib als Ausbeuter dieser Wälder galt (Jes 37, 24), so rühmt sich Nebukadnezar II. in einer fragmentarisch erhaltenen Inschrift selbst, für den Palast des Stadtgottes Marduk das wertvolle Holz beschafft zu haben: „… der Libanon …, der üppige Wald Marduks (!) … Mächtige, hohe,

[64] Zu Vorkommen und Metaphorik des Taumelbechers vgl. J. Gamberoni, Art. *šātāh*, ThWAT VIII 507–535; K.-D. Schunck, Der Becher Jahwes: Weinbecher – Taumelbecher – Zornesbecher, in: Verbindungslinien. FS W. H. Schmidt (2000) 323–330; Th. Seidl, „Der Becher in der Hand des Herrn". Studie zu den prophetischen „Taumelbecher"-Texten, Arbeiten zu Text und Sprache im AT, Bd. 70 (2001) 108–130 zu Hab 2, 15–17.

starke Zedern … Ertrag des Libanon …"[65] Das Gegenstück dazu bildet das Triumph-Gedicht über den Sturz des bab. Herrschers: „Nun ruht und rastet die ganze Erde … Es freuen sich … die Libanonzedern …: ‚Seit du dich schlafen gelegt hast, steigt kein (Holz)Fäller mehr zu uns herauf'" (Jes 14,7 f.).

Die „Unterdrückung der Tiere" meint wohl das Schinden der Zug- und Lasttiere beim Abtransport der schweren Stämme. Den für Bestrafung ungewöhnlichen Ausdruck „bedecken" (*ksh* pi., nur hier mit *ḥāmās*) erklärte schon Hitzig damit, dass „die Gewaltthat … auf dein Haupt zurückfällt". 17 b fügt hinzu, was im Rückblick auf das mächtige Babylon vielfältig gerügt wurde, hier aber die spezielle Strafbegründung von 17 a eher verwischt.

2,18–19: Gegen die Götzenbilder

18 a **Was nützt das Götzenbild, dass sein Bildner es behauen hat,**
das Gussbild und derLügen-Orakler,
18 b **dass der Bildner seines Gebildes darauf vertraut,**
stumme Götzen zu fabrizieren?
19 a **Wehe dem, der zum Holz sagt: „Erwache!",**
„Rege dich!" zum stummen Stein.
19 b **[Kann der(lei) Orakel geben?]**
Siehe, das ist mit Gold und Silber ‚beschlagen',
aber es ist keinerlei Leben darin.

V. 18 f. enthält eine syntaktisch schwer verdauliche Ansammlung von Versatzstücken aus dem Wortfeld der Götzenpolemik. Die Unordnung wird auch nicht durch die übliche Umstellung von 19 vor 18 beseitigt, nur weil der Wehe-Vers voranstehen müsse. Damit wird zwar eine lockere Angleichung an 6 ff. erreicht, aber um den Preis einer Wunsch-Ordnung. Duhms Urteil: V. 18 f. „gehört überhaupt nicht in das Buch Habakuks, zu dessen Inhalt und Tendenz er nicht die geringste Beziehung hat" (66). Jeremias bezeichnet V. 19 b. 18 (!) als „eine midraschartige Kommentierung zu V. 19 a", der also die Reihe 6 ff. fortgesetzt hätte. Jeremias sucht auch hier „die gleiche Nachinterpretation wie in den vorausgegangenen Weheworten" (64). Aber form- oder redaktionsgeschichtliche Arrondierungen erfüllen nur fromme Wünsche.

V. 18 f. richtet sich auf keiner Stufe seines Wachstums gegen Nebukadnezar, da es witzlos wäre, ihm die bab. Götterbild-Theologie vorzuwerfen. Zugleich unterscheidet sich 18 f. thematisch gründlich von den Weherufen I–IV, die soziale und politische Vergehen im Blick haben. Um die rhetorische Frage nach dem Nutzen der ‚Götter' von Menschenhand für Judäer verstehen und zeitlich einordnen zu können, muss man deren Vorbilder und Quellen vor al-

---

[65] Wadi Brisa-Inschrift (im Libanonbereich), TUAT I 4, 405; ANET 307.

lem bei Dtjes (40, 19 f.; 41, 6 f.; 44, 9–20; 46, 6 f.), aber auch bei Jer (10, 1–16) nachlesen.

V. 18 bietet drei verschiedene Formen der Wz. *jṣr* „formen, bilden“. Man 18
kann den Vers einigermaßen wörtlich, aber kaum sinnvoll oder gar stilistisch gut übersetzen, wie auch G V zeigen.

Material, Gestalt und Herstellung der einzelnen Götterbilder können und müssen hier nicht beschrieben werden. *paesael* wird zwar traditionell als „Schnitzwerk“ gedeutet, aber das (seltene) Verb *psl* meint in den übrigen Belegen nicht „schnitzen“, sondern Behauen von Steinen (Ex 34, 1. 4; Dtn 10, 1. 3 für die steinernen Tafeln, 1. Kön 5, 32 für die Quader zum Tempelbau). *massekāh* gehört in den Bereich der Metallverarbeitung, wie Ex 32, 2–4 zeigt: Das ‚goldene Kalb‘ ist ein Gussbild.[66] Der Doppelausdruck „‚Schnitz‘- und Gussbild“ findet sich in dem für Hab 2, 18 aufschlussreichen Satz bei Dtjes (42, 17): „Es werden zuschanden, die auf *paesael* vertrauen und die zum *massekāh* (G: pl.) sagen: Ihr seid unsere Götter.“ Die Verbindung *môraeh šaeqaer* „Lehrer des Trugs/der Lüge“ gibt es sonst nur Jes 9, 14 für den Propheten, der Lügen verbreitet. Als „stumme Götzen“ erscheinen *ʾaelîm* „Nichtse“ nie sonst in der atl. Götterbildpolemik, wohl aber im NT (1. Kor 12, 2).

Wie töricht es ist, auf solche Handwerkerprodukte „sein Vertrauen zu setzen“, zeigt der (relativ seltene) Ausdruck *bṭḥ ʿl*: „Worauf einer sein Leben gründet, wovon er im Letzten lebt, das wird … vielleicht von Jesaja (31, 1), sicher aber in der prophetischen Literatur der exilischen und nachexilischen Zeit durch בטח על ausgedrückt.“[67] Auf das falsche Vertrauen macht aber schon das erste Wort in V. 18 aufmerksam: *jʿl* (nur hi.) „nützen, helfen“ steht mehrfach im gleichen theologischen Zusammenhang, so in der dtr Abschiedsrede Samuels: „Lauft nicht den Nichtigen (*tohû*) nach, denn sie helfen nicht und sie retten nicht“ (1. Sam 12, 21; vgl. Jes 44, 9 f.; Jer 2, 8. 11).

Der Kampf gegen die Götterbilder wird gewöhnlich nicht in Weherufen ge- 19
führt. Hier liegt demnach der Versuch vor, dieses Motiv der Wehe-Reihe anzugleichen. In der Sache muss man hier Jer 2, 27 f. vergleichen: „Die da sagen zum Baum: ‚Du bist mein Vater‘ und zum Stein: ‚Du hast mich geboren‘ … Wo sind denn deine Götter, die du dir gemacht hast? Sie mögen aufstehen (und) dir helfen …“ Anders als in Jer 2 ist *ʿeṣ* in Hab 2, 19 mit „Holz“ zu übersetzen, denn man kann nicht den (lebenden) Baum auffordern, lebendig zu werden.

Die Verben *qîṣ* und *ʿûr* haben fast die gleiche Bedeutung „aufwachen, erwachen, sich regen“ und stehen darum öfter im Par. membr., vgl. die für das Klagegebet kennzeichnende Bitte, Gott möge aus seiner ‚Leblosigkeit‘ erwachen zu Gunsten der Beter: *ʿurāh … hāqîṣāh* (Ps 44, 24). Ebendies Erwachen ist den Götzen aus Holz und Stein nicht möglich; es ist nutzlos, sie anzureden, denn sie sind von ‚Natur‘ leblos. 19 bα ist eine Glosse, die den Satz

[66] Vgl. die Art. von C. Dohmen: *massekāh*, ThWAT IV 1009–1015; *paesael*, ThWAT VI 688–697.

[67] L. Perlitt, Deuteronomium-Studien (FAT 8), 1994, 89.

überfüllt und sich im Wortlaut (*jôraeh*) mit 18 aβ (*môraeh*) berührt. Der Glossator will ‚erklären', was 18 f. überdeutlich sagt: alles stumme Götzen. Der ganze Zusammenhang von 18 f. legt es darum nahe, *rûaḥ* mit „Lebensatem, Leben" zu übersetzen und nicht wie G V mit „Geist".

2, 20: Zwischen-Satz

20 **Jahwe ist in seinem heiligen Tempel –**
stille vor ihm alle Welt!

Die meisten Exegeten verstehen V. 20 als Vorbereitung auf Hab 3, obwohl Jahwe hier der (schon) thronende, dort aber der (erst) kommende Gott ist. Andererseits ist der Satz, der sich mit der kultischen und poetischen Sphäre der Psalmen berührt, auch keine Fortsetzung von 2, 6 ff. – weder der primären Weherufe noch der sekundären Interpretationen.

Jahwe ist im *hêkāl*; das ist sowohl der Königspalst als auch der Tempel, wie Jes 6, 1 zeigt. Luther hat V. 20 theologisch eindrucksvoll kontrastierend an 18 f. gebunden: „Er ist nicht ynn sylber odder gold geschmidet odder gefasset, sondern ist ynn seinem tempel, das ist ynn seinem pallast und königlichen saal, wilchs ist der hymel und wo er wonet durch sein wort. Und dennoch so mechtig und herlich, das sich für yhm furchten mus alle welt und stille sein" (423). Dafür, dass Jahwes „heiliger Tempel" generell seine himmlische Wohnung meine, gibt es aber „kaum einen schlüssigen Beweis".[68] Zwar trifft das für Ps 11, 4 aα (= Hab 2, 20 a) zu, wo die Aussage folgt, dass Jahwes Thron im Himmel stehe (vgl. auch Ps 18,7 ff.). Aber in anderen Pss (5, 8; 65, 5) steht *hêkāl* parallel zu Jahwes irdischem Haus, in das man hineingehen kann. Nach Ps 70, 1 haben die Völker uno actu Jahwes heiligen Tempel entweiht und Jerusalem zum Trümmerfeld gemacht. Also muss man V. 20 a aus dem Jerusalemer Tempelkult verstehen – dem des zweiten Tempels, wie Sprache und Stellung zeigen. V. 20 b proklamiert den Tempelgott als den Gott aller Welt, und so erweist sich der ganze Vers als Ausdruck der im Psalter dokumentierten „Tempeltheologie": Es ist der „Tempel auf dem Zion in Jerusalem, in dem und von dem aus Jahwe unverfügbar in der Welt präsent ist".[69] Dieser universale Horizont wird hier im Ruf zur Stille vor dem Weltgott ausgedrückt.

Der imp. *has* „stille!" ist 6mal belegt, davon 4mal im ZPB, aber nicht ‚redaktionell', denn die Belege sagen Verschiedenes in sehr verschiedenen Zusammenhängen. Am 6, 10 wird in ansonsten unklarem Zusammenhang gewarnt: „pst, man darf Jahwe nicht mit Namen nennen." Neh 8, 11 aber

---

[68] So M. Ottosson, Art. *hêkāl*, ThWAT II 408–415; 413. Dagegen hatte z. B. Duhm dekretiert: „Mit dem Palast ist gewiß nicht der Tempel gemeint …, sondern der Palast im Himmel …"

[69] H. Spieckermann, Heilsgegenwart. Eine Theologie der Psalmen (FRLANT 148) 1989, 220.

bringen die Leviten bei der Verlesung des Gesetzes das Volk zum Schweigen: „Seid stille (*hassû*), denn der Tag ist heilig!" (Vgl. Zeph 1, 7)

Dem Ergänzer von V. 20 lag das Buch Hab mit seinen formgebenden Bestandteilen vor. Zwischen den Weherufen und dem Gebet Habakuks will er einen Hinweis auf den gottesdienstlichen Zusammenhang geben, in dem die prophetischen Fragmente zu Gehör und Wirkung kamen. V. 20 will dasselbe bewirken wie Gerhard Tersteegens Lied: „Gott ist gegenwärtig. / Lasset uns anbeten / und in Ehrfurcht vor ihn treten. / Gott ist in der Mitte. / Alles in uns schweige / und sich innigst vor ihm beuge" (EG 165, 1).

3, 1–19: Das Gebet Habakuks

Die dritte Komposition des Buches ist der ersten darin vergleichbar, dass poetisches Traditionsgut (3–7 eine Theophanieschilderung, 8–15 ein Hymnus) durch kleine Stücke einer Einzelstimme eingerahmt ist. Wie in Hab 1 f. das Ich des Beters nur in 1, 2. 3 a. 12 a; 2, 1 f. erscheint, so in Hab 3 nur in V. 2 a. 16. Hier wie dort sind die Teile verschiedenen Ursprungs durch gezielte Komposition verbunden.

Im Unterschied zum poetischen Grundbestand von 1, 2–2, 20, den man dem prophetischen Dichter zuschreiben darf, sind Sprache und Gedanken in 3, 3–15 ganz traditionell und entsprechen nicht den Gedichten in Hab 1, 5–11 oder auch Nah 2, 2–14; 3, 1–19, sondern dem Psalm Nah 1, 2–8. Dass die rahmenden Verse 3, 2. 16 verba ipsissima des Propheten Habakuk sein könnten, ist ebenso unwahrscheinlich wie bei den Fragmenten individueller Klage in 1, 2 f. etc. Näher liegt es, 3, 2. 16 als Zeugnisse der Einfügung von Hab 3 in das Buch zu sehen. Dann aber stammt nichts in Hab 3 vom Propheten.

Darauf deuten auch äußere Merkmale. In einer als Einheit überlieferten Schrift bedürfte das 3. Kap. nicht einer neuen Überschrift, die zudem nur den Namen von 1, 1 wiederholt. Wer Hab 3 nicht für eine „sekundäre Zutat" hält, muss wunderlich argumentieren: „Mit hoher Wahrscheinlichkeit war Kap. 3 von Anfang an zum Abschluss des Büchleins … bestimmt, ehe es vorübergehend einmal davon getrennt wurde" (Elliger). Wer aber sollte wann Kap. 3 abgetrennt, aufbewahrt und irgendwann wieder ‚heimgeführt' haben? Wo derlei für möglich gehalten wird, „beweist" natürlich auch das Fehlen von Hab 3 im Qumran-Kommentar „nichts gegen die Echtheit des Kapitels" (Elliger). In der Tat weiß niemand, ob der Verf. des Kommentars Hab 3 einfach nicht auslegen wollte (aber warum nicht?) oder ob "Kap. 3 zur Zeit der Abfassung des Kommentars noch nicht (oder noch nicht wieder) mit Kap. 1 f. vereinigt war" (Elliger): abenteuerliche Vorstellungen.

Die Frage nach der ‚Echtheit' von Hab 3 war und blieb umstritten. „Zweifellos (sic!) bildet c. 3 Spitze und Abschluss des … Büchleins" (Sellin, und darin folgten ihm Jeremias und Rudolph). Vorsichtiger urteilte Seybold, dass wenigstens die „älteren hymnischen Texte" in Kap. 3 „von Habakuk stammen könnten". Das bestreitet mit den besten Gründen Hiebert in seiner Monographie über Hab 3. Mit Blick auf die hymnischen Stücke in Tritojes oder Deuterosacharja sieht er Hab 3 als „reinterpretation of old material for eschatological purposes", „common in postexilic Israel" (140).

So sind in Hab 3 auch nicht die Chaldäer von Hab 1 im Blick, sondern „die Völker" insgesamt, die Jahwe „im Zorn zerdrischt", wenn er über die Erde schreitet (3, 12). Der hymnische Kern verweist auf eine andere religiöse und politische Lage als die des Propheten. Das gilt allemal für V. 2. 16, die das Traditionsgut umschließen. Sie sind nicht organische Fortsetzung der Klage-Fragmente in 1, 2–4. 12–13, sondern sie sollen Hab 3 mit Hab 1–2 verbinden; und sie tun diesen Dienst so gut, dass für Leser des kanonischen Textes „die Verknüpfung … unverkennbar" geworden ist (Rudolph). Aber erst durch den unabhängig von der Prophetie entstandenen Hymnus bekam die Textsammlung Hab 1–2 die kosmische Dimension und den eschatologischen Ausblick auf Jahwes Weltherrschaft. Es ist die bewundernswerte Tat des Verf.s von 3, 2. 16, Prophetie und Theophanie so verbunden zu haben, dass der Psalm als visionäre Erfüllung der Erwartung von 2, 1–3 verstanden werden konnte.

Die liturgischen Notizen an den Rändern von Hab 3 bezeugen, dass der Text zuerst für den Psalter eingerichtet und danach durch 3, 1 dem Propheten zugeschrieben wurde. Die Spuren der gottesdienstlichen Verwendung erklären die Bezeichnung des Textes als „Gebet".[70] V. 18. 19 a schließen mit dem Ich des Beters zwar der Form nach an V. 16 an, beschließen das Buch aber mit einem ungebrochenen Jubel, wie er dem Verf. von V. 2. 16 zu seiner Stunde noch nicht erschwinglich war.

3, 1: Überschrift

1 **Gebet Habakuks, des Propheten** …

t^e^pillāh ist in der Regel „das kultisch formalisierte … Gebet".[71] Das Wort steht freilich über thematisch so verschiedenen Gebeten wie Klagen Davids (Ps 17; 86) oder dem Psalm Moses (90). Der Vergleich mit den editorischen und liturgischen Notizen im Psalter ist hier notwendig, weil Hab 3 in V. 19 b auf ebendiese Weise endet und in V. 3. 9. 13 die in den Pss verbreitete Zäsur *saelāh* bietet, insgesamt „Zusätze", die den Text „für den Gottesdienst zurecht machen" (Nowack). Ansonsten wäre *t^e^pillāh* als Überschrift auch nur schwer denkbar, denn Hab 3 war von Hause aus kein „Gebet" in sensu stricto. Das Wort ist allenfalls für V. 2. 16 b. 18 f. zutreffend. Diese Überschrift besagt jedenfalls nichts für die Herkunft des Kapitels.[72]

Der liturgische term. techn. in V. 1 b bleibt hier unübersetzt, da das Wort nach Etymologie und Bedeutung unsicher ist. *šiggājôn* ist nur in Ps 7, 1 (sg.)

---

[70] Zum liturgischen Gebrauch von Hab 3 in der christlichen Kirche sowie zur Auslegung des Textes von Hieronymus bis Luther vgl. die Hinweise bei G. Krause, Studien zu Luthers Auslegung der Kleinen Propheten (1962) 362–364.

[71] E. Gerstenberger, Art. *pll* / *t^e^pillāh* u. a., ThWAT VI 606–617; 609. Das Nomen steht 31mal über Pss.

[72] Zu Hab 3 gibt es eine von G weitgehend unabhängige griech. Übers. unbekannter Herkunft, die in 5 Handschriften erhalten und in J. Zieglers G-Edition S. 273–275 separat abgedruckt ist (vgl. ebd. 137 f.). Man benennt die Gruppe nach der vatikanischen Handschrift Nr. 86 Codex Barberini (abbr.: Barb); vgl. dazu auch Jöcken 522–524.

und hier (pl.) belegt. Es ist vielleicht von akk. *šigû* „Klageruf“ her zu deuten, darum Horst „nach Weise der Klagegebete“ oder Seybold „im Klageton“, womit freilich der Inhalt von Hab 3 am wenigsten getroffen wird.

3, 2: „Jahwe, ich hörte deine Kunde“

2 a **Jahwe, ich hörte deine Kunde,**
ich fürchtete[73], Jahwe, dein Werk;
inmitten der Jahre bring es zu neuem Leben,
inmitten der Jahre tue dich kund!
2 b **[In der Erregung gedenke der Erbarmung!]**

Das „Gebet“ beginnt formal korrekt als Anrede und Bitte eines Einzelnen an Jahwe. „Deine Kunde“ ist die über Jahwe[74] wie Dtn 2, 25 (vgl. als Kontrast Jes 66, 19). Auf welche Kunde genau und vor allem auf welches „Werk Jahwes“ (s. o. zu 1, 5) sich der Beter bezieht, wird nicht gesagt. Wären es die großen Taten der Heilsgeschichte (vgl. Ps 44, 2), so legte sich die Übers. „sehen“ (// „hören“) nahe. Sind aber die erschreckenden Erscheinungen in der Theophanie gemeint, so gibt „ich fürchtete“ den besseren Sinn. Dafür spricht auch der Bezug auf V. 16. Verständnisschwierigkeiten bereitet die singuläre Phrase „inmitten der Jahre“.[75] Liest man 3, 2 von 2, 1–3 her, so kann jedenfalls nicht gemeint sein „irgendwann im Laufe der Jahre“, sondern nur „möglichst bald“, denn der Beter bittet um Jahwes proprium: dass er eingreife und sich[76] auf diese Weise aller Welt kundtue. In der Theophanie kann man eine Erfüllung dieser Bitte sehen.

V. 2 b „ist ein liturgischer Zusatz, der zu den vorhergehenden Zeilen und überhaupt zum Gedicht nicht passt“ (Duhm). Die traditionelle Übers. „im Zorn denk an Erbarmen“ (Wellhausen, mit G V) ist deshalb fraglich, weil es „keine sichere Stelle“ gibt (Rudolph), die es empfiehlt, *rogaez* mit „Zorn“ zu übersetzen; vom Zorn Gottes wäre (abgesehen von Sir 5, 6) mit diesem Wort nur hier die Rede. Die Wz. *rgz* bedeutet „erregen, beben“ u. ä. In V. 16 wird das Verb in diesem Sinne 2mal auf den Beter bezogen. Wenn 2 b ein Zusatz ist, so von 16 her.

---

73 MT *jāreʾtî* „ich fürchtete“ könnte eine Verschreibung für *rāʾîtî* „ich sah“ sein. G und G^{Barb} bieten beide Lesungen an.

74 Zur Übers. der fig. etym. *šmʿ šemaʿ* s. o. S. 40 zu Nah 3, 19 b.

75 Statt *bᵉqaeraeb* „in der Mitte“ könnte man in Anlehnung an G ʾA auch *biqrob* „im Herankommen (der Jahre)“ vokalisieren.

76 Der aktiven Form *jdʿ* hi. „du tust kund“ fehlt das Obj. Entweder wirkt hier das Suff. des vorausgehenden Stichos weiter („tue es kund“) oder man vokalisiert mit G^{Barb} *jdʿ* ni. „tue dich kund“ (vgl. Ex 6, 3; Jes 19, 21).

3,3–7: Gott kommt

3 a **Gott kommt von Teman,**
der Heilige vom Gebirge Paran. Sela.
3 b **Seine Hoheit bedeckt den Himmel**
und sein Glanz füllt die Erde.
4 a **Und ein Leuchten wie das (Sonnen-)Licht erscheint,**
Strahlen (gehen aus) von seiner Hand,
4 b **und da(rin) ist die Verhüllung seiner Stärke.**
5 **Vor ihm her geht die Pest,**
und seinen Schritten folgt die Seuche.
6 aα **Er tritt hin – und bringt die Erde zum Schwanken**[77]**,**
er blickt hin – und bringt die Völker zum Erzittern,
6 aβ **und es zerbersten die uralten Berge,**
es versinken[78] **die ewigen Hügel**
6 b **[seine ewigen Wege].**
7 a **[Anstelle von Unrecht sah ich ...]**
Es erbebten die Zelte Kuschans,
7 b **die Zeltdecken**[79] **des Landes Midian.**

Um V. 3 ff. mit den geographischen Anspielungen zu verstehen, braucht man 3–7
nur wenige Sätze aus Hymnen zu vergleichen: „Jahwe kam vom Sinai, er glänzte ihnen auf von Seir, er strahlte auf vom Gebirge Paran ...“ (Dtn 33,2; vgl. Ri 5,4; Ps 68,8f.). Hier handelt es sich um die kennzeichnenden Sätze der „Theophanieschilderungen“.[80] Die geographischen Stichworte „sollen nur in groben Zügen vom palästinischen Kulturland aus die Richtung angeben, aus der Jahwe kommt; er kommt vom Sinai“ (Jeremias 8). Es handelt sich dabei um die einzigen Texte, in denen der Sinai „außerhalb und unabhängig von der Pentateuchüberlieferung begegnet“ (Jeremias 155).

Über die Entstehungszeit wie über die (literarische) Abhängigkeit dieser Dichtungen voneinander gibt es viele Hypothesen, aber keine Sicherheit. Die alten Theophanie-Motive vom Kommen des für die Seinen kämpfenden Gottes werden in Hab 3 und anderen Prophenbüchern verwendet, um die Errettung Israels/Judas vor den übermächtig erscheinenden Feinden anzukündigen. Insofern ist die einleitende Bitte in V. 2 auf die visionäre Ankündigung von V. 3 ff. bezogen: Der alte Gott kommt, wie er einst kam. Er heißt in 3–7

---

[77] G^{Barb} (διεμέτρησε) und V (mensus est) haben MT richtig übersetzt: „Er mas (das Land)“. Aber *mdd* „messen“ passt nicht zu den übrigen Verben. In Anlehnung an G T wird zu den sonst kaum belegten Formen *mʿd* hi. oder *mwd* pol. „(sch)wanken“ konjiziert (HAL 526. 576).

[78] *šḥḥ* heißt mit verschiedenen Subjekten „sich beugen/sich ducken“ (Jes 2,11.17), aber das passt schlecht zu den „Hügeln“.

[79] Zum Beduinenzelt und seinen Materialien s. G. Dalman, AuS VI 12–44, bes. 29 f. „Zelt“ und „Zeltdecke“ (aus schwarzem Ziegenhaar) werden öfter parallel genannt (Jes 54,2; Jer 4,20).

[80] Die grundlegende Untersuchung leistete J. Jeremias, Theophanie (WMANT 10) 1965; ^{2}1977, hier bes. 8 ff. zur „ursprünglichen Form“. Zu Hab 3 wird die Arbeit nur als „Jeremias“ zitiert.

nicht Jahwe, trägt aber auch nicht die ‚normale' Gottesbezeichnung Elohim, sondern die nur 58mal in poetischen Texten (davon 41mal Hi 3–40) belegte sg. Form *ʾ^{ae}lôha* (vgl. 1, 11), und zwar im Par. membr. mit dem „Heiligen".

3 a *Teman* ist entweder der Süden bzw. das Südland (vgl. Jos 15, 1; Jes 43, 6) oder aber wie hier im Par. membr. mit Paran der Name einer Landschaft, und zwar im Bereich von Edom.

Sowohl für den Gebietsnamen Teman als auch für das Alter der Motive von Hab 3 sind die Ausgrabungen von Kuntilet ʿAğrud (im nördlichen Sinai, ca. 50 km von Kadesch entfernt) von Bedeutung. In den Überresten einer Karawanserei aus der 1. Hälfte des 8. Jh.s v. Chr. fanden sich auf Wänden und großen Vorratskrügen Inschriften in altphönizischer Schrift, aber althebr. Orthographie. Dabei werden in Segensformeln „Jahwe von Samaria" und „Jahwe von Teman" genannt. Auf einer Wand im Innern des Hauptgebäudes findet sich aber auch eine mit Hab 3, 3–6 vergleichbare Theophanieschilderung; vgl. C. Uehlinger, Art Kuntilet ʿAğrud, NBL II 566–568 (Lit.).

Paran ist in erzählenden Texten die Wüste, in die Israel nach dem Aufbruch aus der Wüste Sinai gelangt (Num 10, 12), in den Theophanieschilderungen das Gebirge, das neben Seir (Dtn 33, 2) oder Teman zur Explikation des Sinai als der ‚Heimat' Jahwes genannt wird. Keiner der Belege führt über das Tote Meer hinaus nach Norden, keiner über die Araba nach Osten, keiner verweist aber auch auf die südliche Sinaihalbinsel, wo sich der Name als Wādi Fērān erhalten zu haben scheint.[81]

Das Wort *saelāh* kommt außer Hab 3, 3. 9. 13 nur im Psalter vor. Seine Bedeutung ist ungeklärt; es ist eine gliedernde Zäsur oder eine Notiz für den liturgischen Gebrauch. G deutet das Wort mit διάψαλμα „Zwischenspiel".

3 b V. 3 b berührt sich mit Texten wie Ps 8, 2 („deine Hoheit über dem Himmel"), Ps 148, 13 („seine Hoheit über Erde und Himmel") und bes. Jes 6, 1. Neben Himmel und Erde stehen *hôd* „Hoheit" und *t^{e}hillā* „Glanz" im Par. membr.

4 a Zur Theophanie gehören Lichterscheinungen (vgl. Ps 18, 8–16, bes. V. 13). Stehen in V. 11 *nogah* „Leuchten" und *ʾôr* „Licht" parallel (wie Am 5, 20), so legt der Vergleich in V. 4 eine Differenzierung nahe: *nogah* ist das von einer Lichtquelle ausgehende Leuchten, *ʾôr* das helle Tages- oder Sonnenlicht als Lichtquelle; vgl. Jes 30, 26 das Licht des Mondes wie der Sonne, Jes 60, 19 die Sonne als das Tageslicht neben dem Scheinen *(nogah)* des Mondes.

V. 4 aβ „is an ancient crux" (Roberts), aber die Vrs. bestätigen MT. Gleichwohl ergibt eine wörtliche Übers. („er hat zwei Hörner von seiner Hand/ Seite") wenig Sinn. *qaeraen* ist das (Tier-)„Horn" (κέρας, cornu). Bleibt man bei dieser Grundbedeutung, muss man tief in die ao. Mythologie eintauchen.[82] Aber die traditionelle Übers. von *qarnajim* mit „Strahlen" wird durch Ex 34, 29–35 gestützt, wo *qrn* als Verb erscheint, und *ʿôr p^{e}ne* „die Haut des

---

[81] Vgl. dazu S. Timm, „Gott kommt von Teman, der Heilige vom Berg Paran" (Habakuk 3:3), OTE 9 (1996) 308–333.

[82] B. Kedar-Kopfstein (Art. *qaeraen*, ThWAT VII 181–189) geht zwar von der Grundbedeutung „Hörner" aus, aber „mit dem Zugeständnis, dass Lichtstrahlen der Himmelskörper als Hörner der Gottheit aufgefasst wurden" (188; vgl. Roberts 134 f. 153).

Gesichts (Moses)" kann beim Abstieg von Offenbarungsberg nicht gut „gehörnt", sondern nur „glänzend" oder „strahlend" sein. Freilich: das Verb in Ex 34 wie das Nomen in Hab 3 bleiben singuläre Belege für diese Bedeutung.

V. 4 b muss keine Glosse sein. Der Dichter kommentiert das Traditionsgut: Kein Leuchten und Strahlen vermag Gottes Stärke/Macht wirklich zu enthüllen. Das Wort für „Verhüllung" gibt es im AT nur hier. „Aber wie man in die alles erleuchtende Sonne nicht hineinsehen … kann, so ist auch hier der von Jahwe ausstrahlende Lichtglanz paradoxerweise das Mittel, mit dem er sein eigentliches Wesen verbirgt" (Rudolph), wofür 1. Tim 6, 16 das Verständnis vertieft. 4 b

Die beiden Stichoi von V. 5 bilden einen vollendeten Par. membr. Ab hier ist es eindeutig, dass Jahwes Theophanie ein Kommen zum Gericht ist. Pest und Seuche, die in anderen Theophanien nicht vorkommen, hat er hier als Vortrab und Nachhut. Das im AT seltene Wort *raešaep* „Seuche" erinnert an den schon in Ugarit reichlich bezeugten (Pest-)Gott *rašapu/rašap*.[83] Aber schon die Parallelisierung „Pest und Seuche" zeigt, dass beide Übel auf einer Ebene gesehen werden müssen, *raešaep* also allenfalls ein Nachklang der demythologisierten und depotenzierten Gottheit sein kann. Ebenso wird *daebaer* deutlich durch die in Jer öfter belegte Dreierreihe „Schwert, Hunger und Pest". In Ps 91, 6 findet sich die Ermutigung, sich weder vor *daebaer* noch vor *qaetaeb* (Seuche?) zu fürchten; und dasselbe *qaetaeb* steht Dtn 32, 24 f. parallel zu Hunger, wilden Tieren, dem Schwert und eben auch *raešaep*. So meint das Wort in solchen Reihen nichts anderes als die übrigen Strafen. 5

„Jahwe ist da!" So beginnt Duhm die Auslegung von V. 6, in dem Gott, nunmehr vom Himmel kommend, die Erde ‚betritt' – mit den für die ‚Gattung' Theophanie konstitutiven Folgen für Natur und Völkerwelt, wie sie am kürzesten Mi 1, 3 f. oder Am 1, 2 beschrieben sind. Jahwes Auf- oder Hintreten (*ʿmd* q.) ist kein neutraler Gestus, sondern „er stellt sich auf zum Rechtsstreit, er tritt hin zu richten ‚sein Volk'" (Jes 3, 13). Die „uralten Berge" und die „ewigen Hügel" kommen im Jakobs- (Gen 49, 26) wie im Mosesegen vor (Dtn 33, 15). In Hab 3, 6 fallen die „Völker" aus der Reihe Erde, Berge, Hügel heraus, aber der Text ist eindeutig. 6

6 b ist weder syntaktisch noch sinngemäß mit dem Kontext zu verbinden. Der Glossator nimmt auch keine Rücksicht auf das direkt davor stehende „ewig". Die „Wege der Vorzeit" gibt es auch Jer 18, 15 (vgl. Hi 22, 15), aber was der hier auf Jahwe bezogene Ausdruck in dieser Glosse meint, bleibt dunkel.

„Angesichts des reinen Erzählstiles der Verse 3–7 fällt die 1. Pers. Sing. des Verbums ראיתי aus dem Rahmen" (Jeremias 40, A. 2). Aber die ersten Wörter von 7 zerstören auch den Parallelismus. Die Vrs. rätseln über V. 7 aα. Die Störung hängt vielleicht mit der in 6 b zusammen. Freilich passen beide 7

[83] Aus der Fülle der Lit. vgl. Jeremias 46–48; J. Day, New Light on the Mythological Background of the Allusion to Resheph in Habakkuk III 5, VT 29 (1979) 353–355; M. H. Mulder, Art. *raešaep*, ThWAT VII 684–690 (Lit.).

Wortgruppen weder zueinander noch zu ihrem Kontext. Die hier bevorzugte Lesung schließt sich Duhm an.

Die m. Verbform von *rgz* „erbeben“ (vgl. V. 2 b *rogaez* „Erregung“) passt besser zu den m. Zelten als zu den f. Zeltdecken, weshalb der Atnach wohl hinter das Verb gehört. Nachdem in V. 6 der weiteste Horizont im Blick war, berührt die Verengung auf zwei südpalästinische Stämme seltsam. Aber die Erschütterungen der Zelte können als Folge des kosmischen Bebens gedeutet werden. Geographisch knüpft 7 an Paran in 3 an und beschließt damit zugleich den ersten Abschnitt der Dichtung.

„Die Kuschan und Midianiter sind die Stämme, die am Sinai wohnen, und darum den ersten Schrecken über den Aufbruch Jahves haben“ (Wellhausen). Jahwe betritt die Erde also zuerst im Gebiet des Sinai. Dass Midian in diesem Umfeld liegt, zeigen die Moseerzählungen (Ex 2 f.), ganz gleich, ob man den Offenbarungsort westlich oder östlich des Golfs von Akaba sucht. Der Name Kuschan dagegen wird im AT nur hier genannt. Obwohl G V Kuschan wie sonst Kusch mit Äthiopien gleichen, hat Kuschan nichts mit den südlich von Ägypten beheimateten Kuschiten (Luthers „Moren“) zu tun (s. o. S. 33 f. zu Nah 3, 9).

3, 8–15: „Du ziehst aus für dein Volk“

8 a **Ist gegen die Ströme, Jahwe, dein Zorn entbrannt …**
oder gegen das Meer dein Grimm,
8 b **dass du einherfährst mit[84] deinen Rossen,**
deinen Siegeswagen?
9 a **Schon ist dein Bogen enthüllt … Sela.**
9 b **Da lässt die Erde Ströme hervorbrechen,**
10 a **es sehen dich (und) beben die Berge,**
ein Wolkenbruch schafft Überflutung[85],
10 b **das Urmeer erhebt seine Stimme.**
Die Sonne ‚vergisst ihre Zeiten‘,
11 a **der Mond bleibt stehen an seinem Ort.**
11 b **Zur Erhellung zucken deine Pfeile hin und her,**
zur Erleuchtung das Blitzen deiner Lanze.
12 **Im Groll schreitest du über die Erde,**
im Zorn zerdrischst du die Völker.

---

[84] *rkb* „reiten, fahren“ mit Präp. *ʿal* „auf, über“ kann man hier nicht mit „reiten“ übersetzen, da Jahwe zwar fährt, aber nicht reitet. Bei „fahren über“ könnte man vor Augen haben, dass der Wagenlenker über den Pferden steht, aber „fahren mit“ ist das bessere Deutsch.

[85] *zaeraem* „starker Regen, Wolkenbruch“ ist öfter belegt, Jes 28, 2 sogar wie hier mit (entbehrlichem) „Wasser“. Ich folge Jeremias – auch darin, dass *ʿbr* „vorübergehen“ absolut gebraucht werden kann, wenn es den Sinn „überschwemmen“ hat (vgl. Jes 8, 8; Nah 1, 8; Dan 11, 10. 40).

13 a Du ziehst aus zur Hilfe für dein Volk,
zu helfen deinem Gesalbten[86]**.**
13 b Du zerschlägst den Dachfirst vom Haus des Frevlers,
legst das Fundament frei bis auf den Felsengrund. Sela.
14 a Du durchstößt mit ‚dem' Stock ‚seinen' Kopf,
seine Anführer werden weggewischt;
14 b mich zu zerstreuen ist ihre Lust,
wie um zu fressen den Armen im Versteck.
15 Du trittst auf das Meer mit deinen Rossen,
(auf) das Wogen großer Wasser.

Mit V. 8 geht die Dichtung formal von der Schilderung zur Anrede Jahwes 8
über, thematisch treten die Anspielungen auf den Kampf Jahwes mit den Chaosmächten der Urzeit hervor. „Das mythische Element der Chaoskampfreminiszenz" steht hier, „um die Erscheinung Jahwes in ihrer ganzen Schrecklichkeit zu illustrieren"[87]; anders als in Nah 1, 3 b–6 kämpft er hier nicht gegen die deifizierten Naturmächte, sondern gegen die feindlichen Völker (12). Dabei bilden Ströme und Meer „a traditional pair, representing alternative names for a single cosmic enemy of Baal in the Ugaritic (and presumably Canaanite) mythology" (Roberts). Zu Jahwes Streitwagen vgl. Jes 66, 15, zum Bild des auf Wolken einherfahrenden Gottes Dtn 33, 26; Jes 19, 1. Die Übers. „Siegeswagen" setzt voraus, dass das letzte Wort („Hilfe, Heil, Rettung, Sieg") eine substantivische Epexegese zu „deinen Wagen" ist. Den judäischen Dichtern der ausgehenden Königszeit (wie jeder Zeit danach) war der mythische Hintergrund solcher Motive bekannt und bewusst; die vielfältige Verwendung zeigt, dass er ihnen längst als Bildersprache dient zur Rühmung der Natur- und Geschichtsmächtigkeit Gottes.

V. 9 a setzt die Anrede an den kämpfenden Gott fort und schließt die kleine 9 a
Rede-Einheit zugleich ab. Darum setzten ‚Liturgen' hier zu Recht mit „Sela" eine Zäsur. 9 b eröffnet den nächsten kleinen Abschnitt 9 b–11, der die Reaktionen auf Erden benennt.

Der Bogen ist im AO die vornehmliche Waffe der Streitwagenfahrer, wie zahllose Darstellungen zeigen. Nach 9 aα wurde der kostbare Bogen in einer Schutzhülle zum Ort der Schlacht transportiert und erst dort ‚entblößt' (vgl. Jes 22, 6). V. 9 aβ enthält die drei Substantive „Schwüre – Stäbe – (Aus)Spruch", an denen „alle Künste der Exegese verloren" sind (Wellhausen). Rudolph zitiert: „Schon vor 130 Jahren kannte Franz Delitzsch ‚mehr denn hundert Auslegungsversuche'."

[86] G^{W} hat τὸν χριστόν, aber $G^{B\,S*}$ τοὺς χριστούς und G^{Barb} τοὺς ἐκλεκτούς, wohl aus ‚dogmatischen' Gründen; Ά (σὺν χριστῷ) und V (cum christo) deuten die nota acc. את als Präp. „mit".

[87] Jeremias 50. Zu den Strömen, dem Meer und dem Zorn Gottes in Nah 1, 4. 6 s.o. S. 10; zum Chaoskampf bes. mit Blick auf Hab 3 bietet Jeremias 90–97 gute Unterrichtung; vgl. aber auch D. T. Tsumura, Ugaritic Poetry and Habakkuk 3, Tyndale Bulletin 40 (1989) 24–48; 28–33.

Natürlich hat man wegen des Bogens in V. aα immer gesucht, was leider nicht dasteht: Pfeile und Köcher. Typisch Sellin: „kein Zweifel, dass *maṭṭôt* auch ‚Pfeile' wird bedeuten können." Aber *maṭṭôt* heißt „Stäbe" oder „Stämme"; die Bedeutung „Pfeile" wird ausschließlich von Hab 3, 9 her behauptet. Dabei hätte allein schon nachdenklich machen müssen, dass derselbe Autor gleich in V. 11 das gewöhnliche Wort für „Pfeil" benutzt: *ḥeṣ*; und es ist dieses Wort, das oft neben „Bogen" steht (2. Kön 13, 15; Jes 7 ,24). V. 9 aβ bleibt darum hier unübersetzt.

9 b Die erste Reaktion auf das kriegerische Auftreten des Gottes ist das Aufbrechen der Erde und das Hervorbrechen von Wasserfluten. *bqʿ* pi. heißt gewöhnlich „spalten, aufbrechen". Wie Ez 13, 13 zeigt, ist auch die Übers. „hervorbrechen lassen" möglich: „Erde" kann hier Subj. sein.

10 Das Wasser kommt nach 9 b–10 b von oben und unten, wie eine zweite Sintflut. Die Erde reißt auf, die Berge „kreißen" wie eine Gebärende (und wie Jer 10, 10 die Erde), die Himmelsschleusen öffnen sich, und aus der Tiefe dröhnt das Urmeer. Zwar ist t^{e}*hôm* (im sg. wie im pl.) öfter einfach die Wasserflut, aber nicht selten klingt doch der urgeschichtlich-mythische Hintergrund des Wortes an. Es ist „unwahrscheinlich, dass t^{e}*hôm* im AT an erster Stelle ein reines ‚Naturphänomen' bezeichnet"[88]. Wie hier in 9 b. 10 b stehen auch Ez 31, 4. 15 Ströme und t^{e}*hôm* nebeneinander; zur Bildersprache insgesamt ist Ps 114 und bes. Ps 93, 3 f. zu vergleichen. Dass Ps 77, 17–20 sich an Hab 3, 9–11 anlehnt (Duhm), ist denkbar.

„Die Sonne" gehört zu V. 10 bβ (so G); 10 bβ und 11 a bilden einen Doppelstichos mit Sonne und Mond im Par. membr. Das Erscheinen Gottes bringt also nicht nur die irdische Welt in Unordnung, sondern auch die himmlische.

11 Das Wort z^{e}*bul* erscheint sonst im AT nur zweimal für „Wohnung" Gottes: 1. Kön 8, 13 = 2. Chr 6, 2 im Tempelweihspruch und Jes 63, 15 für den Himmel, von dem Jahwe herabblicken möge. Die Übers. mit „Ort" ist blass, aber der Mond hat keine Wohnung.

Auch 11 b macht Schwierigkeiten. Schon der Anschluss an 10 b. 11 a ist unklar, denn die Präp. l^{e} steht sonst nicht für „zum", aber auch nicht für „beim (Licht)", wie die meisten übersetzen. Aber dafür brauchen sie Sonne und Mond, die in den vorangehenden Stichoi ihre eigenen Verben hatten, als Subj. Das ist auch deshalb falsch, weil *hlk* pi. niemals „fortgehen" oder gar „fliehen" (Jeremias) bedeutet. Sprachlich schlecht ist freilich auch die Zuordnung von *hlk* zum Subj. „Pfeile", denn diese „gehen" nicht (und schon gar nicht hin und her), sondern fliegen. Die freie Übers. mit „zucken" ist dadurch gerechtfertigt, dass 11 b im Ganzen ebenso eine Gewittertheophanie beschreibt wie mit demselben Wortfeld etwa Ps 18, 13–15. Zum Blitzen der Lanzen s. o. zu Nah 3, 3 oder Ps 77, 18 b: „deine Pfeile zuckten hin und her". Das ganze Waffen- und Schreckensszenario von 9–11 besagt: Wenn Jahwe zürnend kommt, bleibt nichts unberührt, von den Bergen bis zu den Gestirnen. Die

[88] E.-J. Waschke, Art. t^{e}*hôm*, ThWAT VIII 563–571; 566.

zahllosen Parallelen zeigen, dass der Dichter von Hab 3 sich auf vertrautem Gelände bewegt.

Die rhetorische Frage von V. 8 findet in 12 endlich die geziemende Zurück- 12
weisung: Nicht den Strömen gilt der Zorn des herannahenden Gottes, sondern den Völkern. Das ist das Ziel der gewaltigen Theophanie: Völkergericht. Das feierliche „Einherschreiten“ Jahwes ist wiederum ein Element der älteren Theophanieschilderungen (Ri 5, 4; Ps 68, 8). Er kommt als Richter in „Groll“ und „Zorn“, beide Wörter im Par. nembr. auch Jes 10, 5. 25; Zeph 3, 8 b. Drastisch ist *dûš* „dreschen“ (Dtn 25, 4). Nach Am 1, 3 wird Damaskus angeklagt, Gilead mit eisernen Dreschschlitten misshandelt, eben „verdroschen“ zu haben. Hier aber (wie Mi 4, 13, wo „dreschen“ parallel zu *dqq* „zermahlen, zermalmen“ steht) ist ein todbringendes „Zerdreschen“ gemeint. Es trifft „die Völker“, und „in der Tat hat die Prophetie und die Apokalyptik, von Jesaja bis auf das letzte Pseudepigraphon, regelmäßig das Endgericht … an die Vernichtung der jeweils herrschenden Weltmacht angeknüpft“ (Duhm).

Erst mit V. 13 wird die eigentliche Intention der Gotteserscheinung offen- 13 a
bar: Nicht das Zerdreschen der feindlichen Völker, sondern die Errettung seines erwählten Volkes. Während die Völker von Hab 1 ab in Erscheinung traten, gibt es *ʿamm^{e}kā* „dein Volk“ im Buch nur hier. Dass Jahwe für diesen Endzweck „auszieht“, knüpft an Theophanie-Motive an, aber mit „dein Volk“ und gar „dein Gesalbter“ wird ein anderer Ton getroffen. Wellhausen entschied forsch: „Dein Gesalbter = dein Volk“, wogegen Duhm zu *māšiaḥ* zu Recht erklärte: „Jahwes Gesalbter ist weder sein Volk, das niemals so genannt wird oder so genannt werden konnte, noch gar der Messias …: es ist vielmehr ganz einfach das Haupt des Volkes …“ So ‚ganz einfach‘ ist diese Einsicht nun auch wieder nicht, denn sie nötigt Elliger z. B. zu dem Schluss: „es ist also noch ein König in Juda vorhanden.“ Nicht anders Seybold: „Der Hymnus gehört insofern in die vorexilische Zeit.“ Das ist der unsinnige Schritt von der Traditions-Geschichte in die Real-Geschichte. Mit derselben Logik müsste man dann erklären, Jahwe zöge direkt von Teman gegen die Babylonier … Der Par. membr. „dein Volk // dein Gesalbter“ verbietet die Identifizierung beider; die ungewöhnliche Formulierung verrät die Spuren der Herkunft des Hymnus aus monarchischer Tradition, nichts dagegen über die Entstehungszeit der ganzen Dichtung.

Schwierig ist auch der Anschluss von 13 b an 13 a, denn wer ist der hier 13 b
plötzlich wieder auftauchende *rāšāʿ* „Frevler“? Es gibt ihn in Hab nur noch 1, 4. 13 und dort wie hier im sg. Die frevelhaften Feindvölker (pl.) sucht man in 13 b nicht, weil sie schon in 12 b ihre ‚Dresche‘ bezogen haben; dann wäre auch das der Poesie vorbehaltene und in der Prophetie nur hier belegte Verb *mḥṣ* „zerschlagen“ lediglich eine Reprise von 12 b. Doch die Übers. von 13 b beruht auf mehreren unsicheren Annahmen. Vielleicht ist der Text so verworren, weil hier zwei Stränge ineinanderfließen: die Anspielung auf den Frevler von Hab 1 und die Fortsetzung von 3, 12 mit anderen sprachlichen Mitteln. Dann wäre „das Haus des Frevlers“ (aber: das Haus fehlt in G und G^{Barb} ganz) im Anschluss an 13 a ein Ausdruck für den Palast des Herrschers

der feindlichen Großmacht, wofür auch die Überlieferungstrümmer von 14 sprechen könnten. Obwohl auch die mit den Verben gemeinte Zeitstufe unklar ist, sieht das ‚Gebet' als ganzes noch nicht auf die Erfüllung zurück. Doch bleibt hier mehr als eine Frage offen.

14 V. 14 ist so unverständlich, dass eine Übers. kaum möglich ist und eine üppige Textkritik nötig wäre. Eindeutig ist eigentlich nur das erste Wort, aber selbst dieses wird nicht von allen Vrs. gedeckt. Stellt man die jüngsten Kommentar-Übers.en nebeneinander, so muss man bezweifeln, dass ihnen derselbe Text zugrunde liegt. Die gründlichste Textkritik bieten Rudolph und Roberts; letzterer kapituliert auf höchstem wissenschaftlichen Niveau: Der Vers ist „impossibly corrupt". Hier sollen wenigstens einige Wörter erklärt werden.

Wie 13 a. b wird auch 14 a mit einem Verb in der 2. P. m. sg. perf. q. eröffnet, also die Anrede Gottes fortgeführt. *nqb* heißt speziell „durchbohren" (vgl. 2. Kön 18, 21), aber auch „durchbrechen, durchstoßen"[89], weshalb hier die übliche Deutung von *maṭṭaeh* als Pfeil oder Geschoss nicht nur unnötig, sondern falsch ist (s. o. zu V. 9). Opfer des Schlages kann eigentlich nur der *rāšāʿ* von 13 b sein.[90] Von Duhm bis Rudolph sah man, dass der Zusammenhang in 14 aβ eher ein passivisches Verb verlangt, also *śʿr* pu. statt q. am Ende von 14 a. Dann beginnt 14 b mit *pwṣ* hi. „zerstreuen", was öfter Israel wie anderen Völkern widerfährt. Das Suff. der 1. P. sg. ist freilich im Kontext unbegreiflich, denn das Volk kann nicht plötzlich „(m)ich" sein. Sodann ist die Verbindung mit einer Form von *ʿlṣ* „frohlocken" kaum verständlich. In V. bβ bezeugen die Vrs. MT, wissen damit aber nichts anzufangen, denn wenn die Mächtigen schon die Armen fressen, dann gerade vor aller Welt und nicht „im Versteck"; *mistār* hier und Ps 10, 9 im sg., sonst 8mal im pl.; vgl. Ps 10, 8 f.: Der Frevler liegt auf der Lauer und tötet den Unschuldigen „im Verborgenen" (pl.), er lauert im „Versteck" (sg.) wie ein Löwe.

15 V. 15 beginnt mit dem letzten „du" in Hab 3 und beendet damit die Jahwe-Anrede in 8–15. V. 15 schließt, über 12–14 hinweg, an die Chaoskampf-Anspielungen in 8–11 an. Dabei ist es nicht klar, ob 13 f. in den Zusammenhang eingeschoben wurde oder ob 15 anhangsweise auf die Theophanie-Elemente zurückgreift, um die Einheit thematisch abzuschließen. V. 15 ist keine Variante zu 8 (Marti), sondern bietet in seinem Kontext den Abschluss der auffallend gleichförmigen Reihe perfektischer Verben in 13 f., denen 15 formal nachgebildet sein könnte. Der Verf. von 15 hatte wahrscheinlich nicht nur 8–11, sondern 8–14 vor sich und wollte thematisch auf das gewaltige Erscheinen Jahwes zurücklenken, um noch einmal dessen Macht über seine (und Israels) Feinde zu demonstrieren.

---

[89] Vgl. *nqb(h)*, den „Durchbruch" des Felsens beim Bau des Tunnels in der Siloah-Inschrift (KAI 189, 1. 2. 4).

[90] Dabei ist selbst 14 aα korrekturbedürftig: Statt „mit seinen Stöcken (den) Kopf" läse man natürlich lieber „mit dem/deinem Stock seinen Kopf". Die Vrs. nutzen nichts dabei.

Auch 15 ist mit sprachlichen Problemen belastet. Das Verb *drk* q. mit der Präp. *b*ᵉ heißt gewöhnlich „(ein Land) betreten“ (Dtn 1, 36). Aber das Meer „betritt“ man nicht, darum wird hier, als Chaoskampf-Reminiszenz, „niedertreten“ gemeint sein, wie denn *drk* für das Treten der Kelter und das Niedertreten der Feinde steht. „Deine Rosse“ sind die Wagenpferde von 8 b. Eine Parallele nach Wortlaut und Vorstellung bietet Hi 9, 8: „Der den Himmel ausspannt … und tritt auf/schreitet über *(drk ʿal)* die Höhen des Meeres.“ Unklar ist auch das erste Wort von V. b: *ḥomaer* heißt gewöhnlich „Lehm, Ton“ (s. o. zu Nah 3, 14) oder „Mörtel“ (Gen 11, 3). Die Bedeutung „Brausen, Gischt, Brandung“ hätte das Wort nur hier, wenn man es von der gleichfalls seltenen Wz. *ḥmr* „brausen, schäumen“ ableitet. „Die großen Wasser“ bilden eine fast konventionelle Parallele zu „Meer“. Mit diesem Parallelismus endet auch der immer wieder zum Vergleich herangezogene Text Ps 77, 17–20.

Wenn man von 3, 8–15 her auf den Kampf Marduks gegen das deifizierte Meer des Mythos sieht, kann man mit Blick auf „treten“ (vgl. En.el. IV 103 f. 128 f.) folgern: „The gesture is symbolic of Yahweh's total defeat of his enemy and, in the context of Habakkuk's vision, a clear promise that God would destroy the Babylonian oppressor, the contemporary embodiment of the ancient powers of chaos“ (Roberts).

3, 16: „Als ich es gehört hatte …“

16 a **Als ich es gehört hatte, wurde mein Inneres aufgewühlt,**
beim Widerhall erbebten meine Lippen,
Fäulnis drang in meine Knochen ein,
und unter mir wurden meine Schritte[91] **schwankend.**
16 b **Aber ich will warten auf den Tag der Not,**
der heraufzieht für das Volk, das uns befeindet.

„Ich hatte gehört“ verweist zurück auf V. 2; Obj. des Hörens ist also der ganze Bericht von Jahwes Kommen. V. 2. 16 bildet die Klammer um die Audition. Da Jahwe zum Weltgericht kommt (zum „Tag der Not“ vgl. Zeph 1, 15), bewirkt das Gehörte im ‚Propheten‘ Schrecken an Leib und Seele. Zum Erschrecken des Visionärs vgl. Jes 21, 3 f. (3 b: „verstört bin ich vom Hören, bestürzt vom Schauen“).

baeṭaen „Inneres“ ist konkret der Unterleib oder auch der Mutterleib. Mit *rgz* „in Unruhe geraten, erbeben“ steht das Wort nur hier. Dass die Lippen „erbeben“ *(ṣll)*, wird nur hier gesagt; sonst (1. Sam 3, 11; 2. Kön 21, 12; Jer 19, 3) bezeichnet *ṣll* das Gellen in den Ohren. *rqb* „Fäulnis, Moder, Morschheit“ setzt eigentlich einen langfristigen Prozess voraus. *nwḥ* heißt gewöhnlich „sich niederlassen, sich ausruhen“

[91] Die Relativpartikel אֲשֶׁר am Ende von Zeile 2 lässt sich weder mit V. a noch mit V. b verbinden. Die alte cj. zum suffigierten Dual אֲשׁוּרַי „meine Schritte“ ist passabel, so selten אָשֻׁר* „Schritt, Spur“ ist. Dann muss man aber auch das zugehörige Verb von der 1. P. sg. zur 3. P. pl. ändern, was G V mit Formen der 3. P. (sg.) zumindest nahelegen.

(V ut requiescam), hier aber wohl wie 1. Sam 25, 9 (Davids Boten „warten auf" Nabals Antwort) „(ruhig/geduldig) erwarten/warten auf". Das letzte Wort (*gwd*, Nebenform zu *gdd* „feindlich angreifen", vgl. Gen 49, 19) bildet einen Relativsatz ohne Relativpartikel.

Wenn V. 16 nicht nur auf V. 2, sondern auch auf 2, 3 rückbezogen wäre, fände die Komposition im Blick auf diese die Kapitel übergreifende Spannung mit 3, 16 den erwünschten Abschluss.

3, 17: Einschub

17 a **[Denn der Feigenbaum bringt keine Frucht**[92]**,**
und es ist keine Ernte an den Weinstöcken,
es (ent)täuscht der Ertrag des Ölbaums,
und die Fluren tragen nichts Essbares;
17 b **verschwunden**[93] **ist das Kleinvieh aus den Hürden,**
und es ist kein Rindvieh in den Ställen.]

V. 16 b nährte die Hoffnung auf das Gericht über Judas Feinde, also auf das Heil für Juda. Dazu ist die mit *kî* „denn" angeschlossene Klage über das Ausbleiben der Gaben der Natur (doch wohl im eigenen Lande) keine sinnvolle Fortsetzung und wohl später als 18. 19 a in den Text gekommen. Rudolph fasst zusammen, was die meisten meinen: „Damit der … zum Gemeindepsalm umgedeutete Text … auch bei Misswuchs und Viehsterben Verwendung finden konnte, wurde V. 17 eingeschoben, der im jetzigen Zusammenhang völlig isoliert steht." Dabei nimmt der Ergänzer einen im AT wie im AO in Klagen wie in Gerichtsankündigungen gebräuchlichen Topos auf.

Die Pflanzen/Bäume von 17 a stehen oft im Par. membr. oder in längeren Reihen; Feigenbaum und Weinstock bilden ein beliebtes Wortpaar (1. Kön 5, 5; Hos 2, 14; Hi 4, 4), die Dreierreihe von V. 17 a findet sich sonst nur in der Jotamfabel Ri 9, 8–13, eine Reihe mit sechs Pflanzen bietet Dtn 8, 8.

„Werk" (ma^{ca}śaeh, ἔργον, opus) des Ölbaums ist hier ein singulärer Ausdruck. Die Übers. „Ertrag" will dem Verb *ᶜśh* im Parallelstichos entsprechen. Dass der Ertrag „versagt" (Wellhausen), „ausbleibt", ist eine nur künstlich zu erklärende Übers. von *kḥš* pi. „lügen, täuschen". „Schafe" (G πρόβατα) wäre anschaulicher als „Kleinvieh", aber das coll. *ṣoʾn* umfasst auch Ziegen und steht öfter neben „Rindvieh"

---

[92] MT hat *prḥ* „sprossen, treiben" (mit dem Feigenbaum nur hier, mit dem Weinstock Gen 40, 10; Hld 6, 11; 7 ,13). Schon wegen „Ertrag/Ernte" im parallelen Stichos liegt *prh* „Frucht tragen" näher, so auch G. Umgekehrt steht *y^{e}bûl* „Ertrag" (mit dem Weinstock nur hier) oft im Par. membr. mit *p^{e}rî* „Frucht".

[93] *gzr* q. heißt „ab-/zerschneiden" und wird immer transitiv gebraucht (vgl. 1. Kön 3, 25 f.). Darum schlug Wellhausen hier *gzr* ni. vor, das selten und im Sinne von „abgetrennt sein von" vorkommt (vgl. Jes 53, 8; Ps 88, 6). Die Übers. „verschwunden aus" berücksichtigt den parallelen Stichos.

(Gen 12,16; Num 22,40). Das seltene Wort *miklāh* wird traditionell mit „Hürde(n)“ übersetzt (hier im sg., Ps 50,9; 78,70 im pl.). *raepaet** „Stall“ ist hap. leg., für das man auf arab. *raft* (Gehege für Kleinvieh) verweisen kann. Archäologische Indizien für Viehställe in Palästina fehlen.

3,18–19: „Ich will jauchzen über Jahwe“

18 Und ich will jauchzen über Jahwe,
will jubeln über den Gott meines Heils.
19 a Jahwe, der Herr, ist meine Stärke.
Er macht meine Füße gleich den (Füßen der) Hinden
und lässt mich hintreten auf Bergeshöhen[94].
19 b [Für den Kantor; mit Saitenspiel.]

Für 18. 19 a gilt, was schon Luther (zu 19) bemerkte: „Der vers ist aus dem Psalter genomen.“ Dass auf das Warten und Hoffen von 16 b am Ende ein so volltönendes Gotteslob und uneingeschränkter Jubel folgen, wird nur durch die gottesdienstliche Verwendung von Hab 3 verständlich. Mit der 1. P. sg. schließt 18 f. an 2. 16 an und macht so die anfängliche Klage zu endlichem Lob und Dank. Da Jahwe hier wieder in 3. P. steht, ist die Gemeinde der Adressat des Bekenntnisses. Weil 18 eine überbietende Fortführung von 16 ist, darf der Vers nicht adversativ angeschlossen werden, als bezöge er sich auf V. 17, der erst danach in den Zusammenhang eingeschoben wurde.

Die mit „jauchzen“ *(ʿlz)* und „jubeln“ *(gîl)* übersetzten Verben stehen nur 18
hier im Par. membr., sind aber sonst in der Psalmensprache mit nicht wenigen sinngleichen Verben wie *rnn, śmḥ* geradezu austauschbar. Jahwe als Gegenstand solcher Freudenrufe wird bei *ʿlz* immer, bei *gîl* oft mit der Präp. *b*^e^ „in“ genannt. V hat dieses „in“ der abendländischen Frömmigkeit vermittelt: in Domino gaudebo, exultabo in Deo; vgl. EG 398: „In dir ist Freude …“ Wie aber G von ἐν (τῷ κυρίῳ) zu ἐπὶ (τῷ θεῷ) wechselt, so empfiehlt sich hier die Übers. „über (Jahwe)“, da sein Handeln, seine Rettung Judas Grund der Freude ist. Er wird hier wie Mi 7,7; Ps 18,47; 25,5 u. ö. als „Gott meines Heils/meiner Rettung“ bezeichnet, worin auch ein Bezug auf V. 13 gegeben ist: „Du ziehst aus zur Hilfe für dein Volk.“

Auf dieser Linie liegt auch der Jahwetitel in 19 aα: Er ist der ‚Allherr‘ und 19 a
als solcher „meine Stärke“. V. 19 a entspricht mit geringen Varianten Ps 18,34. Das Bild der den flinken Läufen der Wildtiere anverwandelten Füße ist nichts anderes als ein weiterer Ausdruck der Freude, die springen macht. Die Vergleichstiere sind, zoologisch nicht differenziert, weibliche Rehe oder Hirsche (*ʾajjālāh*, hier pl. f.). Das poetische Wort „Hinde(n)“ ist gewählt, weil der

[94] MT V „meine Höhen“, G ohne Suff. (dieselbe Differenz in Ps 18,34). Wahrscheinlich bietet MT den primären Text – aber was sind „meine“ Bergeshöhen?

jagdliche Ausdruck „Ricke“ nur wenigen geläufig sein dürfte und „Hirschkuh“ nicht gerade schnellläufig klingt.

Luther aktualisierte V. 19 a: „Der Herr ist noch mein Gott und alle meine krafft; des werden wir uns so frewen, das wir lecken und springen werden wie die hirssen … und werden … fur freuden von der höhe schweben und fliegen und nichts thun denn fröhlich singen, spielen und allerley freudenwerck treiben. Das sol geschehen, wenn das Babylonische zepter verflucht und verstöret, wir aber erlöset sind, und Christus mit seim reich komen wird.“ Weit voran ging ihm Hieronymus mit der beziehungsreichen Übers. von 18 b: exultabo in Deo Iesu meo.

19 b Die musikalisch-technische Angabe am Ende stammt ebenso wie die in V. 1 b und das „sela“ in V. 3. 9. 13 von einem ‚Herausgeber‘, der den Text entweder für den Psalter einrichten wollte oder ihn von dort her komplett an Hab 1 f. anschloss. Die Angaben sind bis heute nicht befriedigend erklärt. Das erste Wort steht 55mal, das zweite 6mal im Psalter, aber immer als Überschrift. „Kantor“ kann man aus dem part. pi. von *nṣḥ* „beaufsichtigen“ o. ä. verstehen. *n^{e}gînāh** „Saitenspiel“ ist von *ngn* „ein Saiteninstrument spielen“ (1. Sam 16, 14–23) gebildet. Den pl. könnte man auch „auf Saiteninstrumenten“ übersetzen; das Suff. der 1. P. sg. bleibt unverständlich.

Zephanja

Einleitung

1. Person

Von Zephanja erfahren wir nichts als den Namen, den Vatersnamen und – ganz unüblich – die Namen von Großvater und Urgroßvater. Dass er ein Jerusalemer war, kann man seinen Sprüchen in 1, 4 ff. entnehmen, die ohne Kenntnis der Verhältnisse in der Stadt kaum denkbar sind. Sowohl der Verzicht auf weitere Angaben zur Person als auch die Einleitung des Buches mit der sog. Wort-Ereignis-Formel zeigen, worauf allein es den Tradenten ankam: Am Anfang der unter dem Namen Zephanja gesammelten Überlieferung standen Jahweworte, die der Mann empfangen und formuliert hatte.

2. Zeit

Im Unterschied zu Nah und Hab bietet die Überschrift die übliche Datierung (vgl. Jes 1, 1; Jer 1, 2 f.; Hos 1, 1; Mi 1, 1) durch Einordnung in die Regierungszeit der Könige bzw. hier nur des Königs Josia. Es gibt keinen Grund, dieser Angabe zu misstrauen, da auch sie durch Sprüche in Kap. 1 gestützt wird. Josia wurde 639 v. Chr. als achtjähriger Knabe vom „Volk des Landes" auf den Thron gebracht (2. Kön 21, 24). Dass in diesen Sprüchen zwar Angehörige und Würdenträger des Königshauses genannt werden, nicht aber der König selbst, lässt sich damit erklären, dass der Jüngling noch nicht die Regierungsgewalt ausübte, also für die Zustände im Lande noch nicht verantwortlich gemacht werden konnte.

Auf der anderen Seite führte Josia dann im Jahre 622 seine Kultusreform auf der Basis eines leidenschaftlichen Monojahwismus durch (2. Kön 22 f.). Danach sind die Verhältnisse, auf die Zeph 1 anspielt, nur noch schwer denkbar. Nimmt man also 639 und 622 als Datierungsrahmen, so ist die Wirksamkeit Zephanjas mit der seit langem üblichen Angabe „um 630" wohl richtig bestimmt; größere Genauigkeit ist nur mit größerer Phantasie erschwinglich. Der in der langen Regierungszeit Manasses (697–642) unter dem Einfluss der neuass. Macht verstärkte und dann von Josia bekämpfte Synkretismus bildet jedenfalls den ‚natürlichen' Hintergrund für Sprüche wie 1, 4 f. 8 f.

3. Botschaft

Was von der Botschaft des Propheten erhalten ist, findet sich nur in Zeph 1 und macht weniger als ein Viertel des nach ihm benannten Buches aus – ein kritisches Urteil, das in der Exegese wie in den „Einleitungen" zu den drei Teilkompositionen begründet werden muss. Diese Botschaft, unter den Erweiterungen und Veränderungen der Jahrhunderte begraben, ist auch thematisch schmal. Zwar rügt Zephanja im Gefolge der Propheten des 8. Jh.s auch mangelndes Unrechtsbewusstsein der politisch (V. 8 a) oder wirtschaftlich (V. 11 b) führenden Kreise, geht aber im Kern nach dem Vorbild Hoseas gegen den im 7. Jh. dominierenden Synkretismus (V. 4–6. 8 b–9) sowie gegen die religiöse Indolenz der Judäer (V. 12) vor. Schließlich ist auch das bedrückende Gedicht über den Tag Jahwes (V. 7. 14–16) in Anlehnung an Am 5, 18–20; Jes 2, 12–17 zu verstehen. Es enthält die Ankündigung des nahen Gerichts – ohne jede Begründung. Der Tag Jahwes ist ein gewichtiges Element der Komposition von Zeph 1, nicht aber deren Ausgangspunkt. Wo immer sonst in Kap. 1 auf den „Tag" angespielt wird, spricht der Sammler des Zephanja-Erbes.

Diese erste Sammlung wurde weit später eschatologisch gerahmt (V. 2 f.17 f.), so dass aus der Bestrafung schuldiger Jerusalemer die Ankündigung eines Weltgerichts wurde. Im Gegensatz zur Verkündigung des Propheten wurde weder diesem Weltgericht noch den meisten Bedrohungen der Völker in 2, 4–15 eine Begründung beigegeben. So gerät Juda durch die verschiedenen Erweiterungen an den Rand der die Völker, ja den Erdkreis betreffenden Ankündigung, während es für Zephanja selbst in der Mitte seiner Beobachtung und seiner Leidenschaft steht. Ganz außerhalb dieses prophetischen Blicks, ja im Gegensatz zu dem, was ihm aufgetragen war, stehen schließlich die ausufernden Heilsankündigungen für Volk und Völker in Kap. 3.

4. Buch

Das uns vorliegende Buch hat seinen Kern und Ausgangspunkt in den wenigen Prophetensprüchen in Kap. 1. Ob Zephanja sie selber zusammengestellt hat, weiß man nicht, aber dass sie im Wortlaut von ihm stammen, ist zumindest wahrscheinlich. Umgekehrt wird am Ende der Buchgeschichte das mehrere Prophetenbücher gliedernde ‚klassische' Dreier-Schema in groben Zügen sichtbar: Unheilsankündigung gegen das eigene Volk (Kap. 1 mit dem Anhang in 2, 1–3), gegen fremde Völker (2, 4–15) und Heilsweisungen (Kap. 3). Der ein wenig kümmerliche Völkerspruch-Zyklus könnte seine Existenz dieser Schematik verdanken.

Der Weg von den prophetischen Einzelsprüchen bis hin zu apokalyptischen Gerichtsvorstellungen (1, 2 f.) oder der Anhäufung von Heilsworten (3, 9–20) war Jahrhunderte lang, endete aber in vorhellenistischer Zeit, weil es für letztere keine deutlichen Spuren gibt. So reicht die Periode der Buchwerdung vom 6. bis zum 4. Jh. Aber: alles, was auf diesem Wege geschah, ist zeitlich ungewiss und darum ein Tummelfeld für literar-, kompositions- und redaktionsgeschichtliche Hypothesen geworden, die teils amüsieren, teils langweilen. Das gilt bis zur Forschung des letzten Jahrzehnts im 20. Jh. So rechnet z. B. Striek mit einem vor-dtr und einem dtr Zephanjabuch sowie mit nach-dtr Bearbeitungen, insgesamt mit neun Schichten …; so rechnet Seybold (88) mit „exilischen Sammlern und Editoren“. Die Buch-Überschrift mit ihrem dtr Gepräge macht es in der Tat wahrscheinlich, dass in exilischer Zeit eine Sammlung der Sprüche Zephanjas vorlag und die ‚erfüllten‘ Unheilsankündigungen dokumentierte.

Für die zeitliche Fixierung einer oder mehrerer ‚Redaktion(en)‘ sind freilich auch die Bemühungen um eine das ZPB übergreifende Redaktion (Bosshard-Nepustil) viel zu vage und hypothetisch geblieben. Wie etwa in Tritojes Textblöcke aus verschiedenen Stadien der persischen Periode gesammelt und locker zusammengestellt sind, so muss man auch z. B. bei Zeph 3 mit unterschiedlichen Textbildungen (V. 1–8*; V. 9 ff.) und bes. mit einer tiefen Staffelung der Heilsworte rechnen. In Zeph 1, 2–2, 3 und 3, 1–20 sind Stichwort-Glossen und thematische Fortschreibungen zu erkennen, nicht aber eine planvolle Redaktion. Das Fazit Ben Zvis, der mehr als andere auch nach der Hörer-/Leser-Gemeinde der Texte gefragt hat, bleibt (nach 350 S. Detailexegese und bei genauer Kenntnis der Sekundär-Lit. bis 1990) wohltuend unsicher und darum offen: „The present analysis of the Book of Zephaniah does not provide enough evidence for a precise dating of the post-monarchic community in which and for which the Book … was written. The most likely (but very broad) limits are later than the early post-monarchic period and earlier than the Hellenistic period“ (356).

1, 1: Überschrift

1 a **Das Wort Jahwes, welches erging an Zephanja, den Sohn Kuschis, des Sohnes Gedaljas, des Sohnes Amarjas, des Sohnes Hiskias**
1 b **in den Tagen Josias, des Sohnes Amons, des Königs von Juda.**

Die Überschrift zu Zeph unterscheidet sich von denen zu Nah und Hab durch entschiedene Theologisierung und die Datierung. Damit folgt Zeph 1, 1 einem auch sonst im ZPB bezeugten Schema.

1 a Das Vorkommen der sog. Wort-Ereignis-Formel („das Wort Jahwes, das erging an …") lässt auf eine bestimmte Zeit der Literatursammlung und -deutung schließen: 12mal im DtrG, 30mal in Jer, 50mal in Ez. Mit ihr beginnen im ZPB Hos, Jl und Mi, syntaktisch anders eingeordnet auch Hag und Sach. Mit dieser Formel wird gesagt: Propheten sind Boten, die verkünden, was sie selber empfangen haben: Jahwes Wort. Zu ihnen wird damit Zephanja gezählt, ohne doch wie Habakuk (1, 1; 3, 1) „Prophet" genannt zu werden. „Wort Jahwes" ist schon im AT ein Schlüsselbegriff für Gottes Offenbarung geworden, mit dem auch in der christlichen Theologie (λόγος κυρίου, verbum domini) das Ganze der Zuwendung Gottes ausgedrückt werden kann.

‚Jahwe-haltig' ist auch der Name dieses Boten: „Jahwe hat geborgen". *ṣpn* bedeutet ebenso „verbergen" (Ex 2, 2 das Kind Mose) wie „bergen" (Ps 27, 5: „er birgt mich in seiner Hütte am Tage des Unglücks"). Der Name Zephanja war zu jener Zeit offenbar nicht ungebräuchlich: So heißt auch der Priester Jer 21, 1 u. ö., so heißen verschiedene Männer in Inschriften.[1]

Ganz ungewöhnlich ist die Reihe von vier Ahnen Zephanjas. Formelhaft und regulär ist die Nennung des Vaternamens: „x, Sohn des y" (Jes 1, 1; Jer 1, 1; Hos 1, 1). Auffällig ist hier der Name des Vaters, denn *kûšî* ist eigentlich ein gentilicium (s. Zeph 2, 12). „Kuschiten" sind dunkelhäutige Äthiopier: „Ein Mohr kann seine Hautfarbe nicht ändern" (Jer 13, 23); abfällig wohl Am 9, 7: „Seid ihr mir nicht wie die Neger, ihr Israeliten?" In Zeph 1, 1 ist aber Kuschi ein (missverständlicher?) Personenname in der Ahnenreihe. Es gibt Jer 36, 14 eine weitere gleichfalls viergliedrige Reihe, in der Kuschi der Urgroßvater eines Jehudi ist. Kuschi ist also hier wie dort ein Personenname, von dem man nicht weiß, ob er als anstößig empfunden wurde. Vielleicht sollte ja in einem solchen Fall die ungewöhnliche Ahnenzahl jeden Verdacht beseitigen, Kuschi sei kein reinblütiger Jude gewesen. Die drei gegebenenfalls nachgetragenen Väternamen sind auffällig Jahwe-haltig: Gedalja (Jahwe ist

[1] S. die Auflistung bei Seybold, SBS 120, 64 f.

groß/ hat Großes getan) usw. Dass, wie öfter vermutet wurde, mit dem Namen Hiskia Jesajas Zeitgenosse, der König von Juda (725–696) gemeint sei, ist geradezu ausgeschlossen, denn den Namen des Königs nennt man nicht ohne Titel, wie hier 1 b beweist: „Josia, der König …“.

Die Datierung einer Sammlung von prophetischen Sprüchen mit dem 1 b
Namen des zeitgenössischen Königs ist ein fester Bestandteil des o. g. Überschriftentyps (bis zum Untergang des Nordreichs sogar mit synchronen Königsangaben). Josia von Juda (639–609), als Kind auf den Thron gebracht, wird hier wie der Prophet nach dem Schema „x, der Sohn des y“, aber korrekt auch mit dem Titel genannt. Die Formulierung „in den Tagen Josias“ ist vor 609 nicht möglich, kurz danach aber nicht sinnvoll. Der Verf. sieht aus dem 6. Jh. zurück auf das letzte Drittel des 7. Jh.s. Man müsste sehr gute Gründe haben, diese Zeitangabe zu bezweifeln; sie zwischen 639 und 609 zu präzisieren, ist allenfalls durch Rückschlüsse aus den Sprüchen auf die Zustände der Zeit möglich.

Das Schema dieser Prophetenbuch-Überschriften mit der vorgeordneten Bezeichnung als „Wort Gottes“ und syntaktisch untergeordneten Namens- und Zeitangaben verdanken wir den deuteronomistisch beeinflussten judäischen Sammlern historischer und prophetischer Literatur im 6. Jh. Ihre charakteristische Sprache und (Wort-)Theologie sind seit langem erforscht.[2] Damit ist zumindest gesagt, dass die hier gesammelten Sprüche Zephanjas gegen Ende des 7. Jh.s in einem nennenswerten Umfang und mit erkennbarer Aussage vorlagen, denn wo nichts ist, kann man nichts edieren oder gar redigieren.

[2] Vgl. nur die gründliche Auslegung von Hos 1, 1 bei H. W. Wolff, Hosea (BK XIV/1).

1, 2–18: Der Tag Jahwes

Die erste literarische Komposition des Buches umfasst 1, 2–18. Sie ist keine „rhetorische" (Rudolph), sondern „nur eine redaktionelle" (Elliger) und bis zu einem gewissen Grade auch „thematische Einheit" (Seybold). Abgesehen von einigen ‚nachredaktionellen' Glossen besteht sie aus drei nach Sprache und Aussage verschiedenen Elementen, die weder auf einen einzelnen Verf. noch auf dieselbe Zeit zurückzuführen sind. Eine kleine Sammlung von konkret begründeten Strafandrohungen gegen Juda und Jerusalem wegen religiöser, politischer und wirtschaftlicher Schäden und Vergehen (4–6. 8 f. 10 f.12 f.) ist eingerahmt in die (unbegründeten) Ankündigungen eines quasi apokalyptischen Weltgerichts (2 f.17 f.). Diese „bilden gleichsam das ‚Portal', durch das der Leser … die erste Komposition ‚betritt' und auch wieder ‚verlässt'" (Weigl 243). Das dritte Element ist die Dichtung über den „Tag Jahwes" und seine Nähe (14–16 mit einem ‚Vorspiel' in 7). Es ist unsicher, wie sie sich herkunftsmäßig zu den Sprüchen verhält, die dem Propheten des 7. Jh.s zugeschrieben werden müssen, denn die Überschrift in V. 1 wird nicht ohne jeden Halt in der Geschichte sein.

Es ist diese „Tag Jahwes"-Dichtung, die wegen ihres sprachlichen und theologischen Gewichts dem Kapitel bzw. dem ganzen Buch bleibende Beachtung verschafft hat: dies irae, dies illa. Der Tradent, der den Rahmen um die einzelnen Elemente legte, fand die „Tag Jahwes"-Dichtung jedenfalls ebenso vor wie die Prophetensprüche Zephanjas, denn er benutzte das Hauptstichwort des Gedichts, um seine Komposition zu gliedern bzw. einen bis dahin nicht gegebenen Zusammenhang herzustellen (vgl. die Einleitungsformeln von 8. 10. 12 sowie die Schlussformel in 18 a). Vom „Tag Jahwes" ist in der zweiten Komposition (2, 4–15) nicht mehr die Rede; aber in Zeph 1 wurden die Heimsuchung Judas und das Ende der Welt mit diesem einprägsamen Begriff zusammengebunden.

1, 2–3: Weltgericht am Anfang

2 **Hinraffen, ja hinraffen werde ich alles**
vom Erdboden weg – Spruch Jahwes.
3 aα **Hinraffen (werde ich) Mensch und Tier,**
hinraffen die Vögel des Himmels und die Fische des Meeres
β **[die zu Fall gebracht haben die Gottlosen[3]],**

---

[3] Die f. Verbform (part. hi. von *kšl*) kann beinahe nur die Tiere als Subj. haben. Ist dann an ‚verführende' Götterbilder in Tiergestalt gedacht (vgl. Dtn 4, 16–18)? Es handelt sich um eine wohl sehr späte Glosse, die bei G (noch) fehlt und deren ‚Verbesserung' durch cj. nicht lohnt.

3 b **und ausrotten werde ich die Menschen**
vom Erdboden weg – Spruch Jahwes.

Den Introitus des Buches bildet die Androhung einer zweiten Sintflut. Wie bei der ersten alles Lebendige vom Erdboden förmlich „weggewischt" wurde (Gen 6, 7), so will Jahwe jetzt/in Zukunft/am Ende „alles" vom Erdboden „wegraffen". Dieser universale Horizont ist unvereinbar mit den ‚kleinen Verhältnissen' des Kontextes: In der Überschrift wie gleich in 4 ff. geht es um Juda in einer genau bestimmten Zeit. Auch die unterschiedlichen Benennungen „Wort Jahwes" (V. 1) und „Spruch Jahwes (V. 2. 3 b) zeigen verschiedene Hände am Werk. Dabei ist es gar nicht sicher, was eher vor den Sprüchen V. 4 ff. stand: die Buchüberschrift oder dieser Introitus, der zusammen mit V. 17 f. einen Rahmen um die erste Sammlung von Sprüchen zu bilden scheint. Die „Weltgerichtsschilderung" „gehört in eine Zeit, wo der Gerichtsgedanke von der faktischen Geschichte losgerissen worden ist" (Gerleman 5). Aber auch darin zeigt sich eine andere Zeit und Theologie, dass ein Schuldaufweis, also ein Grund für diese Totalvernichtung gar nicht genannt wird. Deutlicher kann der Abstand von der prophetischen Tradition des 8. und 7. Jh.s nicht sein als hier zwischen 2 f. und 4 ff.

'sp bedeutet vor allem „sammeln" (Vorräte), „einsammeln/einbringen" 2
(Ernte), aber eben auch „wegnehmen" o. ä., vgl. Gen 30, 23; Ps 26, 9. Die Wendung „vom Erdboden weg" kann auch mit Verben wie *grš* „vertreiben" (Gen 4, 14), *mḥh* „wegwischen, vertilgen" (Gen 6, 7; 7, 4) konstruiert werden. Da hier Obj. des Hinraffens *kol* „alles" ist (das Wort fehlt seltsamerweise bei G), wird man an die Zurücknahme der Schöpfung in der Flut erinnert. Die redaktionelle Gottesspruchformel steht auch in 1, 3 b. 10 a; 2, 9 a; 3, 8 a.

V. 3 a ist eine im Grunde überflüssige poetische Explikation von *kol* „alles" 3
in V. 2, was auch die (doppelte) Wiederholung des Verbs *'sp* zeigt. 3 b ist kaum eine organische Fortsetzung von 3 aα, weil die Kern-Aussage, die Vertilgung der Menschen, schlicht wiederholt wird, freilich mit einem anderen Verb (*krt* hi.), das in V. 4 seinen konkreten Sinn hat.

3 aα besteht aus geprägten Wortverbindungen. Das Wortpaar „Mensch und Tier" steht am häufigsten in der Priesterschaft sowie bei Jer und Ez; reichlich belegt sind auch „die Vögel des Himmels", seltener „die Fische des Meeres". Alle vier Elemente erscheinen im Bereich von Schöpfungstexten (Gen 1, 26–28; 8, 17–19; 9, 2–6). Im Kontext prophetischer Gerichtsworte stehen eng verwandte Viererreihen etwa Hos 4, 3 und Ez 38, 20. Von der „Vertilgung" (*krt* hi.) des Menschen ist außer Zeph 1, 3 b nur bei Ez (14, 13–21; 25, 13; 29, 8) die Rede, und dort immer im Wortpaar „Mensch und Tier".

In der Glosse 3 aβ wird *rāšāʿ* nicht wie öfter in Hab mit „Frevler", sondern 3 aβ
mit „Gottlose" übersetzt. Was dazu exegetisch zu sagen ist, liest man bei Wellhausen: „Aber das Bedürfnis(,) auf Menschen und Tiere … noch die Gottlosen, eine bis auf Ezechiel unbekannte Menschenklasse, folgen zu lassen, empfand doch wohl nicht der Autor, sondern ein späterer Jude, der den

Wunsch und die Hoffnung, dies Ärgernis aller Ärgernisse aus der Welt verschwinden zu sehen, zur Zeit und zur Unzeit aussprechen musste."

1, 4–6: Die Ausrottung des Götzendienstes

4 a **Ich recke meine Hand aus gegen Juda**
und gegen alle Bewohner Jerusalems.
4 b **Und ich rotte aus [von diesem Ort] den Rest des Baal**
und[4] den Namen der Götzenpriester [mit den Priestern][5],
5 a **und die sich niederwerfen auf den Dächern**
vor dem Heer des Himmels.
5 b **Und die sich niederwerfen … vor Jahwe,**
aber schwören bei ihrem König,
6 **und die von Jahwe abfallen,**
auch die Jahwe nicht suchen und nach ihm nicht fragen.

4–6 Mit V. 4 a wird der Blick vom großen Welttheater weg und hin auf das kleine Juda gelenkt. Aber die Ausrottung in 4 b–6 betrifft gar nicht „Juda und alle Jerusalemer", sondern bestimmte Erscheinungen des Götzendienstes. 4 a bezeichnet also nur den Raum, in dem sich alles abspielt, was in Zeph 1 thematisiert wird.

Sodann weist der Abschnitt noch eine andere Spannung auf, die nur literarisch zu erklären ist. In 5 b. 6 wird zwar die Ausrottungsandrohung und damit die Jahwerede fortgesetzt, aber plötzlich, und gleich dreimal, erscheint Jahwe in 3. P. Das ist mehr als ein Stilbruch, da der Wechsel nicht nur mit Textstörungen einhergeht, sondern auch inhaltlich erkennbar wird: Während in 4 b. 5 konkrete, auf die Zeit der neuass. Überfremdung bezogene Erscheinungen und Haltungen bedroht werden, ist in 6 sehr allgemein von Abtrünnigkeit und Desinteresse an Jahwe die Rede.

Schließlich berührt sich der Kern des Drohwortes nach Sprache und Topik so eng mit dem Bericht von der josianischen Reform in 2. Kön 22 f., dass zufällige Übereinstimmungen ausgeschlossen sind, wie eine Auflistung schlagend beweist.[6] Diese Übereinstimmungen machen die prophetisch-individuelle Herkunft von 1, 4–6 unvorstellbar. Sie wurden als literarische Abhängigkeit erklärt, und zwar in der einen wie in der anderen Richtung. In Zeph 1 sind die kultischen Übel nur ein Einzelmotiv, das sich von der Gesamtver-

---

[4] G S V erleichtern das Verständnis durch Einfügung der copula.

[5] Die Glosse ist von G* (noch) nicht bezeugt; sie soll wohl das nicht (mehr) gebräuchliche Wort für „Götzenpriester" erklären.

[6] V. 4 a // 2. Kön 23, 2 a (alle Judäer und Jerusalemer), 4 b // 22, 16–20 (dieser Ort), 4 b // 23, 5 (Götzenpriester), 4 b // 23, 4. 5 (Baal), 5 a // 23, 4. 5 (Heer des Himmels), 5 a // 23, 12 (auf dem Dach), 5 b // 23, 10 (König – Molaek), 6 a // 23, 3 (‚von hinter Jahwe her' weggehen – hinter Jahwe hergehen), 6 b // 22, 18 (Jahwe suchen).

kündigung abheben lässt, wogegen Josias Ausrottung derselben Übel der einzige Inhalt des Reformberichts ist. Es ist also nicht gut denkbar, dass dieser Bericht sich aus den wenigen Ankündigungen in Zeph 1 gespeist habe oder gar ihnen zuliebe entworfen worden sei. Vielmehr ist der ‚Propheten'-Spruch in Kenntnis des Reformberichts entstanden – nicht notwendig als ein Exzerpt, aber in der Zeitgenossenschaft und im Überlieferungsstrom der dtr ‚Bewegung'. Wir wissen nicht, wie durchgreifend Josias Reform wirklich war, aber sie kann sich nicht lautlos vollzogen haben und sie hat eine beachtliche Historiographie inspiriert.[7] Dass sie auch auf Überlieferung und Gestalt von Prophetenbüchern Einfluss hatte, z. T. grundlegenden wie bei Jer, zeigt auch ein kleiner Text wie Zeph 1, 4–6, mit dem Tradenten Zephanja „nachträglich zum Propheten der josianischen Reform (machten)" (Striek 105).

Das Nebeneinander von Juda und Jerusalem begegnet (in Ausdrucks- 4
varianten) in der für Zeph relevanten Zeit öfter, vor allem in Jer. Jahwe „(st)reckt seine Hand aus gegen" fremde Völker (2, 13), in den prophetischen Gerichtsankündigungen aber auch gegen sein Volk (Jes 5, 25; Ez 6, 14; 16, 27). Die Näherbestimmung „von diesem Ort" „überlastet den Vers" (Rudolph), ist aber textkritisch nicht zu beanstanden. „Dieser Ort" gehört zur Sprache der Kultzentralisation (2. Kön 22 und Dtn 12) und ist hier als entsprechendes Signal eingeschoben.

Das erste Obj. der Ausrottung, „der Rest des Baal", war für viele Deutungen offen. G setzt statt „Rest" offenbar wie beim zweiten Obj. *šem* „Name" voraus (vgl. Hos 2, 19: „Ich will die Namen der Baale aus deinem Munde entfernen"). Aber es ist an MT festzuhalten, da die beiden Objekte auch Jes 14, 22 stehen: „Ich will ausrotten von Babel Name und Rest", also es dem geschichtlichen Vergessen preisgeben. *komaer* „Götzenpriester" (immer im pl.) gibt es sonst nur Hos 10, 5 und eben im Reformbericht 2. Kön 23, 5; es ist identisch mit akk. *kumru*, das freilich neuass. gerade nicht belegt ist.

„Das Heer des Himmels" war nicht immer, sondern nur im Deuterono- 5 a
mismus Häresie-verdächtig, denn natürlich gehören die Gestirne zu Gottes Schöpfung (Jes 40, 26; Ps 33, 6) oder gar zu Jahwes Thronrat (1. Kön 22, 19).[8] Im Reformbericht dagegen zählen sie in zwei ‚Götter'-Reihen zu dem, was Josia beseitigen ließ (2. Kön 23, 4. 5). Sie anzubeten, vor ihnen niederzufallen (*ḥwh* hischtaf.), gilt Zeph 1, 5 ebenso wie Dtn 4, 19; 17, 3; 2. Kön 17, 16; 21, 3; Jer 8, 2 als Götzendienst. Dass man die Gestirne „auf den Dächern" und im Anblick des Nachthimmels anbetete, liegt in der Natur der Sache. Der neu-

---

[7] Die historische, politische und bes. religionspolitische Situation im 7. Jh. sowie die literarische und religionsgeschichtliche Eigenart von 2. Kön 22 f. wird umfassend dargestellt und diskutiert von H. Spieckermann, Juda unter Assur in der Sargonidenzeit (1982), bes. 79–120; vgl. B. Gieselmann, Die sogenannte josianische Reform in der gegenwärtigen Forschung, ZAW 106 (1994) 223–242.

[8] Vgl. Spieckermann (wie A. 7) 221–225.

ass. Hintergrund von „Opferhandlungen und Rituale(n) auf dem Dach eines Tempels oder Hauses“ (vgl. 2. Kön 23, 12) ist gut bezeugt[9].

5 b Es war immer umstritten, wer mit „ihrem König“ *(malkām)* gemeint ist. Immerhin zählen jene, „die schwören bei“ einem Gott (vgl. Jer 12, 16: beim Namen Jahwes // beim Baal), als dessen Anhänger, zu dem sie sich auf diese Weise bekennen (Am 8, 14). Eine spezielle Deutung erfuhr *malkām* schon durch die lukianische Rezension von G (μελχομ) und V (Melchom) als Ableitung von *milkom*, und das ist „Milkom, der Gott der Ammoniter“, der z. B. 1. Kön 11, 33 neben „Kamosch, dem Gott der Moabiter“ genannt wird. Die Deuteronomisten beschuldigten Salomo, dem „Greuel der Ammoniter“ nachgelaufen zu sein (1. Kön 11, 5), und noch im Reformbericht 2. Kön 23, 13 wird darauf zurückgegriffen, dass Salomo dem „Abscheu der Ammoniter“ Höhenheiligtümer errichtet habe. Es bleibt fraglich, ob *malkām* auf diese dtr Polemik anspielt. Unwahrscheinlich ist hier der Bezug auf *molaek*, die mit Kinderopfern verbundene, in Juda aber sehr unklare Gottheit, deren Name eine verächtliche Vokalisierung von *maelaek* „König“ nach dem klanglichen Vorbild *bošaet* „Schande“ sein könnte. Weiter als Roberts kommt man hier nicht: „The reference is clearly to a pagan god worshiped alongside Yahweh, but wether that god was the Ammonite Milkom or the Canaanite Molech … is impossible to decide.“

6 Mit V. 6 verringert sich die Nähe zum Reformbericht und verändert sich die Sprache. Das in der dtr Literatur unübliche Verb *swg* ni. mit der Doppelpräp. „weg von hinter“ für „abtrünnig werden, abfallen von“ Jahwe gibt es sonst nur Jes 59, 13 („von unserem Gott“, parallel zu „Jahwe verleugnen“). Für „Jahwe suchen/nicht suchen“ steht ebenso *bqš* pi. (Hos 7, 10; Zeph 2, 3) wie *drš* q. (Jes 9, 12; 31, 1; Jer 10, 21). Beide Verben kommen in Verheißungen auch im Par. membr. vor: „Dann werdet ihr … Jahwe … suchen und du wirst ihn finden, wenn du von ganzem Herzen … nach ihm fragst“ (Dtn 4, 29, ähnlich Jer 29, 13 f.). Ausgerottet werden also die Abweichler, aber auch die Gleichgültigen, denen Gott kein Fragen und Suchen mehr wert ist. Das ist eine Ausweitung ins religiös Zeitlose und damit eine Entfernung von den in 4 f. aufgelisteten Übeln, die, wie die Verwandtschaft mit dem Reformbericht zeigte, aus der religiösen und religionspolitischen Überfremdung durch die neuass. Macht im 7. Jh. verständlich sind.

1, 7: Stille vor Jahwe!

7 **Stille vor dem Herrn Jahwe!**
Denn nahe ist der Tag Jahwes.
Denn Jahwe hat ein Schlachtopfer bereitet,
geheiligt seine Geladenen.

---

[9] Ebd. 294 mit A. 193. Dass die Vergötzung des Himmelsheeres in Zeph 1, 5 „ihren ersten Niederschlag im AT gefunden“ habe (ebd. 223), ist mir nach allem zu 1, 4–6 Gesagten unwahrscheinlich.

Wie uneinheitlich Zeph 1 durch Zusätze oder Redaktionsschübe geworden ist, zeigt auch V. 7. Als Prophetenrede über Jahwe steht er in Spannung zu den kontextualen Jahwereden in 4 f. 8 f. Er passt aber auch inhaltlich nicht in den Zusammenhang, denn der Topos „Tag Jahwes" wird erst in 14–16 entfaltet, und das Motiv vom Schlachtopfer wird nicht ausgeführt. Doch die formelhafte Wiederaufnahme von Tag und Schlachttag Jahwes in 8 a zeigt den Versuch, den hier zugewachsenen V. 7 mit den folgenden Zephanjasprüchen zu verbinden.

Ältere wie neuere Versuche, Zeph 1 durch Umstellung von V. 7 zu ‚ordnen', sind methodischer Unfug, denn so kann man jeden gewünschten Text herstellen. Natürlich wird 7 wegen des Topos „Tag Jahwes" gerne vor 14 gerückt. Das ist schon deshalb falsch, weil dann in 7 bα dasselbe gesagt wird wie in 14 aα. Zusammen mit oder doch im Blick auf V. 7 wurden den folgenden Zephanjasprüchen ja schon die Einleitungen V. 8 a. 10 a. 12 a vorangestellt, um für 7–16 den Eindruck einer konzeptionellen Einheit zu schaffen. Ob der in Hab 2, 20 zwischen die Weherufe und das „Gebet Habakuks" eingeschobene tempeltheologische „Zwischen-Satz" („stille vor ihm …") etwa von derselben Hand stammt wie Zeph 1, 7, bleibt wegen der unterschiedlichen Aussage und kontextualen Zuordnung zweifelhaft; die Interjektion „stille" ist schlechterdings kein Beweis für eine ZPB-Redaktion.

V. 7 ist auch in sich ein ‚Gewächs' aus verschiedenen Elementen, was allein schon durch dreimaliges „Jahwe" (statt „sein Tag" o. ä.) evident ist. Der Ruf zur Stille wie die Ankündigung des Jahwetages entstammen ganz verschiedenen Traditionen und sind nur hier miteinander verbunden (*kî* „denn"). Das zweite „denn" wirkt nicht nur ungeschickt, sondern schafft auch keine Kausalität, da der „Tag Jahwes" in 14 ff. eben ohne Hinweis auf ein Opfer beschrieben wird. Der 1. und der 3. Satz müssen hier ausgelegt werden, der 2. Satz bei der „Tag Jahwes"-Dichtung 14–16.

Wie Satz 3 niemanden beim Namen nennt, so wird auch in Satz 1 nicht gesagt, wem der imp. *has* „stille" gilt (vgl. dagegen Hab 2, 20 „alle Welt" und Sach 2, 17 „alles Fleisch"). „Stille" ist immer geboten bei Jahwes Kommen. Die Kombination „Herr Jahwe" steht in Nah-Zeph nur hier. Sprache und Anschauung von Satz 3 entstammen dem *zaebaḥ*, dem mit einer kultischen Mahlzeit verbundenen Schlachtopfer, zu dem die Teilnehmer „geladen" werden *(qrʾ)* und „sich heiligen" (*qdš* hitp.) bzw. vom Opferherrn geheiligt werden. Dafür gibt es anschauliche Erzählungen: Jakob schlachtet einen *zaebaḥ* und lädt zum Mahl (Gen 31, 54); Samuel feiert eine Opfermahlzeit mit den Geladenen (1. Sam 9, 12 f. 22–24; vgl. 1. Sam 16, 2–5).

Bilden solche Szenen den kultischen Normalfall, so ist Zeph 1, 7 darin provozierend irregulär, dass Jahwe das Opfer nicht empfängt, sondern selber zurüstet (*kwn* hi. dafür nur hier) und „seine Geladenen" heiligt. Weder Text noch Kontext beantworten die Frage: Wer ist das Schlachtopfer und wer sind die Geladenen? Apodiktische Antworten sind fast die Regel: „Die Gäste sind natürlich die feindlichen Heere" (Wellhausen); „The victim, of course, is Judah" (Smith).

Es gibt wenige Parallelbelege dafür, dass Jahwe selbst ein Schlachtopfer veranstaltet, bei dem dann Fremdvölker die Opfermaterie bilden (vgl. Jes 34, 5 f.; Jer 46, 10). Aber: von fremden Völkern oder Heeren ist Zeph 1, 7 nicht die Rede, wogegen das im Textzusammenhang angeredete und angegriffene, weil abgefallene Juda/Jerusalem die kontextual nächstliegende Opfermaterie ist. Die von Jahwe selbst „geheiligten Geladenen" können jedenfalls nicht Fremde sein, sondern – wie bei allen vergleichbaren Szenen – nur kultfähige Volksgenossen. Die Unklarheit in V. 7 ergibt sich aus der Addition der Bilder: Jahwe hat die Teilnehmer an einem Schlachtopfer geheiligt, das hier die Vorbereitung auf den Gerichts-Tag Jahwes ist. „Der Bund, der mit einem *zaebaḥ* begann (Ex 24, 4–11; Ps 50, 5), wird im Richten Jahwes über die Bundestreue seines Volkes wiederum zu einem *zaebaḥ*, doch wird dieses Communioopfer zur tödlichen Bedrohung für die Abtrünnigen" (Edler 191).

Die Metaphorik von 7 bβ erschließt sich also im Zusammenhang mit 7 bα und zugleich mit 14–16: Der „Tag Jahwes" wird ein Schlacht-Fest für Jahwe – nun nicht mehr für Judas Feinde, sondern für die von ihm weggelaufenen Judäer.

1, 8–9: Die Heimsuchung der Oberschicht

8 a **Und es wird geschehen am Tage des Schlachtopfers Jahwes:**
Da suche ich heim die Beamten und die Söhne[10] **des Königs**
8 b **und alle, die sich kleiden mit ausländischer Kleidung;**
9 a **und ich suche heim alle, die über die Schwelle springen**
[an jenem Tage][11]**,**
9 b **die das Haus ihres Herrn füllen mit Gewalttat und Betrug.**

Die redaktionelle Einleitungsformel 8 aα (Jahwe in 3. P. vor dem Jahwespruch) lässt erkennen, dass 7 schon zuhanden war, denn in 8 aα wird formelhaft vereint, was in 7 noch getrennt war: Tag Jahwes und Schlachtopfer Jahwes. Die Zusammengehörigkeit der drei Sprüche 8 f.10 f.12 f. erweist sich auch inhaltlich durch das leitmotivische „ich suche heim". Die Konkretisierung der angeklagten Personen und Zustände zeigt, dass hier der Prophet selbst zu Wort kommt.

8 a Das Verb *pqd* q. mit Jahwe als Subj. wird positiv im Sinne von „sich kümmern um" gebraucht (Ps 8, 5: „Was ist der Mensch, dass du … dich seiner annimmst"), viel häufiger aber wie hier negativ mit der Präp. *ʿal* im Sinne von „einschreiten gegen, zur Rechenschaft ziehen, ahnden" (vgl. Am 3, 2). Die traditionelle Übers. mit „heimsuchen" deckt das weite Feld der Bedeutungs-

---

[10] G bietet den Traditionsbegriff „Königshaus", aber hier ist das (singuläre) Nebeneinander von Beamten und Prinzen gewiss primär; „Haus" wird zudem in 9 b ganz anders gebraucht.

[11] Die Angabe ist nach V. 8 aα (und vor 10 aα) störend, überdehnt den Vers und trennt die beiden Objekte der Heimsuchung.

nuancen ab. Obj. der Heimsuchung sind hier die (höfischen) Beamten oder Offiziere (vgl. 3, 3) und die Prinzen oder im weiteren Sinne „die Königlichen“ (engl. royals). Die beiden Berufs- und Standesbezeichnungen meinen die gesamte judäische Elite – mit Ausnahme des Königs selbst: Solange Josia ein Knabe war (s. zu 1, 1), führten die hier bedrohten höfischen Kreise das Regiment. Sollte 8 f. aber später gesprochen sein, so ist zu bedenken, dass Josia als der große Reformator den hier gerügten ausländischen Einfluss bekämpfte und als Verfechter von Recht und Gerechtigkeit galt (Jer 22, 15 f.).

Das Tragen ausländischer Kleider wird im AT nur hier erwähnt und ver- 8 b
urteilt. *malbûš* „Kleidung“ wird zwar auch ganz profan gebraucht (vgl. 1. Kön 10, 5), hat hier aber einen religiösen Akzent durch das Adj. *nåkrî*, das nicht bloß „fremd“, sondern öfter auch „ausländisch“ oder geradezu „heidnisch“ bedeuten kann (Dtn 29, 21; Ri 19, 12; 2. Sam 15, 19). Im Zusammenhang mit V. 8 aβ wirdhier die Anpassung oder Anbiederung höfischer Kreise an die Besatzungsmacht mit Strafe bedroht.

V. 9 a folgt nicht zufällig auf 8 b: Hier wie dort geht es um die religiöse 9 a
Überfremdung Judas, denn die „Schwellenhüpfer“ sind vom Jahweglauben zum Aberglauben ‚übergetreten‘. *dlg* q. ist hap. leg., die Übers. mit „springen/hüpfen“ also umstritten. Aber auch *miptān* „Türschwelle“ ist selten (regulär: *sap*); ein paar Belege bei Ez beziehen sich auf die Tempelschwelle. Die Vrs. verhelfen nicht zur Sicherheit, denn G hat gar keine Verbform. Im Anschluss an H. Donner[12] bietet Irsigler (35–49) die gründlichste Diskussion mit dem Ergebnis (49), dass die Wendung mit „einen Sprung über die Schwelle machen“ richtig übersetzt ist und einen abergläubischen Brauch spiegelt – „analog zu 1 Sam 5, 5“. Ansonsten ist das Phänomen im AT wie im AO nicht bezeugt. „Wir haben es … mit dem weitverbreiteten Aberglauben zu tun, dass die Schwelle Sitz der Dämonen ist, die man nicht dadurch kränken darf, dass man ihnen auf den Kopf tritt“ (Rudolph).

Mit 9 b nimmt der Spruch eine Wendung zum Sozialen. Das „Haus des 9 b
Herrn“ meint nicht etwa das Haus Jahwes, sondern das des Königs. Auch die werden also heimgesucht, die ihrem menschlichen Herrn das Haus durch „Gewalttat und Betrug“ füllen.[13] Zur Intention von 9 b vgl. auch Jer 5, 27 f.; Mi 6, 11 f.

So zielt der erste Spruch Zephanjas auf eine Oberschicht, die vergessen hat, was ihr gegeben war, die verraten hat, was ihr geboten war: Reinheit der Jahweverehrung und damit die religiöse und nationale Identität. Wer fremden Herren nachläuft, läuft ipso facto von Jahwe weg.

---

[12] Die Schwellenhüpfer: Beobachtungen zu Zephanja 1, 8 b, JSS 15 (1970) 42–55.

[13] Zu *ḥāmās* „Gewalt“ s.o. Hab 1, 2. 3. 9; 2, 8. 17; zu *mirmāh* „Trug, List“ s. ThWAT VII 523–527.

1, 10–11: Geschrei in der Stadt

10 a **Und es wird geschehen an jenem Tag – Spruch Jahwes –:**
Horch! Geschrei vom Fischtor her und Geheul aus der Neustadt
10 b **und lautes Krachen von den Hügeln.**
11 a **Heult, ihr Bewohner des ‚Mörsers',**
11 b **denn ausgelöscht ist das ganze Krämervolk,**
ausgerottet sind alle Silberwäger.

Die redaktionelle Formel „an jenem Tag" bezieht sich zurück auf den „Tag" von 8 aα und erklärt so die Schrecken von 10 f. aus dem göttlichen Eingriff von 8 f. Dass es sich in 10 f. aber um einen „Spruch Jahwes" handele, wird hier (im Unterschied zur Gottesrede in V. 2. 3 b) routinemäßig[14] oder gar fahrlässig behauptet, denn das Ich Jahwes kommt in 10 f. nicht vor; die Jahwerede wird erst in 12 f. fortgesetzt.

10 f. beschreibt Unglück und Jammer in Stadtteilen Jerusalems. So ist der Kreis enger geworden: vom „Erdboden" (2 f.) über „Juda und Jerusalem" (4 f.) und die Führungsschicht (8 f.) bis hin zu den Quartieren der Händler und kleinen Leute. Die Angaben über die Stadt können für die 2. Hälfte des 7. Jh.s durchaus zutreffend sein. Wenn irgendwo der Prophet spricht, dann in den Details von 8 f.10 f.

10 Zephanja beschreibt zunächst, was man hört: Schreckensschreie von allen Seiten. Die drei Ausdrücke dafür sind nur hier vereint: *ṣ/zeʿāqāh* „Geschrei" und *jelālāh* „Geheul" stehen auch Jes 15, 8; Jer 25, 36 nebeneinander. Das „laute Krachen" (*šaebaer* „das Zusammenbrechen") ereignet sich, wenn Jahwe den Feind von Norden über Land und Stadt herfallen lässt (Jer 4, 6; 6, 1). Das Geschrei kommt *min* „aus, von" bestimmten Ecken der Stadt, die nur schwer genau bestimmbar sind. „Alle hier aufgezählten Lokalitäten liegen in der Nordstadt" (Wellhausen), die am leichtesten zugänglich war – für auswärtige Händler wie für andringende Feinde. Das Fischtor ist nach Neh 3, 3; 12, 39, vor allem 2. Chr 33, 14 für die von Manasse gebaute Mauer bezeugt. In der „zweiten" Stadt (vgl. Neh 11, 9) oder „Neustadt" wohnte die Prophetin Hulda, zu der Josia Boten schickte (2. Kön 22, 14). Von „Hügeln" als innerstädtischen Erhebungen ist nur hier die Rede.[15]

11 a Der imp. „heult" *(jll)* nimmt das Nomen *jelālāh* „Geheul" auf. Der Aufruf zur ‚Volksklage' angesichts der Vernichtung ergeht im Tyrusspruch Jes 23 an „die Bewohner der Küste", hier an die des *makteš*. Das Wort ist nur noch Ri 15, 19 (unklar) und Spr 27, 32 belegt, wo durch das zugeordnete Verb *ktš* „zerstampfen" die Bedeutung „Mörser" gesichert wird. Im Gegenüber zu den

[14] „An jenem Tag" und „Spruch Jahwes" bei Zeph nur hier, ansonsten Jes 22, 25; Jer 4, 9; Hos 2, 18; Am 2, 16 u. ö. zusammen.

[15] Zur Diskussion der topographischen Angaben s. Seybold. SBS 28–32, zum historischen und geographischen Zusammenhang den Art. Jerusalem, NBL II 294–314 (Lit. und Kartenskizzen).

Hügeln von 10 b ist hier wohl eine Talsohle oder Mulde gemeint; als Landschaftsbezeichnung hat sich das Wort für die riesigen Krater im nördlichen Negev eingebürgert (Maktesch Gadol, Maktesch Ramon).

In V. 11 b werden die einzelnen Wörter aus dem Par. membr. verständlich. 11 b
dmh II ni. heißt „vernichtet werden“ (Hos 4, 6; 10, 7) und steht hier parallel zu *krt* ni. mit derselben Bedeutung. „Krämervolk“ ist eine Übers. von *ʿam kᵉnaʿan* „Kanaanäervolk“. „Kanaan ist hier (anders wie in 2, 5) nicht Landes-, sondern Standesbezeichnung, wie der Parallelismus ergibt“ (Rudolph). Kanaan hat hier also keinen kultpolemischen Nebenton. Gleichfalls ein Wort für Händler ist „Silberwäger“, denn vor der erst in der persischen Periode bezeugten Münzprägung wurde mit abgewogenem Silber bezahlt: „Die Geldwäger waren einfach Händler, denn alle Zahlung war Wägung“ (Wellhausen).[16] V. 10 f. zeigt also, dass es nicht nur der Führungsschicht (8 f.) an den Kragen geht.

1, 12–13: „Jahwe tut nichts“ – ein schrecklicher Irrtum

12 a **Und es wird geschehen zu jener Zeit:**
da durchsuche ich Jerusalem mit Lampen[17]
12 b **und suche heim die Männer, die erstarren auf ihren Hefen,**
die sagen in ihren Herzen: Jahwe tut weder Gutes noch Böses.
13 a **Ihre Habe wird der Plünderung verfallen**
und ihre Häuser der Verwüstung.
13 b **[Und sie bauen Häuser, werden sie aber nicht bewohnen,**
und sie pflanzen Weinberge, werden aber ihren Wein nicht trinken.]

Auch 12 f. wird durch eine redaktionelle Formel von 10 f. abgegrenzt. Es ist 12 a
ungewiss, ob sie von derselben Hand stammt wie die Einleitungen von 8 f. und 10 f., denn dort sind die Formeln auf den „Tag“ von (7 und) 14 ff. konzentriert, während hier – wie in 3, 19 a. 20 a – die eher vage Angabe „zu jener Zeit“ steht. Den Anschluss der Jahwerede in 12 f. an die in 8 f. bewirkt vielleicht das Stichwort „heimsuchen“.

In der christlichen Kunst erscheint Zephanja mit der Laterne (Kathedrale von Reims), aber es ist ja Jahwe selbst, der Jerusalem durchsucht oder durchleuchtet – mit Lampen, damit sich keiner vor ihm im Dunkeln verstecken kann. In V. 4 a reckte Jahwe seine Hand gegen die Jerusalemer aus, ohne suchen zu müssen. *ḥpś* pi. heißt eindeutig „durchsuchen“ (vgl. nur Gen 31, 35; 44, 12); mit Jahwe als Subj. wird es sonst nur Am 9, 3 gebraucht.

---

[16] „Silber (dar)wägen“ heißt in der Regel *škl kaesaep* (vgl. „Schekel“ in der Währung Israels), vgl. Gen 23, 16; Ex 22, 16 u. ö. Dagegen ist die Bedeutung des seltenen Verbs *nṭl* (hier nomen agentis *nāṭîl*) als „wiegen, wägen“ wenig gesichert, doch hier im Par. membr. sehr wahrscheinlich.

[17] G bietet mit dem sg. eine (theo)logische Korrektur: Jahwe braucht nur eine Lampe.

12 b Die Gesuchten von V. a sind die Heimgesuchten von V. b: die „Männer", die durch die beiden Partizipien in V. b charakterisiert werden. Das Bildwort ist nicht ganz leicht zu deuten.

šaemaer ist nicht von *šmr* „bewachen, beobachten" ableitbar[18], sondern wohl ein (immer pl.) Primärnomen mit der Bedeutung „Weinhefe(n)", hier negativ, aber Jes 25, 6; Jer 48, 11 positiv gebraucht. In lexikalischer Kürze: „Nach dem Keltern wurde der Wein in den Vorratskrug zum Gären gefüllt. Haben die Hefen den Gärprozess beendet, flocken sie aus und lagern sich am Boden ab. Je nachdem, welche Art von Wein bevorzugt wird, kann durch Umschütten der Wein von seinem Geläger (den abgelagerten Hefezellen, Traubenresten) getrennt werden (Jer 48, 11) oder weiter auf seiner Hefe lagern (Zeph 1, 12)."[19]

Wein, der nicht abgezogen oder umgefüllt wurde, wird also „auf den Hefen" dick und trübe, und Entsprechendes muss das Verb *qp'* meinen. Es erscheint im q. nur Ex 15, 8: Durch Jahwes Zornesschnauben gegen Israels Verfolger „erstarrten die Fluten" zu einem schützenden Damm; vgl. auch Jer 48, 11 (Moab ruhte sorglos auf seinen Hefen). Das Bildwort besagt nicht, Jahwe habe die Weinkeller durchsucht, weil dort die strafwürdigen Besitzer von Weinvorräten säßen. Das führt zu ‚Auslegungen', die nur den Zeitgeist bedienen: „Der Wein, der nicht abgezogen wurde, ist hier ein passendes Bild für diese bürgerliche, spießige Selbstzufriedenheit" (Edler 144).

Die ‚Erstarrung' der Männer muss kontextual verstanden werden. Jahwes Durchsuchung der Stadt und die Heimsuchung jener Männer sind zwei verschiedene Vorgänge, wie der jeweilige Neueinsatz mit den Verben *ḥpś* und *pqd* zeigt. Jahwe durchsucht also nicht die Weinkeller. Die beiden Partizipien von „erstarren" und „sagen" bilden einen Par. membr.: Das Bildwort in V. bα ist aus dem Klartext in V. bβ zu verstehen, und da geht es nicht um Reichtum, sondern (wie in den verschiedenen Schichten in V. 4–9) um Religion.

Die nicht seltene Wendung „in seinem Herzen sagen", also „denken", steht auch bei Ausdrücken der Gottesleugnung (Ps 14, 1: „Der Tor sagt in seinem Herzen: Es ist kein Gott") oder der Selbstbehauptung ganzer Völker. In Zeph 2, 15 a ist Ninive die sorglose Stadt, „die in ihrem Herzen sagte: ich und niemand sonst" (ebenso Jes 47, 8 a. 10 b von Babel). Diesen Ton der Geringschätzung Jahwes hat hier 12 bβ: Ein Gott, der weder Gutes noch Böses tut, tut gar nichts, kann nichts, ist nicht(s). Dieselbe Einschätzung führte in 6 b dazu, nach ihm gar nicht mehr zu fragen. Daraus ergibt sich in 12 b der Kontrast: Den Männern, die gewiss sind, dass Jahwe nichts tut, erweist er seine Lebendigkeit durch seine Heimsuchung. Die in ihrer Abgestumpftheit erstarrten Jerusalemer müssen schmerzhaft lernen, wie lebendig Gott ist: in den Widerfahrnissen von V. 13 a.

13 a Die Strafankündigung setzt ein (plünderndes) Fremdvolk voraus, das wiederum nicht genannt wird. Sprachlich ist hier einiges ungewöhnlich. *m*^{e}*šissāh*

[18] So erklärt sich das Missverständnis von G: „Männer, die das von ihnen zu Beobachtende/Bewahrende verachten"; richtig V: visitabo super viros defixos in fecibus suis.

[19] NBL III 1073; ebd. Lit.

„Plünderung" steht sonst parallel zu *baz* „Raub". Dagegen ist *šᵉmāmāh* „Verwüstung, Öde" ein geläufiges Wort, das Zeph 2, 4. 9. 13 aber da steht, wo es hingehört: in die Völkersprüche, denn es wird auf Städte und Länder bezogen, nicht wie hier auf Häuser. *ḥajil* meint hier im Par. membr. nicht „Vermögen, Reichtum", sondern bewegliche Habe im Unterschied zum Haus als Immobilie. Dagegen deutet Weigl V. 13 a gemäß dem programmatischen Titel seines Buches „Zefanja und das ‚Israel der Armen'" in Anlehnung an Jes 5, 8–10: „Immobilienbesitz trägt also … den Keim sozialer Ungerechtigkeit in sich" (51). Sollten die Jerusalemer des 7. Jh.s in ‚Mietskasernen' gelebt haben? Aber so genau (und archäologisch verifizierbar!) sind solche ‚Exegeten'-Sätze wohl nicht gemeint. Gestraft werden hier jene, die Gottes Macht leugnen, und dazu muss man nicht reich sein.

V. 13 b ist der Text eines belesenen, aber an kontextualer Stimmigkeit nicht 13 b
sonderlich interessierten Ergänzers (anders Rudolph, Roberts). Die Weinhefe in 12 b und die Häuser in 13 a gaben ihm die Stichworte für Häuser und Weinberge. Aber der Zusatz „zerstört die Pointe, indem er die Drohung mit dem Nichts verharmlost, als ob nach der Katastrophe noch wieder Häuser gebaut werden könnten" (Elliger). Sieht man 13 b gar im Horizont von 14 f., so traf schon Martis Urteil zu: „bei der Nähe des Tages Jahwes bleibt keine Zeit mehr, um Häuser zu bauen."

Wie 10 f. nicht vor 12 f. passte, so ist der Spruch 12. 13 a auch mit der fol- 12 f.
genden „Tag Jahwes"-Dichtung nicht verbunden, sondern „clearly differs thematically and stylistically" (Ben Zvi 285). Seybold (SBS 34) verbindet 17 f. mit 12 f., kann dann aber nicht erklären, warum die programmatische Dichtung V. 14–16 den ‚Zusammenhang' 12 f.17 f. aufgesprengt haben sollte. Alle diese Probleme und Lösungsversuche zeigen nur, welche entstehungsgeschichtliche Unsicherheit über Zeph 1 bleibt.

1, 14–16: Der Tag Jahwes

14 a **Nahe ist der große Tag Jahwes und überaus eilig.**
14 b **Horch! Der Tag Jahwes ist bitter,**
aufschreit da (selbst) ein Held.
15 a **Ein Tag des Zorns ist jener Tag:**
15 b **ein Tag der Not und der Bedrängnis,**
ein Tag des Unwetters und der Verwüstung,
ein Tag der Finsternis und der Dunkelheit,
ein Tag der Wolke(n) und des Wolkendunkels,
16 a **ein Tag des Horn(blasen)s und des Kriegsgeschreis**
16 b **über die befestigten Städte**
und über die hochragenden Ecktürme.

Zwischen den Gottesreden V. 12(f.) und 17 a steht eine Dichtung eigener Art 14–16
und Herkunft über die Nähe des Tages Jahwes, der mit rhetorischem Auf-

wand als ein Tag des göttlichen Zorns und der Vernichtung geschildert wird. Hätten die Leser nicht ein gewisses Vorverständnis des Topos, bliebe die Dichtung wirkungslos. Wem das nahe Unheil gilt, kann man freilich nur dem Kontext entnehmen: Juda und Jerusalem. Aber auch über das Wie des Unheils geben die Bildworte keine Auskunft. In der Komposition von Zeph 1 geht der Leser nicht unvorbereitet auf 14–16 zu, denn 7 sowie die Einleitungsformel in 8. 10(12) bieten ihm die ‚Einstimmung' auf diesen Tag. Sowohl diese Sprüche als auch das Gedicht lagen also dem ‚Redaktor' vor, der diesem unterschiedlichen Material eine gewisse Zusammengehörigkeit geben wollte.

Der Topos, der mit zahlreichen ntl. Belegen für ἡμέρα (τοῦ) κυρίου und dann in der hochmittelalterlichen Sequenz zur Totenmesse „dies irae, dies illa" auf bewegende Weise lebendig blieb (so auch in der Dom-Szene Faust I 3798 ff.), ist in der Forschung reichlich bedacht worden.[20] Der term. *jôm JHWH* findet sich (neben leichten Modifizierungen) 16mal im AT, und zwar ausschließlich in den Prophetenbüchern (Belegliste bei Edler 168; Spieckermann 196). Der zeitliche Rahmen der Belege erstreckt sich über ein halbes Jt., von Amos bis zu Tritojes. „Nach dem einsamen Vorläufer Amos im 8. Jh. macht Zephanja in spätvorexilischer Zeit mit großem theologischen Gewicht" von dem Topos Gebrauch (Spieckermann ebd.). Am 5, 18–20 lässt genau erkennen, woraus sich das Theologumenon entwickelt hat. Der Ruf „Wehe denen, die den Tag Jahwes herbeisehnen", „setzt bei den Hörern zwingend ein positives Vorverständnis voraus" (ebd. 197) – ohne Hinweis freilich auf den speziellen Inhalt der Tradition (Jahwes Sieg über seine und Israels Feinde?). Der Weheruf wird interpretiert: Der Tag Jahwes ist nicht, wie erhofft, Licht, sondern Finsternis, bei Zephanja dann „Tag des Zorns". Seiner bedrohlichen Nähe widmet der Dichter in V. 14–16 sechs Doppelstichoi expressiver Poesie. Im Buch Joel (4. Jh.) kommt dann eine gegenläufige Entwicklung zum Abschluss: „die Wendung vom Jahwetag über Israel/Juda zum Jahwetag über die Völker" (Spieckermann 207), also zum Heil für das Gottesvolk (Jl 3 f.). Von dieser Entwicklung gibt es in Zeph 1 noch keine Spur. Auch das lässt auf einen Dichter des 7. Jh.s schließen – den Verf. der Sprüche.

14 V. 14 a setzt den „Tag" als bekannt voraus; womit aber keiner rechnet, ist seine Nähe, sein schnelles Kommen. Dass der Tag auch *mar* „bitter" ist, hat in Am 8, 10 b sein sprachliches Vorbild: „Ihr Ende wird sein wie ein bitterer Tag." V. 14 b bedarf keiner cj. (BHS App.), so schwierig auch V. bβ ist. Das Verb *ṣrḫ* q. ist hap. leg., bedeutet aber gemäß seinen Äquivalenten (akk. *ṣarāḫu*) auch in jüngeren sem. Dialekten „schreien".[21] Wirkung des „Tages" ist also, „dass dann auch der Tapferste und Stärkste nur noch Angstschreie ausstoßen kann" (Rudolph).

---

[20] H. Spieckermann, Dies irae: Der alttestamentliche Befund und seine Vorgeschichte, VT 39 (1989) 194–208.

[21] Schon Luther übernahm durch Reuchlins Vermittlung von den mittelalterlichen jüdischen „vocabularii hebraei" die Bedeutung „alte clamare" (WA 13, 459).

V. 15 a ist den fünf Explikationen in 15 b. 16 a vor- und übergeordnet. *jôm* 15
ʿaebrāh „Tag des Zorns" (sonst nur Spr 11, 4; vgl. Ez 7, 1) ist also Synonym für den „Tag Jahwes". Die fünf folgenden Wortpaare nennen keine konkreten Bedrohungen, sondern sind Metaphern und Wortspiele für das Unheimliche jenes Tages. Einige Worterklärungen sind nötig.

ṣārāh „Not" ist ein geläufiges, *m^eṣûqāh* „Bedrängnis/Drangsal/Bedrückung" ein seltenes Wort; als Wortpaar erscheinen beide Ps 25, 17; 107, 6. 13. 19. 28; Hi 15, 24, aber nur hier mit „Tag".

šoʾāh „Getöse, Unwetter" ist ohne Entsprechungen in anderen sem. Sprachen. Das Nomen ist 12mal belegt, 3mal die poetisch-künstliche Erweiterung *mešôʾāh* „Verwüstung" (als Folge des Unwetters). Verb und Nomen „gehören zum Wortschatz eines Katastrophenszenariums"[22], weshalb sich auch das modische (und nicht von allen jüdischen Theologen geschätzte) Wort Schoah für die Vernichtung der Juden im 3. Reich eingebürgert hat.

ḥošaek „Finsternis" und *ʾ^apelāh* „Dunkelheit" stehen schon Am 5, 20 mit m. *ʾapel* im Rahmen der Tag Jahwes-Deutung, aber auch Ex 10, 2 erscheint der ‚Doppelbegriff' für eine der äg. Plagen. Beide Wörter sind natürlich auch je für sich Kontrastbegriffe zu ‚Licht'.

Das Wortpaar *ʿānān* „Wolke(n)" und *ʿ^arāpael* „Wolkendunkel" ist öfter belegt (Dtn 4, 11; 5, 22; Ps 97, 2) und führt in den Traditionsbereich der dtn Horeb-Theophanie, wobei Jahwe von Wolkendunkel umgeben ist. In dieser Deutung des „Tages" wird auf Jahwes furchterregendes Erscheinen angespielt. Das dritte und das vierte Wortpaar erscheinen (in literarischer Abhängigkeit von Zeph 1, 15?) auch Jl 2, 2 a.

Das fünfte Wortpaar betont am deutlichsten die kriegerische Seite des Un- 16 a
heils am Tag des Zorns. *šôpār* „(Widder)Horn" und *t^erûʿāh* „Kampfgeschrei" sind zwar nur hier mit dem „Tag" verbunden, aber „bei Kampfgeschrei und Hörnerschall" geht nach Am 2, 2 b auch Moab zugrunde. Das Schofar wird auch bei der Theophanie geblasen (Ex 19 f.), am häufigsten aber in Kampf und Krieg. Bei den Propheten ist es das Signalhorn, das Unheil ankündigt (Am 3, 6; Hos 5, 8; 8, 1; Jer 4, 19 u. ö.).

16 b schließt den Satz von 16 a ab: Kriegsgeschrei über/gegen (*ʿal*, ἐπὶ) die 16 b
„befestigten Städte" (vgl. Dtn 1, 28; 3, 5; 2. Kön 19, 25; Hos 8, 14) und deren „hochragende (Mauer-)Ecken". Aber wie in Zeph 1 nirgends „earthly armies" (Ben Zvi 125) genannt werden, so verlängert auch V. 16 nur die Kette der Metaphern für die Wirkung des Zornestages. Der Dichter verdankt Bilder und Sprache wohl nicht nur Am 5, 18–20, sondern auch Jes 2, 12–17. Auch dort kommt „ein Tag für Jahwe" über alles Hohe und Hochragende, über Zedern und Eichen, über Berge und Hügel, „über jeden hohen Turm und über jede befestigte Mauer".

---

[22] Art. *šʾh*, ThWAT VII 898–901; 899.

1, 17–18: Weltgericht am Ende

17 aα **Und ich mache den Menschen Angst,**
dass sie herumtappen wie Blinde
β **[weil sie gegen Jahwe gesündigt haben],**
17 b **und ihr Blut wird verschüttet wie Dreck**
und ihr Fleisch[23] wie Mist.
18 aα **Weder ihr Silber noch ihr Gold vermag sie zu retten**
am Tage des Zornes Jahwes,
β **und im Feuer seines Eifers wird die ganze Erde verzehrt;**
18 b **denn ein Ende ‚mit Schrecken'**
bereitet er allen Bewohnern der Erde.

Das Ende der Komposition Zeph 1 kommt von derselben Hand wie der Anfang. Die Ausweitung der Katastrophe auf „die ganze Erde“ charakterisiert den Rahmen, der in 2 f. 17 f. um die Zephanjasprüche gelegt ist. Diese „universal-eschatologisch ausgerichtete Nachinterpretation“ (Irsigler 430) spricht eine andere Sprache als Zephanja, dessen Blick an Judas Schuld und Geschick haftete.

17 So steht in 17 wieder der Kollektivbegriff *'ādām* „Mensch(en)“, der zuletzt in 3 a. b begegnete. Man kann, um den Bezug auf Juda zu ‚retten', wie Roberts (182, A. 5) oder Ben Zvi (127 f.) das Wort mit „people“ übersetzen, aber *'ādām* steht hier ebenso wie in dem Zusatz Hab 2, 8. 17 in Bezug zur ganzen Erde und ihren Bewohnern, und darum ist in 17 f. das Gattungswesen „Mensch“ gemeint; die Judäer sind ohnehin Mitbetroffene. Jahwe „bedrängt/ängstet“ (*ṣrr* hi.) die Menschen so sehr, dass sie in Panik geraten und herumirren wie Blinde (vgl. Dtn 28, 29; Jes 59, 10). „Weil sie gegen Jahwe gesündigt haben“ ist ein nach diesen Schuldaufweisen ganz überflüssiger Moralismus; die Glosse zerreißt den Zusammenhang von V. aα und V. b; der Glossator nimmt auch keine Rücksicht darauf, dass in V. 17 a Jahwe redet.

V. 17 b bietet, soweit überhaupt verständlich, zwei unglückliche Bilder. Dass im Krieg „Blut vergossen“ wird, ist die Regel (Jl 4, 19); aber es wird vergossen „wie Wasser“ (Ps 79, 3) und nicht „wie Staub“, weshalb *ʿāpār* hier als „Dreck“ zu verstehen ist. So ergibt sich zu „Blut und Fleisch“ die Entsprechung „wie Dreck und Mist“. Von der Wz. *gll* „rund sein, rollen, wälzen“ ist das Nomen *gālāl* „Rundes“, also Kotballen von Schaf und Kamel gebildet; vgl. 1. Kön 14,10: Jahwe fegt die Reste des Hauses Jerobeams weg, wie man *gālāl* „Mist“ wegfegt.

18 V. 18 bildet weder sprachlich noch gedanklich eine Einheit. Die redaktionelle Formel „am Tage des Zorns Jahwes“, die den Satz an 15(f.) binden will,

---

[23] Die Forschung zur Bedeutung von *l^eḥûm* (sonst nur Hi 20, 23, aber auch dort unsicher) hat zu keinem einhelligen Ergebnis geführt. Es empfiehlt sich, den Vrs. zu folgen: G τὰς σάϱκας „Fleisch“ im pl., V corpus „Körper, Leichnam“; vgl. arab. *lḥm* „Fleisch“. „Blut und Fleisch“ sind hier sinnvoll als Paar.

zerreißt V. 18. Der Gedanke an Rettung (V. aα) kommt nach der Verschüttung von Fleisch und Blut der Menschen (17 b) auf schreckliche Weise zu spät. Auch wenn man lediglich 18 aβb für einen Zusatz hält (Rudolph u. a.), ist 18 aα kein an 17 oder auch 14–16 anschließender Zephanja-Text; umgekehrt ist der ganze Satz 18 aα, einschließlich der Formel vom Zornestag, in Ez 7, 19 aβ eingetragen worden (und fehlt dort sogar noch in G).

Mit Silber und Gold (V. aα) konnte man sich im politischen Leben vor dem Schlimmsten retten: Die Meder waren daran zwar nicht interessiert (Jes 13, 17), aber die Assyrer nahmen, was sie bekamen, nicht nur von Juda (2. Kön 16, 8).

In 18 aβb zeigt dann das Nacheinander von „die ganze Erde" und „alle Bewohner der Erde", dass der Satz zusammengeflickt ist. V. aβ ist verbatim identisch mit 2, 8 bγ und wahrscheinlich aus dem dortigen Völker-Kontext eingetragen. Von der ‚Menschheit' am Anfang von 17 bis zur gesamten Bewohnerschaft der Erde in 18 herrscht also eine universale Perspektive, die mit den Sprüchen von 8 ff. nichts zu schaffen hat, sie aber in ein anderes Licht rückt. „Im Feuer meines Eifers" redet Jahwe auch Ez 36, 5 „gegen den Rest der Völker". Dass er „das Ende bereitet, den Garaus macht", war ebenso Nah 1, 8 in eschatologischer Perspektive gesagt. Auch Jes 10, 23 bereitet Jahwe das universale „Ende inmitten der ganzen Erde" (vgl. Jer 33, 11).

2, 1–3: „Vielleicht bleibt ihr verborgen …"

1 **Sammelt euch und sammelt ein,**
Volk, das sich nicht sehnt!
2 a **Bevor ‚Beschlossenes ins Leben tritt'**[24]
– wie Spreu verfliegt ein Tag –,
2 b **bevor über euch kommt die Glut des Zorns Jahwes,**
bevor über euch kommt der Tag des Zorns Jahwes:
3 a **Sucht Jahwe, alle ihr Demütigen des Landes,**
die sein Recht befolgt haben!
3 b **Sucht Gerechtigkeit, sucht Demut,**
vielleicht bleibt ihr verborgen am Tag des Zorns Jahwes.

In Zeph 1 wurde den Judäern, dann allen Bewohnern der Erde das nahe Gericht angesagt; 2, 1–3 dagegen läuft auf ein schwebendes „vielleicht" hinaus, ist also nicht „die unmittelbare Fortsetzung" und schon gar nicht „die Spitze von 1, 7. 14–18" (Sellin). In 2, 1–3 dominieren Mahnworte. Mit dem „vielleicht" in 3 bβ wird die unbedingte Gerichtsandrohung von Kap. 1, aber auch die Gewissheit des Gerichts in 2, 2 b geradezu zurückgenommen. 2, 1–3 schließt an Kap. 1 allenfalls im Sinne einer Einrede an. Da in 2, 4 ohne jegliche Überleitung die Völkersprüche beginnen, kann man 2, 1–3 nur als ein Zwischenstück verstehen, das, auch in sich selbst nicht einheitlich, jedenfalls andere Interessen vertritt als die Prophetensprüche in 1, 8 ff.

1 Wellhausen ließ V. 1 unübersetzt: „Der Wortlaut … lässt sich … nicht verstehen." Daran hat sich nichts geändert. Man kann die Wörter übersetzen und z. T. erklären, ohne den Vers im Ganzen oder gar im Kontext von V. 2 f. zu verstehen. V. a besteht aus den impp. hitpo. und q. der Wz. *qšš*, die wohl vom Primärnomen *qaš* „Strohstoppeln" gebildet ist, wie die Wendung *l^eqošeš qaš* „Stroh (für die Ziegelfabrikation) sammeln" Ex 5, 12 zeigt. Aber *qšš* „sammeln" blieb nicht an Stroh gebunden, wie derselbe Ausdruck für „Holz sammeln" (Num 15, 32; 1. Kön 17, 10) beweist. Das hitpo. (reflexiv „sich sammeln"?) in Zeph 2, 1 scheint um der Paronomasie willen ‚erfunden' zu sein.

Die Anrede *gôj* „Nation" kann sich nicht auf „die Völker", sondern im Anschluss an Kap. 1 nur auf Juda oder eine Gruppe der Judäer beziehen (vgl. Jes 1, 4: „wehe der sündigen ‚Nation'"). Was aber hier vom *gôj* gesagt wird, bleibt unerklärlich. Das Verb *ksp* ist niemals im AT auf *kaesaep*

---

[24] Wörtlich: „zu gebären Gesetz/Ordnung/Festgesetztes".

„Silber“ bezogen, sondern bedeutet „sich sehnen, verlangen“ (*ksp* q. Ps 17,12, ni. Gen 31,30; Ps 84,3). Da auch das ni. transitiv gebraucht wird, heißt es hier nicht „(von Jahwe) begehrt“, sondern „Volk, das sich nicht (nach Jahwe?) sehnt.“

V. 2 ist keine sinnvolle Fortsetzung von V. 1, bildet aber vielleicht einen 2
Vordersatz zu V. 3. Das dreimalige *b^{e}ṭaeraem* „bevor“[25] erklärt sich vielleicht daraus, dass V. a schon früh nicht verstanden und durch V. b verdeutlicht werden sollte: durch die Zuordnung zum „Tag Jahwes“. In 2 a kann *ḥoq* nicht gut „Gesetz“ o. ä. meinen, sondern es bedeutet, dass nach Jahwes Willen „zustande kommt“ (*jld* „gebären“), was er beschlossen und der Prophet in Kap. 1 angekündigt hatte (vgl. Spr 27,1 die Phrase „was ein Tag gebiert/hervorbringt“). V. aβ besagt, was gleichfalls in Kap. 1 stand: Was Jahwe beschlossen hat, kommt sicher und schnell. Das Bild dafür ist geläufig: „Wie Spreu verfliegen“ die Gottlosen (Ps 1,4) wie die Tyrannen (Jes 29,5).

Die beiden Sätze in V. b unterscheiden sich nur durch ein Wort. V. bβ erklärt und steigert die „Glut des Zorns“ durch den „Tag des Zorns“ von 1,15 a. 18 a. „Zorn“ heißt dort *ʿaebrāh*, hier steht das weitaus häufigere *ʾap*. V. 2 setzt also die Bedrohung Judas in Kap. 1 voraus, aber er weckt die Frage: Was kann oder soll vor dem Gericht noch erfolgen?

V. 3 zeigt einer wohl kleineren Gruppe von „Demütigen“ den Weg zu ihrer 3
Verschonung vor dem „Tag“. Das Mahnwort „sucht …“ wendet sich an die wenigen, die bewährt und bereit sind; für die anderen gilt offenbar: pereat mundus. Hier kommt die spätnachexilische Frömmigkeit zu Wort, die schon in 1,6 anklang und in 3,12 nachklingt: Das Gericht trifft nicht alle, jedenfalls nicht die Frommen.

V. 3 ist aber in sich widersprüchlich: V. a redet „die Demütigen des Landes“ an, die dann in V. b wahrlich nicht aufgefordert werden müssten „sucht Demut!“ V. 3 b könnte eine Fortsetzung von V. 1 f. sein; dann aber wäre 3 a noch einmal ein Nachtrag innerhalb des Abschnitts, und das ist auch frömmigkeitsgeschichtlich wahrscheinlich.

In V. 3 wird weitestgehend geprägte Sprache gesprochen. „Sucht (*bqš* pi.) Jahwe“ entspricht „sucht *(drš)* Jahwe, so werdet ihr leben“ (Am 5,6 a). Mit beiden Verben im Par. membr. wurde 1,6 der Kontrast ausgedrückt: „die Jahwe nicht suchen *(bqš)* und nach ihm nicht fragen *(drš)*.“

Ermahnt werden *ʿanwê hāʾāraeṣ* „die Demütigen des Landes“, die auch Jes 11,4; Am 8,4; Ps 76,10 erscheinen. Diese *ʿ^{a}nāwîm* sind in der Psalmensprache die, die Gottes Nähe suchen und seine Hilfe erfahren (vgl. Ps 22,27; 69,33). Die Übers. „alle Armen des Landes“ als „ein Gegengewicht zur reichen Oberschicht“ (Weigl 113) ist eine religiöse Abwertung jener Frommen. Auch das Nomen von derselben Wz. meint nicht „Armut“, denn es wäre nur eine Provokation der Armen, wenn sie hier auch noch zum Suchen der Armut aufgerufen würden. Richtig Gerstenberger

[25] Das ungewöhnliche *b^{e}ṭaeraem loʾ* „bevor nicht“ in V. b ist vielleicht als „a kind of double negative emphasis“ zu deuten (Berlin 97), obwohl bei den übrigen 37 Belegen für „bevor“ niemals diese Negation steht (vgl. auch GK § 152y).

258: „in *ʿᵃnāwāh* liegt die Anerkenntnis seines eigenen Ranges, nicht frömmelnde Tiefstapelei."[26] *mišpāṭ* im Relativsatz aβ ist nicht nur ein Rechtsbegriff, sondern umfasst „die ganze göttliche Lebensordnung" (Rudolph). Das Verb dabei ist sprachlich ungewöhnlich, denn für das „Tun (des Rechts)" steht 20mal *ʿśh*, nur hier *pʿl*.

Die impp. in 3bα konkretisieren, was „Jahwe suchen" in 3aα meint. „Sucht Gerechtigkeit" verträgt sich nicht mit der vorangestellten Ansicht, die Demütigen hätten schon bisher das Recht befolgt; ebenso erwies sich die Forderung „sucht Demut" an die schon bisher Demütigen als eine Unstimmigkeit, die der Interpolator von V. 3a nicht beachtete. Im Übrigen ist *ʿᵃnāwāh* „Demut" (Zorell, Lex. 614: humilis submissio sub legem Dei) sonst nur 3mal in der Spruchweisheit belegt, so Spr 15, 33=18, 12: „Vor der Ehre/Ehrung (steht) Demut" (vgl. 22, 4).

Die leise Hoffnung auf Verschonung in 3bβ wird also, wie in Am 5, 14 f., gebunden an die Suche nach Gerechtigkeit und Demut, an eine Art Umkehr zu Jahwe. *ʾûlaj* „vielleicht" erscheint im gleichen Sinne nicht vor dem Exil. In Am 5, 15 heißt es: „Hasst das Böse und liebt das Gute ..., vielleicht erbarmt sich Jahwe über den Rest Josefs" (vgl. Ex 32, 30; Klgl 3, 29). Dieselbe Bedeutung wie „vielleicht" hat die Phrase „wer weiß" 2. Sam 12, 22 (David: „wer weiß = vielleicht erbarmt sich Jahwe ..."); vgl. Jl 2, 14 und fast gleichlautend Jon 3, 9 (vielleicht gereut es Jahwe und er wendet sich ab von seiner Zornesglut).[27]

Statt „vielleicht bleibt ihr verborgen" in Zeph 2, 3 übersetzen die meisten „geborgen sein/bleiben"; aber *str* ni. heißt „sich verstecken, verborgen sein", wie zahlreiche profane (1. Sam 20, 5. 19. 24), aber auch theologische Zusammenhänge zeigen: Vor Jahwe kann sich niemand verbergen (Am 9, 3). So bleibt hier der Demütige „versteckt", wenn am Tage des Zorns der Gerichtssturm über das Land fegt. V. 3b, der einzige eindeutige Satz in 2, 1–3, stammt aus einer Zeit, in der es nicht mehr Volk und Staat gibt, sondern Fromme und Gottlose.

---

[26] Sellins Deutung auf „die sozial Armen" basiert nicht zufällig auf einer Textänderung (*ʿᵃnijjê* statt *ʿanwê*). Die Unterschiede wie die Annäherungen zwischen *ʿāni* „arm" und *ʿanāw* „demütig" diskutiert E. Gerstenberger, Art. ענה II, ThWAT VI 247–270 (Lit.). Rudolphs ‚Lösung' des Widerspruchs zwischen V. a und V. b ist ein textkritisches Bubenstück: Er fügt die durch keinen Textzeugen gedeckte, s. E. „durch Haplographie ausgefallene Vergleichspartikel" *kᵉ* „wieder ein" und liest so: „(Sucht Jahwe) wie (alle Demütigen)".

[27] Dieses Theologumenon wird umfassend dargestellt von J. Jeremias, Die Reue Gottes, 1975.

2,4–15: Völkersprüche

4 a **Denn Gaza wird verlassen**
und Aschkelon zur Ödnis werden.
4 b **Aschdod wird zur Mittagszeit vertrieben**
und Ekron entwurzelt werden.
5 a **Wehe den Bewohnern des Küstenstreifens,**
dem Volk der Kreter
5 bα **[das Wort Jahwes über euch]!**
[Kanaan] Land der Philister,
β **ich vernichte dich, (dass du) ohne Bewohner (bist).**
6 **Und es**[28] **wird [der Küstenstreifen] zu Weiden der Hirten**
und zu Hürden der Schafe werden.
7 aα **Und der (Küsten)streifen**
wird dem Rest des Hauses Juda zufallen,
β **[auf ihnen**[29] **werden sie weiden,**
7 bα **in Aschkelons Häusern am Abend lagern]**
β **denn Jahwe, ihr Gott, nimmt sich ihrer an**
und wendet ihr Geschick.
8 a **Ich habe das Höhnen Moabs gehört**
und die Schmähungen der Ammoniter,
8 b **womit sie mein Volk verhöhnten**
und sich großtaten über ihr Gebiet (hinaus).
9 aα^{1} **Darum, so wahr ich lebe –**
Spruch Jahwes [der Heere][30]**, des Gottes Israels –:**
α^{2} **Moab soll wie Sodom werden**
und die Ammoniter wie Gomorrha:
β **Distelfeld**[31] **und Salzgrube**
und Ödland für immer.

---

[28] In 6 a ist der „Küstenstreifen“ von 5 a ein in G noch fehlender Nachtrag. Die f. Verbform passt nicht zum m. „Küstenstreifen“, der in 7 a die richtige m. Verbform bei sich hat. Dagegen bezieht sich das f. Verb gut auf das f. „Land (der Philister)“ von 5 b, darum die Übers. „es“.

[29] עֲלֵיהֶם „auf ihnen“ wird zwar von den Vrs. gestützt, hat aber kein klares Bezugswort für das m. Suff., denn die Weiden und Hürden in V. 6 sind f. pl. Rudolph u. a. übernahmen Wellhausens cj. עַל־הַיָּם „am Meer“ – gegen alle zoologische Vernunft.

[30] Der Gottestitel fehlt in G; er steht zwar auch Nah 2,14; 3,5 u. ö. in Jer, Hag, Sach bei „Spruch Jahwes“, überfüllt hier aber vor dem zweiten Titel den Vers und ist vielleicht eine Angleichung an V. 10 b.

[31] Die ersten drei Wörter von V. 9 aβ sind hap. leg. und unverständlich. Die Probleme sind rein lexikalischer Art und durch Textänderungen nicht zu lösen. Man muss vom Sicheren ausgehen, und das ist hier *š*^{e}*māmāh*, bei Zeph in 1,13 (Verwüstung), 2,4 (Ödnis) und 2,9. 13 (Ödland, Ein-

9 b Der Rest meines Volkes wird sie ausplündern
und der Überrest meiner Nation sie beerben.
10 a Dies widerfährt ihnen für ihren Hochmut,
10 b weil sie verhöhnten und großtaten
gegen das Volk Jahwes der Heere.
11 a Furchterregend ist Jahwe über ihnen,
denn er entmachtet[32] alle Götter der Erde;
11 b ihn werden alle Inseln der Völker anbeten,
jedermann von seinem Ort her.
12 [Auch ihr Kuschiten, durchbohrt von meinem Schwert ...][33]
13 a Und er wird seine Hand ausrecken gen Norden
und Assur vernichten,
13 b und er wird Ninive zu Ödland machen,
verdorrt wie die Wüste.
14 aα Und es werden Herden darin lagern,
alles ‚Getier des Landes',[34]
β Dohle und Eule übernachten auf ihren Säulenstümpfen.
14 b Horch! Es tönt in der Fensterhöhle,
der Rabe krächzt auf der Türschwelle ...[35]
15 aα Das (also) ist die triumphierende Stadt,
die so sicher thronte,
β die da sagte in ihrem Herzen:
„Ich und niemand sonst!"
15 bα Wie ist sie zur Öde geworden,
ein Lagerplatz für das Getier;
15 bβ jeder, der an ihr vorüberzieht,
zischelt (und) schüttelt seine Hand.

öde) belegt, Dazu passt im Kontext von Sodom *maelaḥ* „Salz" (vgl. Gen 19). Vor Ödland und Salzgrube könnte *mimšaq* einen Ort für Unkraut oder Disteln meinen. Schon Luther (1545) übersetzte: „wie ein Nesselstrauch und Saltzgruben und ein ewige wüstnis."

[32] Das Verb *rzh* ist nur hier im q. und nur Jes 17,4 im ni. („hinschwinden" // *dll* „gering werden") belegt, im pi., das viele hier konjizieren, nie. Das Adj. *rāzāh* bedeutet Num 13,20 „mager" (im Kontrast zu „fett"), ähnlich das Nomen *rāzôn* Jes 10,16.

[33] Das Satzfragment beginnt mit dem Pronomen der 2. P. („ihr") und endet mit dem der 3. P. („sie"); eines von beiden muss falsch sein. Am ehesten ist „sie" eine „fehlerhafte Hinzufügung" (Marti), weshalb auch G V die 2. P. durchhalten.

[34] MT „alles Getier der Nation" ist unverständlich. Will man daran nicht festhalten wie z.B. Gerleman („allerhand Volkstiere"!), ist man frei für cj. wie „alle Tiere des Feldes" (so Ps 104,11; Jes 56,9) oder „Tiere der Erde" (so Gen 1,24; Ps 79,2).

[35] Mit den beiden (metrisch überschüssigen) Wörtern am Schluss wusste die Forschung „nichts anzufangen" (so von Schwally an). Elliger und Rudolph verzichten zu Recht auf eine Übers. Was dasteht, heißt ungefähr: „er legte ihr Zedernholz bloß". Rudolph vermutete in den Wörtern schließlich Vogellaute („krächzen").

In diesen zwölf Versen, von denen sich vier als Zusätze abheben lassen, sind 4–15
formal unterschiedliche Sprüche gegen fünf Völker zusammengestellt. Nach Sprachqualität und Begründungspräzision halten sie keinem Vergleich z. B. mit Am 1–2 stand, nach Umfang und poetischer Darstellung bleiben sie weit hinter den großen Völkerspruchdichtungen und -sammlungen in Jes 13–23, Jer 46–51 und Ez 25–32 zurück. Sie vermitteln den Eindruck einer Pflichtübung derer, die das Buch komponierten: Weil auch Zephanja die große Welt im Blick gehabt haben muss, findet dieses name-dropping statt – denn viel mehr ist es nicht. Die acht Verse leisten nicht, was die Völkerspruch-Zyklen theologisch leisten sollen: Juda soll ad oculos demonstriert bekommen, dass der Gott Israels der Herr auch über die Völker ist.

Zunächst fällt auf, dass bestimmte Völker fehlen, die andernorts unverzichtbar sind, so Edom neben den anderen Nachbarn Moab und Ammon, so Ägypten, das durch das Satzfragment über Kusch nicht ersetzt wird. Natürlich kann man sich für diese (und andere) ‚Lücken' Gründe ausdenken; aber die vielfach behauptete strikte geographische Ordnung W-O-S-N ist wohl nicht einmal beabsichtigt. Sodann fällt auf, dass außer bei Moab und Ammon keinerlei konkrete Strafbegründung gegeben wird, und bei diesen beiden sind es die ‚klassischen' Begründungen im Rückblick auf das bab. Exil: Diese Nachbarn hätten sich am Niedergang Judas geweidet (vgl. auch Dtn 23, 3 f.). Wer das Strafgericht an den Völkern vollziehen soll, wird nirgends gesagt. Quälend monoton sind auch die Folgen der Bestrafung: überall nur „Öde".

Die Exegese zeigt, dass – vielleicht mit Ausnahme der drei Fragmente über die philistäischen Städte in V. 4–6 – Zeph 2, 4–15 weder in Teilen noch gar im Ganzen aus dem 7. Jh. stammt. Gerade der politisch wichtigste Spruch, der gegen Ninive, verrät die Sprache der späteren Babelsprüche. Es fehlt der lockeren Sammlung an konkretem Material und an Anschauung. Ein Bezug zum Propheten der Josia-Zeit oder auch eine für alle Sprüche gleichermaßen passende Zeit sind nicht erkennbar. Unhaltbar ist darum die unkritische Argumentation: „The oracle announces the future destruction of Niniveh, a feature that demonstrates that this oracle and probably the composition as a whole dates prior to 612 B. C." (Roberts 195) Allein die Tatsache, dass dieselben Völker bei verschiedenen Propheten, also zu verschiedenen Zeiten und unter verschiedenen Umständen vorkommen, beweist, dass sich nur ganz weniges in einen konkreten geschichtlichen Rahmen pressen lässt. Sieht man 4–15 im Zusammenhang der ganzen zephanjanischen Sammlung, so ist es verblüffend, wie unbekümmert die Sammler der Völkersprüche um 1, 2–2, 3 waren: Das dort beschuldigte und mit dem „Tag Jahwes" bedrohte Juda ist in 2, 4 ff. kein Thema mehr. Zum Thema wird Juda dagegen nur in den nationalistischen Zusätzen V. 7 und 9 b sowie in der universalistischen Glosse V. 11. Aber Zeph 3 zeigt, dass auch diese Glossen nicht das letzte Wort in der Geschichte der Hoffnungen des nachexilischen Juda waren.

Mit V. 4 beginnt nach 2, 1–3 abrupt ein anderes Thema: die Entvölkerung 4
der philistäischen Städte. Dieser Blickwechsel hin zur südpalästinischen Küstenebene, dem zentralen Siedlungsgebiet der Philister, hat mit der Ermunte-

rung der Judäer zur Demut in V. 3 schlechterdings nichts zu tun. Mit dem redaktionellen *kî* „denn“ am Anfang wird eine kausale Verknüpfung gesucht, für die es keine inhaltliche Deckung gibt. Aber V. 4 reicht auch nicht über sich hinaus, denn der Prophetenrede folgt in 5 eine als Weheruf stilisierte Gottesrede. Die Unheilsankündigung für die vier Städte ist durch nichts vorbereitet[36] und mit nichts begründet – im Gegensatz zu Am 1, 6–8 gegen dieselben Philisterstädte.

Die vier genannten Städte bilden den Kern der philistäischen Pentapolis (Jos 13, 3), zu der sonst Gat zählt. Von Interesse sind sie hier nicht als je einzelne, sondern in der Auflistung, in der sie in ao wie atl. Belegen sehr häufig vorkommen. In anderen prophetischen Texten erscheinen die vier Städte in unterschiedlicher Reihenfolge (vgl. Am 1, 7 f.; Jer 25, 20; Sach 9, 5 f.). Diese Beliebigkeit zeigt, dass dabei keine geographisch-politische Anschauung oder Absicht vorherrscht. In Zeph 2, 4 ist zwar die S-N-Anordnung der Städte korrekt, aber gerade sie zeigt, dass hier keine Anspielung auf einen neuass. oder neubab. Feldzug vorliegt, für den die N-S-Richtung zwingend gewesen wäre.

Den Städten bzw. Stadtstaaten wird hier Entvölkerung und Verödung angesagt, bei der ersten und letzten Stadt sprachlich-artifiziell durch Paronomasie, die man nur aus dem hebr. Text heraushört. „Zur Mittagszeit“ steht Jer 15, 8 parallel zu „plötzlich“, und so wird es auch hier gemeint sein: Schon am hellen Tage vollzog sich Aschdods Unglück. Was bei allen vier Städten gemeint ist, steht am klarsten bei Aschkelon: Es wird zu *š^e^māmāh*, zur menschenleeren, unheimlichen Öde (das Wort auch V. 9. 13). Wer ihnen dies alles antat, wird nicht einmal angedeutet.

5 V. 5 setzt mit dem Weheruf neu ein, bleibt aber beim Thema: In 4 sind die Städte, in 5 Volk und Land der Philister betroffen. Hier spricht nun Jahwe selbst als der Vernichter, aber auch hier wird für das „wehe“ kein Grund genannt – als ob bei den Lesern stillschweigendes Einverständnis darüber bestünde, dass die Philister ‚fällig‘ sind.

Betroffen sind die Bewohner des Landstreifens in der Küstenebene, in der die Städte von V. 4 liegen. Das „Volk der Kreter“ gibt es nur hier, aber „Kreter und Philister sind dieselben“ (Marti). Den Zusammenhang von Kretervolk und Philisterland kann man am nachexilischen Philisterspruch Ez 25, 15–17 erkennen, wo die Strafankündigung (16) mit der „uralten Feindschaft“ (15) zwischen den Völkern begründet wird: „Ich recke meine Hand aus gegen die Philister und rotte aus die Kreter und vernichte den Rest (der Bewohner) der Meeresküste.“ Der Name „Kreter“ enthält wohl eine Erinnerung an den Weg der von Kreta her über das Meer landerobernden Philister; dass sie aus *kaptôr* (= Kreta?) kamen, wird Am 9, 7; Jer 47, 4 ausdrücklich gesagt. Vom Untergang des „Restes der Philister“ war schon Am 1, 8 die Rede.

---

[36] Roberts rückt V. 4 hinter V. 5; aber wer sollte die ‚falsche‘ Abfolge hergestellt haben? Berlin spricht V. 4 eine Brückenfunktion zwischen 3 und 5 zu – mit dem kläglichen Grund: „It is joined to the preceding section by *ky* …“ (99).

V. 5 ist durch Zusätze überladen und kompliziert worden. „Das Wort Jahwes über/gegen euch“ ist eine überflüssige ‚Erklärung‘ dafür, dass das Ich in V. b das Ich Jahwes ist. Zu „Kanaan“ befahl Wellhausen kommentarlos „tilg“. Kanaan ist kein spezieller Name für Philistäa, sondern seit der Mitte des 2. Jt.s in äg. und akk. Quellen die Bezeichnung für Palästina-Syrien (vgl. Gen 10, 19) und wird im AT ganz überwiegend in der Retrospektive auf die vor- und frühisraelitische Zeit gebraucht. „Land der Philister“ ist der oft belegte Ausdruck in den (nicht auf die Küstenebene beschränkten) Saul-David-Erzählungen (1. Sam 27 ff.) wie in der geographischen Umschreibung des salomonischen Reiches (1. Kön 5, 1: „das Philisterland bis zur Grenze Ägyptens“). Immerhin teilten diese ‚Erbfeinde‘ mehr als ein Jt. Israels Geschick in den wechselnden politischen Abhängigkeiten von den Ägyptern bis zu den Römern.[37] In Zeph 2, 5 fehlt aber jede Anspielung auf bestimmte Zeiten oder Ereignisse. V. 5 endet mit der Aussage von 4: Was für die Städte galt, gilt für die Region: verödet, „ohne Bewohner“.

Was in 4 f. angekündigt wurde, hat auch die in 6 genannten Folgen: Das 6
Land taugt nur noch als Kleinviehweide. Aber die in 5 begonnene Gottesrede ist schon wieder beendet – und wird deshalb gerne durch cj. fortgesetzt: „Du wirst zu Weiden werden …“ (‚Begründung‘ bei Rudolph: „Es empfiehlt sich, die Anrede beizubehalten“!). V. 6 nimmt aber keine Rücksicht auf 5 b, sondern spricht wie 4 in 3. P. vom künftigen Elend des Gebietes, auf dem bestenfalls noch Schafe Nahrung finden. Mit den Schafhürden (so nur noch Num 32, 16. 36; 1. Sam 24, 4) sind die Umzäunungen gemeint, die dem Kleinvieh nachts Schutz boten. Der schlechte Anschluss von 6 an 4 und 5 zeigt, dass diese Philistersprüche keine literarische Einheit bilden, sondern eine Anhäufung von verbreiteten Motiven sind.

Ganz unvermittelt erscheint Juda auf der politischen Bühne: als Nutznie- 7
ßer der philistäischen Katastrophe. Dass es nicht mehr das Juda von 1, 4 ist, verraten die Wörter „Rest“ und „Wende des Geschicks“. Die hier zur ‚Landnahme‘ antreten, bilden den bedeutungslos gewordenen „Rest des Hauses Juda“. Die Parole dieser nationalistischen Zuspitzung der Völkersprüche heißt: Bestrafung der alten Feinde, Wende zum Guten für das Gottesvolk. Dabei verhält sich 7 zu 5 f. wie 9 b zu 9 a.

Dieser Ergänzer macht sich keine Gedanken darüber, dass den Judäern hier nur verödete Städte und Landschaften „zufallen“. Er hat einen Text vor sich, dem er einen neuen Sinn geben will. Diese Textgebundenheit zeigen auch die schwer verständlichen Bruchstücke in der Versmitte, die mit 7 a. bβ in keinem syntaktischen Zusammenhang stehen.[38] Den zeitlichen und emotionalen Abstand dieser Juda-Applikation von den Philistersprüchen zeigt

[37] Vgl. E. Noort, Die Seevölker in Palästina, 1995; C. S. Ehrlich, Philistia in Transition. A History of the Philistines, 1996.

[38] V. aβ. bα hängt in der Luft. *rʿh* „weiden“ und *rbṣ* „(sich) lagern“ stehen auch 3, 13 b nebeneinander, aber dass sich die Judäer abends in den (verwüsteten) Häusern Aschkelons lagern sollten, ist kein schöner Gedanke.

auch die Sprache. *pqd* „heimsuchen" wird vom Propheten (1, 8. 9. 12) sowie in 3, 7 negativ gebraucht, hier aber positiv: „sich annehmen, besuchen"; das ist der hebr. Hintergrund von Luk 2, 68 in Luthers Übers.: „denn er hat besucht und erlöst sein Volk" (Zeph 2, 7 V: visitabit eos Dominus).

Vom Rest kann man nur reden, wenn es das Ganze nicht mehr gibt, und das hätte vom „Haus Juda" niemand gesagt, solange es als Staat existierte. So wird in Zeph vom Rest des Gottesvolkes nur in Nachträgen gesprochen (2, 7. 9; 3, 12. 13). Die Wendung „Rest des Hauses Juda" gibt es nur hier (wie „Rest des Hauses Israel" nur Jes 46, 31), den „Rest Judas" 7mal bei Jer für die Gedalja-Gemeinde. In denselben Zeit- und Erfahrungszusammenhang gehört „die Wende des Geschicks", von den jüdischen Exegeten des Mittelalters, aber auch von Luther und Calvin wie schon von G V hier wie fast überall als „Wende/Ende der (bab.) Gefangenschaft" gedeutet.[39] Der Vers – und damit der Philisterspruch – endet also mit einer feierlichen Restitutionsformel, mit der dann auch die ganze Schrift endet (3, 20 b).

8 Was bei den Philistern ganz fehlte, steht hier gleich am Anfang: die Strafbegründung – die einzige in dem kleinen Zyklus. Aber auch sie enthält nichts Konkretes, denn für diese Schmähungen der östlichen Nachbarn Judas wird hier weder eine Zeit noch ein Anlass genannt – im Unterschied etwa zu Am 1, 13; 2, 1. Da für Zeph 2, 8(–10) keine historische Zuordnung gegeben wird, bedarf es hier keiner Skizze der Geschichte beider Völker. Unentbehrlich dagegen ist der Blick auf die Ammoniter und Moabiter in den Völkerspruch-Zyklen bei den großen Propheten.

In Jes 13–23 kommen die Ammoniter gar nicht vor (in Jer 49, 1–6 nur ganz kurz), wohl aber Moab in der umfänglichen Dichtung Jes 15 f., die in Jer 48, 1–47 ihre Parallele hat. In Ez 25 findet sich eine knappe Sammlung: V. 1–7 gegen die Ammoniter, die sich an Judas Elend weideten, V. 8–11 gegen Moab ohne besondere Gründe (V. 12–14 gegen Edom, V. 15–17 gegen die Philister). Alle diese Dichtungen sind untereinander verwandt und enthalten „stereotypical images of Ammon and Moab" (Ben Zvi 309), die den Untergang Judas voraussetzen. Zeph 2, 8. 10 bietet einen Extrakt daraus, ohne sprachliche Originalität.

„Ich habe gehört" sagt Jahwe auch im Edom-Spruch Ez 35, 12, „wir haben gehört vom Hochmut Moabs" heißt es Jes 16, 6. Das „Höhnen/Schmähen" *(ḥaerpāh)* hält Jahwe Ez 21, 33 nicht den Moabitern, sondern den Ammonitern vor. Vokabeln, Bilder und Völker sind also leicht austauschbar. Das hier für die Schmähungen der Ammoniter gebrauchte Wort *giddup** ist als Nomen sonst nur Jes 43, 28 belegt, das Wortpaar von V. 8 aα.β sonst nur Jes 51, 7; die beiden Verben *ḥrp* und *gdp* dagegen stehen öfter zusammen. In V. 8 b aber steht neben *ḥrp* pi. die Wendung *gdl* (hi.) *ʿal* „großtun über/gegen", die sonst immer auf Personen zielt: Ps 35, 26; 38, 17; 55, 13 auf den Beter, Zeph 2, 10 auf das Volk, Jer 48, 26. 42; Ez 35, 13 auf Jahwe selbst. Nur Zeph 2, 8 ist die Wendung mit „Gebiet, Grenze" verbunden, wodurch jede Übers. unsicher bleibt.

---

[39] Zum hier einschlägigen Ketiv-Qere-Problem vgl. Ben Zvi 161–164 sowie ThWAT VII 958–965 (Lit.).

V. 8 bot die Begründung für die Gerichtsankündigung in 9 a; in 8 spricht 9 a
Jahwe als Zeuge („ich habe gehört"), in 9 a als Richter. Der Zusammenhang mit der traditionellen, aber frühestens exilischen Begründung (V. 8. 10) wie der Kontext der übrigen Völkersprüche schließen aus, dass das kurze Gerichtswort 9 a vom Propheten des 7. Jh.s gesprochen ist. Die Erweiterung der Gottesspruchformel durch den bei Zeph einzigen Beleg des Titels „Gott Israels" geht über den Juda-Horizont des Büchleins hinaus („Israel" nur noch im Nachtrag 3, 14) und zeigt den sekundären Charakter dieser überladenen Einleitungsformel.

Der weit verbreitete Vergleich eines verwüsteten Landes mit Sodom und Gomorrha (Dtn 29, 22; Jes 1, 9; 13, 19 f.; Jer 23, 14; 49, 18; 50, 40; Am 4, 11) bedeutet überall genau das, was hier in V. aβ expliziert wird: unbebaubar und unbewohnbar, eben „Ödland für immer". Dasselbe wurde mit anderen Wörtern Aschkelon angedroht (4 a).

Der Verf. von 9 b kann nicht derselbe sein wie der von 9 a, denn was gäbe 9 b
es an diesem Sodom noch zu plündern? Und welches Interesse sollten die übrig gebliebenen Judäer daran haben, dieses Ödland in Besitz zu nehmen? Hier liegt nicht einfach eine „Glosse" vor (Sellin), sondern dieselbe ‚nationalistische' Überlagerungsschicht wie in 7 a. Erstaunlicherweise ist sie hier, als Fortsetzung von V. a, in die Gottesrede verkleidet. Dabei bilden die Stichoi in V. b vor allem in den nominalen Ausdrücken einen synonymen Par. membr.

Zur Parallelisierung von *ʿam* „Volk" und *gôj* „Nation" s. o. S. 68 zu Hab 2, 5 b; G und V unterscheiden gleichfalls mit λαός // ἔθνος, populus // gens. *š*^{e}*'erit* „Rest" // *jaetaer* „Übrigbleibendes" unterscheidet V mit reliqiae // residui. „Überrest meiner Nation" ist singulär, aber vgl. „Überrest der Völker" Hab 2, 8 und (anders) Jos 23, 12. Die beiden Verben *bzz* „plündern" (Obj. Personen, aber auch Orte und Sachen, vgl. Nah 2, 10) und *nḥl* „(be)erben, in Besitz nehmen" (Obj. meist Territorien) bilden keine echte Parallele, weshalb auch ihre Suffixe nicht denselben eindeutigen Bezug haben: die beiden Völker oder ihr Land oder in einer gewissen Unschärfe beides zugleich. Nahe im Ausdruck ist der gegen ein Fremdvolk gerichtete Nachtrag (V. 8 a) zum Weheruf von Hab 2, 6 b. 7: „Wie du selbst viele Völker ausgeplündert hast (hier *šll*), so wird der ganze Rest der Nationen dich ausplündern."

Den Rest des Volkes bildeten für Luther „quae reversurae sunt de captivitate Babylonica" (Zeph b 496). Wie tief man für die Gestimmtheit von 9 b zeitlich heruntergehen muss, kann man im Vergleich mit Jes 11, 11–16 erkennen: einen Abschnitt, der „sicher jünger als Jeremia, Ezechiel und Deuterojesaja, aber doch wohl älter als Deuterosacharja" ist (H. Wildberger, BK X/1, 466). Da will Jahwe den unter die Völker verstreuten „Rest seines Volkes" loskaufen und heimführen, und diese Heimkehrer sollen die „Ostleute ausplündern" *(bzz)* sowie Edom, Moab und die Ammoniter unterwerfen. Auch nach Zeph 2, 7 a. 9 b sind die Judäer zu einem Rest zusammengeschmolzen; der aber träumt von neuer Kraft, seinen Nachbarn gefährlich zu werden.

V. 10 ist eine prosaische Begründung für das Jahwewort in 9 a mit den Wör- 10
tern von 8, also dessen ganz überflüssige Wiederholung; jedenfalls wird 9

von 10 vorausgesetzt, sonst wäre die Reprise noch absurder. Der Wechsel von Jahwe in 1. P. (8 f.) zu Jahwe in 3. P. zeigt die zunehmende Neigung zur Kommentierung. Das Plus gegenüber V. 8 besteht im Hinweis auf „ihren Hochmut“. *gā'ôn* „Anmaßung, Hochmut, Übermut“ (G ὕβρις, V superbia) wurde Moab öfter attestiert (Jes 16, 6; Jer 48, 29); Hosea aber sprach vom Hochmut Israels (5, 5; 7, 10).

11 V. 11, wie 10 reine Prosa, ist „an isolated and apparently misplaced fragment“ (Roberts), von dem man nicht weiß, warum es hier (statt z. B. am Ende der Völkersprüche) steht. V. 11 hat keinen Anschluss an (8–)10 und keinen Zusammenhang mit 12. Im Kontext geht es um einzelne Länder oder Völker, hier um die ganze Welt. V. 11 erinnert an die eschatologischen Motive in 1, 2 f. sowie vor allem an die Heilsthematik in 3, 9 f. So setzt 11 auch die ‚nationalistische‘ Schicht der Völkersprüche (7 a. 9 b) voraus, ohne an sie logisch anzuknüpfen.

Gleich mit dem ersten Wort (*nôrāh* „furchtbar“) wird man aus der prophetischen in die hymnische Sprache geführt: Jahwe ist furchtbar, ein König über die ganze Welt (Ps 47, 3; vgl. 89, 8; 96, 4). Einmalig und befremdlich ist der Ausdruck „alle Götter der Erde“; aber die Wendung „über alle Götter“ ist in den Jahwe-König-Pss beheimatet (95, 3; 96, 4; 97, 9). Die „Inseln/Küsten/Gestade“ sind ein bei Deutero- und Tritojes häufiges Wort, das naturgemäß auf die mittelmeerische Welt verweist, wie schon Luther sah: „Insulae usque ad Romam. Insulas maris mediterranei intelligit ...“ (Zeph a 466). Mit den „Inseln der Völker“ (so sonst nur Gen 10, 5) sind natürlich deren Bewohner gemeint; Subj. von „sich niederwerfen, anbeten“ sind immer Menschen (vgl. 1, 5). Wiederum bietet der Psalter die engsten Parallelen: „Alle Sippen der Völker werden ‚ihn‘ anbeten“ (Ps 22, 28 b). Im Unterschied zu den gewichtigen Visionen von der Völkerwallfahrt zum Zion (Jes 2, 1–4) werden nach Zeph 2, 11 die (fernsten) Völker also Jahwe im eigenen Lande anbeten.

V. 11 zeigt, durch wieviele Hände solche kleinen Sammlungen gegangen sind. Datierungen der Zusätze bleiben sämtlich hypothetisch. „Hier ist über den Universalismus des Gerichts ... und über die naiv-partikularistische Hoffnung auf Heil für den Rest Judas weitergeschritten zu einem Universalismus des Heilsglaubens, wie er im AT nur selten bezeugt wird“ (Sellin).[40]

12 V. 12 beweist einmal mehr, dass es in Zeph keine alles ordnende Endredaktion gibt: Nachdem V. 11 allen Völkern das eschatologische Heil angekündigt hatte, kann nicht einem von ihnen mit „auch ihr“ das Unheil angesagt werden, zumal Kusch nach 3, 9 f. seinerseits in den Heilsbereich gehört. Da also 12 „das Vorhergehende nicht voraussetzt und nicht fortsetzt“ (Wellhausen), aber auch von der Prophetenrede 13–15 nicht fortgesetzt wird, ist eine literarische Zuordnung des isolierten Fragments kaum möglich. Rein hypothetisch bliebe auch hier jede historische Zuordnung. V. 12 kann auch nicht das süd-

[40] Kein Wunder, dass Augustin keinen Zeph-Vers so häufig zitiert wie diesen (Krause 4, A. 13). Luther sah hier gar „praeludium quoddam ... futuri regni Christi, quod non ad Judaeos sed in orbem terrarum, in omnes gentes demanaturum“ (b 496).

liche Gegengewicht gegen das nördliche Assur (13 a) bilden, da nicht einmal angedeutet wird, weshalb die Kuschiten vom Schwert Jahwes durchbohrt sind/werden.

Die kuschitische/äthiopische Dynastie war 664 durch die 26. äg. Dynastie abgelöst worden, so dass Kusch (s. Nah 3, 9 und dazu o. S. 33 f.) z. Z. Josias keine selbständige Größe mehr war. Im Unterschied zur geschichtlichen Rolle der Kuschiten (und Ägypter) z. Z. Sargons II. (Jes 20, 3 f.) stammt die auf die neubab. Zeit bezogene Nennung von Kusch und Ägypten in Ez 30 wohl aus nachezechielischer Zeit. So geistern die Kuschiten in verschiedenen Jahrhunderten durch die Völkersprüche, nirgends aber so inhaltsleer und beziehungslos wie hier.

V. 13 ist keine Fortsetzung der Gottesrede in V. 12. Dass Jahwe seine 13
Hand „gegen Norden" reckt, ist kein Beweis dafür, dass das Gericht am Süden vorausgegangen sein muss (Sellin), denn dass der Feind von Norden kommt, ist seit dem Einbruch der neuass. und dann neubab. Mächte in Palästina ebenso geschichtliche Realität wie literarischer Topos (Jer 1, 14 f.; 25, 9). Natürlich möchte man aus dem Spruch gegen Assur, Judas Unterdrücker von Ahaz bis Josia, Zephanjas Erfahrung heraushören, aber die Sprache von 13 ist dermaßen konventionell, dass eine individuelle Stimme an ihr nicht erkennbar wird.

Seine Hand reckt Jahwe ebenso gegen Israel/Juda aus (Jes 5, 25; Ez 6, 14; 16, 27; Zeph 1, 4) wie gegen Fremdvölker (Jer 51, 25; Ez 25, 7. 13. 16 gegen Ammoniter, Moabiter und Philister). Für die auf diese Drohgebärde folgende Vernichtung steht hier *'bd* pi., V. 5 *'bd* hi. Wie hier entsteht „Ödland" auch in Aschkelon (4), Moab und Ammon (9). *ṣijjāh* „Trockenland, Dürre" steht hier zur Charakterisierung von *midbār* „Wüste"; beide Wörter können auch durch cop. verbunden sein (Jes 35, 1) oder parallel stehen (Jer 50, 12).

Da Ninive Hauptstadt war (s. o. S. 21 f. zu Nah 2, 9), ist mit Assur gewiss nicht die 615 zerstörte Stadt gemeint, sondern das Land und damit das neuass. Reich.

V. 14 enthält etliche nicht sicher deutbare Wörter; bes. in V. b ist der Text 14
auch mit Hilfe der Vrs. kaum zu klären. Darum bleibt in der Übers. manches erraten. Aber was in 13 f. gemeint ist, kann man als „conventional description" (Roberts) diversen Völkersprüchen entnehmen: Die Ruinenlandschaft der Stadt, die Jahwe zur Öde gemacht hat, bietet nur noch den wilden Tieren eine Wohnstatt.

Zu den Tiernamen von V. aβ muss man Jes 34, 11 vergleichen. Die traditionelle Übers. „Pelikan und Igel" (von Wellhausen bis Rudolph) ist nicht haltbar; die Wörter wurden schon von den antiken Übersetzern frei gedeutet. Für *qā'at* hat G „Chamäleon", Ά S T V haben (den ganz unpassenden) Wasservogel „Pelikan" (so Lev 11, 18; Ps 102, 7 auch G), Θ sogar „Schwan". Aber *qā'at* ist auch in der Liste der unreinen Vögel Lev 11, 13–19; Dtn 14, 12–18 zoologisch nicht identifiziert. Für *qippod* bieten die Vrs. zwar übereinstimmend „Igel", aber näher liegt „Eule" (HAL 1043 f.). Beide Tierarten sind unsicher, aber auf den Säulenstümpfen nächtigen doch wohl Vögel.

Für *qôl* „horch" (vgl. 1,10 a. 14 b) in V. b wollte schon Wellhausen *kôs* „Eule" lesen, aber das ist graphisch wie phonetisch ganz unwahrscheinlich. G behilft sich mit allgemeinem θηρία „Getier", das aber schon in V. a ge- und damit verbraucht wurde. Dagegen könnte *ḥoraeb* „Wüste, Verwüstung" ein Hörfehler für *ʿoreb* „Rabe" sein, wie auch G (κόρακες) und V (corvus) wollen. Gleichwohl bleibt es fraglich, ob in V. b überhaupt die Reihe der Vögel fortgesetzt werden sollte. Das Verb *šîr* pil. „singen" wird normalerweise für Menschen, nicht für Vögel gebraucht. Bliebe man bei MT, so könnte man übersetzen: „es pfeift durchs Fensterloch, Verwüstung auf der Schwelle", aber das wiederum passt nur teilweise zu „horch".

15 a Wie V. 14 bietet 15 eine Anhäufung von sprachlichen Stereotypen der Völkersprüche, was schon Calvin (45) bemerkte: „Et eadem ratio loquendi saepe occurrit apud prophetas." Ein Blick auf die Parallelen der einzelnen Topoi zeigt, dass hier ohnehin kein individueller Dichter spricht wie etwa in den Ninive-Orakeln Nahums. Das der „Stadt" zugeordnete Adj. *ʿallîz* übersetzen manche mit „fröhlich, ausgelassen" (vgl. Wz. *ʿlz* im Sinne von „jauchzen" Hab 3,18; Zeph 3,14), aber hier im Wortfeld der Selbstgerechtigkeit passt besser „triumphieren". Dass eine Stadt „(selbst)sicher, sorglos wohnt", ist kein glücklicher Ausdruck, denn *jšb (l)bṭḥ* „sicher wohnen" wird sonst von Israel (Dtn 12,10; 1. Sam 12,11) oder eben von den Bewohnern einer Stadt gesagt (Ri 18,7). Die Übers. ist eine Notlösung, denn weder „wohnt" noch „thront" eine Stadt. Die Selbstsicherheit kulminiert in dem, was die Stadt von sich selber sagt/denkt: niemand außer mir! 15 a hat seine Wortlaut-Parallele und vielleicht sein Vorbild in Jes 47,8 a. 10 b in der Ansage vom Fall Babels, das „sicher thront, das in seinem Herzen sagt: ‚ich und niemand sonst'." Der ganze Hochmut Babels wie Ninives kommt in dieser Selbstbewertung zutage, wenn man die Selbstprädikationen Jahwes bei Dtjes im Ohr hat: „keiner außer mir" (45,6), „keiner wie ich" (46,9).

15 b 15 b beginnt mit der Redeform, die öfter den Wechsel vom Glanz zum Elend einleitet: „Wie bist du (Babel) vom Himmel gefallen ..." (Jes 14,12; vgl. Klgl 1,1) oder „wie ist Babel zum Entsetzen[41] geworden unter den Völkern" (Jer 50,23; 51,41). Die Öde als Lagerplatz für wilde Tiere („Getier" wie 14 a) wird Ez 25,5 auch den Ammonitern angedroht. Wie völlig standardisiert die Sprache von 15 b ist, zeigt schließlich ein Blick auf Jer 19,8: „Ich will diese Stadt zur Öde *(šammāh)* machen und zum Gespött (*šᵉreqāh* wie in V. 15 bβ das Verb); jeder, der an ihr vorüberzieht, wird sich entsetzen *(šmm)* und ‚zischeln' (šrq)[42] ..." (vgl. Jer 49,17 über Edom, 50,13 über Babel, Ez 5,1 über Jerusalem).

Von all diesen geprägten Wendungen weicht am Versende nur „er bewegt, schüttelt, schwenkt seine Hand" ab. Das Verb *nûaʿ* hat die Grundbedeutung „sich bewegen", womit sich denn auch G mit κινήσει τὰς χεῖρας αὐτοῦ

---

41 „Zu *šammāh* werden" allein bei Jer 13mal, Übers. „Entsetzen". Hier aber empfiehlt der Kontext „Öde", wie auch das Verb *šmm* meist „öde/verödet sein" bedeutet.

42 Das Verb bedeutet auch syr. und jüd. aram. „zischeln" oder „(aus)pfeifen" (so auch G συρίζειν und V sibilare).

(pl.!) und V mit „movebit manum suam" begnügen. Aber es gibt eine Gruppe von Belegen im hi. mit dem Obj. „Kopf": Alle, die den Psalmbeter in seinem Elend sehen, „schütteln den Kopf" (Ps 22, 8; 109, 25). Zeph 2, 15 am nächsten ist die ganze Topik in der Klage um die zerstörte Stadt Klgl 2, 15: „Alle klatschten über dich in die Hände, die des Weges vorübergingen, sie ‚zischelten' und schüttelten ihren Kopf über … Jerusalem …" Das Schütteln oder Schwenken der Hand (sg.!) ist, wenn schon kein Versehen, singulär; doch was gemeint ist, zeigen die vielen parallelen Wendungen.

3, 1–20: Judas Weg in die Freudenzeit

In Zeph 3 wechseln Redende und Angeredete, Redeformen und Themen beinahe von Vers zu Vers. Der größere Teil (V. 9–20) ist eine Sammlung von Heilsankündigungen, wie in anderen Prophetenbüchern Zeugnisse einer späteren Epoche, in der Juda nicht mehr das Gericht, sondern das Heil angesagt wird. Dabei sind die einzelnen Fortschreibungen nach Sprache und Intention ganz verschieden und nicht von einer Hand. Aber auch der Anfang von Zeph 3 stammt kaum von dem Propheten, dessen kurze Botschaft sich in Kap. 1 fand. V. 2. 5. 7 sind ‚unprophetische' Reflexionen oder Konfessionen, V. 6. 8 Einzelsätze über Jahwes Völker-Recht und Welt-Macht. Vergleicht man die wenigen ‚prophetischen' Verse 1. 3. 4 mit den Strafankündigungen und -begründungen in Zeph 1, so sind die Unterschiede evident: konkrete Schuldvorwürfe dort, standardisierte ‚Ständepredigt' hier. So teile ich (gegen die meisten Urteile des 20. Jh.s) Schwallys Einsicht von 1890, dass das ganze 3. Kap. „in die nachexilische Zeit zu setzen" sei (238).

Wie diese Anhäufung von kleinen thematischen Einheiten zustande kam, ist ungewiss. Die derzeit geforderte redaktionsgeschichtliche Erklärung solcher Sammlungen ist in ihren entscheidenden, nämlich literarhistorischen Voraussetzungen keine Novität. An Zeph 3 hat J. D. Nogalski[43] diese Richtung erprobt. Er beginnt nicht mit der Sache, sondern mit dem Programm und fordert „recent redaction historical treatments", wobei die Beziehungen der (acht) Einheiten aufeinander sowie zu Zeph 1 oder gar zum ZPB erkennbar werden sollen. Doch bleiben diese Beziehungen spärlich und eine wirkliche „Redaktionsgeschichte" von Zeph 3 wird nicht aufgewiesen. Der abschnittweise fortgeschriebene und gewachsene Text geht freilich darin über die Beliebigkeit einer Anthologie hinaus, dass er nicht einfach ‚Zusätze', sondern auch ‚Korrekturen' enthält, also Gebrauchsspuren als Ermöglichungsgrund für dieses Wachstum. Aber Wachstumsspuren sind etwas anderes als eine ordnende und planende Redaktion(sgeschichte).

[43] Zephaniah 3: A Redactional Text for a Developing Corpus, in: R. G. Kratz u. a. (Hgg.), Schriftauslegung in der Schrift. FS O. H. Steck (BZAW 300), 2000, 207–218.

3, 1–5: Wehe der Stadt!

1 **Wehe der Widerspenstigen und Befleckten,**
der gewalttätigen Stadt!
2 **Sie hat nicht auf die Stimme gehört,**
nicht Zurechtweisung angenommen,
auf Jahwe hat sie nicht vertraut,
ihrem Gott sich nicht genaht.
3 **Ihre Beamten in ihrer Mitte sind brüllende Löwen,**
ihre Richter sind Wölfe am Abend, die nichts übrig lassen[44]
bis zum Morgen.
4 **ihre Propheten sind Schaumschläger und Betrüger,**
ihre Priester entweihen das Heilige,
tun dem Gesetz Gewalt an.
5 a **Jahwe ist gerecht in ihrer Mitte, er tut kein Unrecht.**
5 bα **Morgen für Morgen bringt er sein Recht ans Licht,**
nie bleibt es aus.
β **[Aber der Ungerechte kennt keine Scham.]**

3, 1 ist mit dem Weheruf ebenso ein Neueinsatz wie (sein Vorbild?) Nah 3, 1 1
(„wehe der Blutstadt"). Dass „die Stadt" hier nicht mehr Ninive, sondern wieder Jerusalem ist, ergibt sich klar aus V. 2, der ältesten Deutung von V. 1. Das sah auch Luther, verbunden mit der kühnen Zeitbestimmung: „Prophetavit hoc tertium caput de civitate Hierusalem et populo dei post reditum … ex captivitate Babylonica" (b 498). Es besteht kein ursprünglicher Zusammenhang zwischen 1, 2–2, 3 und 3, 1 ff., der etwa durch den Einschub von 2, 4–15 unterbrochen worden wäre, denn als Fortsetzung von 2,(1–)3 ist der Weheruf nicht denkbar.

Die drei Verbformen erlauben eine gewisse Doppeldeutigkeit, von der Seybold bis in seine Übers. hinein ein Sprachspiel abliest: „Verschmutzt (glänzend) und befleckt (erlöst), die Stadt der Gewalt (eine Taube)!" Obschon auch Vrs. in Richtung auf die eingeklammerten Wörter irritiert waren, kann doch auf das „wehe" unmöglich Positives gefolgt sein; und eine Stadt wird im AT nie als Taube bezeichnet. Für die orthographischen Besonderheiten gibt es Erklärungen.

---

[44] *grm* ist unsicher, im q. nur hier, im pi. nur Num 24, 8 wohl im Sinne von „(Knochen) abnagen" (// „essen"). Das Nomen *gaeraem* steht Spr 17, 22; 25, 15; Hi 40, 18 für „Knochen". Nimmt man für das q. die Bedeutung des pi. an, so ergäbe sich: „die nicht nagten bis zum Morgen hin". Man kann auch kapitulieren und mit G V lesen „die nichts übrigließen". Gegen G aber muss man bei den „Wölfen am Abend" bleiben wegen der Korrespondenz mit „bis zum Morgen hin" (s. o. S. 55 zu Hab 1, 8).

Im ersten Verb liegt ein part. q. von *mr'*, einer Nebenform zu *mrh* „widerspenstig sein" vor (so auch Θ und V:provocatrix). In der Sache vgl. dazu Jes 30, 9 mit der Gleichung von „widerspenstig sein" und „nicht hören wollen" (wie Zeph 3, 2 a); vgl. auch Jer 5, 23; Ez 5, 6. Beim zweiten Verb liegt ein part. ni. von *g'l*, einer Nebenform zu *gʿl* vor wie Jes 59, 3 „eure Hände sind befleckt mit Blut" (so dort auch G!). Das dritte strittige Wort als „die Taube" zu lesen verbietet die Grammatik: „die Stadt der Taube" wäre ebenso falsch wie „die Stadt der Gewalt". Vielmehr liegt auch hier ein part. des im q. seltenen Verbs *jnh* „gewalttätig sein" vor.

2 Mit V. 2 begegnet man plötzlich einem ‚glatten' Text, d. h. keinem textkritischen Problem und keinem schwer deutbaren Wort – ein Phänomen, das öfter gerade dtr geprägte Zusätze kenntlich macht. Ebenso oft sind dann „die Vorwürfe pauschal und allgemein" (Seybold). Einfluss der dtr Schulsprache verrät auch der Kern der Aussage: „Jerusalem hat gegenüber der prophetischen Bußpredigt versagt" (Striek 171). So ist V. 2 ein Kommentar zum schwierigen V. 1: Die vier Halbstichoi interpretieren den Vorwurf der Widerspenstigkeit. Dabei ist V. 2 säuberlich geordnet im Par. membr. der vier „sie hat nicht"-Sätze. Obwohl der Grund für die Anklagen z. Z. der Entstehung von V. 2 nicht entfallen sein dürfte, muss man (wie G V) beim perf. der Verben bleiben, da sie beschreiben, was zu dem Vorwurf geführt hat.

Der überwiegend dtr Gebrauch der vier Wendungen ist in der Forschung breit dokumentiert worden (Ben Zvi, Striek). „Nicht hören auf Gottes/seine Stimme" begegnet im AT 24mal, davon 14mal im DtrG und 7mal in dtr Jer-Texten. Das allein besagt genug für die Herkunft dieses ‚Kommentars'. So steht die einzige komplette Parallele zu 2 a in Jer 7, 28 a, und zwar in dtr Prosa: „Sie haben nicht auf die Stimme Jahwes, ihres Gottes, gehört und nicht Zurechtweisung angenommen."

3–4 V. 3 und 4 bilden eine rhetorische Einheit. Die vier Zeilen beginnen mit den vier ‚Ständen', die durch Suff. der 3. P. f. auf die Stadt in V. 1 bezogen sind. Die weltliche Führung wird in 3 metaphorisch, die religiöse in 4 zwar nicht bildlich, aber pauschal angeklagt. Stände-‚Predigten' sind im AT „a well-attested prophetic convention" (Roberts), weshalb auch die Frage nach Abhängigkeit in der einen oder anderen Richtung müßig ist. Am engsten berührt sich V. 3 f. mit Ez 22, 25–28, aber auch hier sind die Übereinstimmungen nur partiell. In Zeph werden Beamte, Richter, Propheten und Priester angeklagt, in Ez Fürsten (so mit G), Priester, Beamte und Propheten. Die Reihenfolge ist also verschieden, und Richter gibt es nur hier, Fürsten nur dort. Brüllende Löwen sind in Zeph die Beamten, in Ez die Fürsten, Wölfe in Zeph die Richter, in Ez die Beamten. Hier werden also nicht Texte ‚abgeschrieben'. Die Sprüche zeigen „similarities that point to a common textual tradition, but they also show important dissimilarities" (Ben Zvi 204). In keinem Fall kann man mit solchen Vergleichen die ‚Echtheit' von 3 f. beweisen.

3 Die *śārîm* sind hier wie 1, 8 a die höfischen Beamten; ihr bedrohliches Löwen-Gebrüll kündigt an, dass sie ihre Beute reißen und fressen wie Ez 22, 25 die „Fürsten". In Ez 22, 27 werden die *śārîm* dagegen wie hier die Richter mit den reißenden Wölfen verglichen. In Mi 7 ,3 werden beide, Beamte und Rich-

ter, gleichermaßen als bestechliche Rechtsverdreher angeklagt, doch spielen die Richter als Stand in der Prophetie nur eine sehr geringe Rolle.

Propheten und Priester werden in Nah – Zeph nur hier thematisiert[45], aber 4
auch das Gesetz wird sonst nur Hab 1, 4 erwähnt. Die beiden geistlichen Stände wie der theologische Zentralbegriff *tôrāh* spielen in diesen Schriften also keine Rolle, weder in den redaktionellen Schichten noch bei diesen Propheten des 7. Jh.s. Was den beiden Gruppen konkret vorgeworfen wird, bleibt unklar. Bei den Exegeten steht dazu mehr als im Text: absichtliche Täuschung, bewusste Irreführung des Volkes, Förderung der sozialen Ungerechtigkeit, Kumpanei mit Oberschicht und Macht etc.[46] In Wahrheit enthält V. 4 mehr Beleidigungen als Gründe für die Anklage.

Das erste Prädikat (4 aα) ist schwer zu übersetzen; passable Vorschläge bei Wellhausen (Aufschneider), Rudolph (Großsprecher) oder aber Seybold (Schaumschläger), dem ich hier folge. Sind diese Propheten „Schaumschläger", so sind sie auch „Männer der Treulosigkeit" gegenüber ihrem Auftrag und insofern Betrüger. Wodurch die Priester „das Heilige entweihen" (den Tempel?) wird nicht gesagt; zum term. techn. vgl. Lev 19, 8. Aber auch sie verraten ihren Auftrag, indem sie das Heilige schänden, statt es zu bewahren. Mit *tôrāh* ist hier nicht die individuelle priesterliche (Unter)Weisung gemeint (Jer 18, 18), sondern „die Kodifizierung des Gesetzes" (Nowack) ist bereits vorausgesetzt. Das im Zwischenmenschlichen beheimatete Verb *ḥms* „gewalttätig (be)handeln" (vgl. 1, 9 b) wird hier erstaunlicherweise auf das Gesetz bezogen und kann nur „missbrauchen" (Rudolph) oder „mit Füßen treten" (Wellhausen) meinen.

Der Weheruf von V. 1 reicht bis V. 4, so dass es keiner ausdrücklichen Strafankündigung bedarf: Das Wehe trägt die Bestrafung der Amtsträger in sich.

„In ihrer Mitte" bezieht sich wie in 3 a auf die Stadt von 1. Dass Jahwe „in 5
ihrer Mitte" sei, wird Ps 46, 6 auch von der „Gottesstadt" gesagt. Das hymnische Gotteslob in 5 a. bα ist als „Kontrapunkt" (Edler 148) an 1–4 angefügt, aber inhaltlich fehl am Platze, denn es ist überflüssig zu sagen, dass Jahwe im Gegensatz zu den Jerusalemer Übeltätern „kein Unrecht tut". Liest man V. 5 im Zusammenhang der Hymnen, so gewinnt er Sinn. Ein Blick auf das Gotteslob im Moselied verdeutlicht das: „Denn alle seine Wege sind Recht *(mišpāṭ)*; er ist ein Gott der Treue, ohne Unrecht *(ʿāwael)*, gerecht *(ṣaddîq)* und rechtschaffen ist er" (Dtn 32, 4). Das ist die Sprache von Zeph 3, 5 a. Dass Jahwe „alle Morgen" Recht spricht, also „sein Recht ans Licht bringt", entspricht dem im AO verbreiteten (der Sonnengott Schamasch als „morgendlicher Richter" und Garant der Rechtsordnung) und im AT angedeuteten Motiv der Hilfe Gottes am Morgen, an dem er Recht spricht.[47] Darauf kann

[45] Hab 1, 1; 3, 1 steht „Prophet" als redaktioneller Titel für Habakuk, Zeph 1, 4 steht „Priester" als erklärende Glosse.

[46] Dieser exemplarische Lasterkatalog nach Weigl 150 f.

[47] Vgl. B. Janowski, Rettungsgewissheit und Epiphanie des Heils. Das Motiv der Hilfe Gottes

man sich verlassen, dass dieser (hilfreiche) Rechtsentscheid nicht „fehlt, ausbleibt" (*ʿdr* ni.; vgl. Jes 34, 16; 40, 26).

V. 5 a. bα ist die Antwort auf eine Klage und Bitte, nicht auf einen Weheruf; er ist darum das hinzugefügte, aber hier unpassende Bekenntnis einer frommen Seele. V. 5bβ ist eine Glosse, mit der vielleicht V. 5 enger an V. 3 f. gebunden werden soll (Edler 108).

3, 6–8: Die Völker als Jahwes Opfer

6 a **Ich habe Völker ausgerottet,**
ihre Mauertürme sind verwüstet,
ich habe ihre Straßen veröden lassen,
niemand durchzieht sie,
6 b **ihre Städte sind verheert,**
menschenleer, ohne Bewohner.
7 aα **Ich dachte: „Würdest du mich doch fürchten**
(und) Zurechtweisung annehmen!"
β **Dann würde ihre Wohnstatt nicht ausgerottet werden –**
alles, was ich heimgesucht habe an ihr.[48]
7 b **Doch sie verdarben mit Eifer alle ihre Taten.**
8 a **Darum wartet auf mich – Spruch Jahwes –,**
auf den Tag, da ich aufstehe als (Belastungs)Zeuge[49]**,**
8 bα **denn es ist mein Recht, Völker einzusammeln**
und Königreiche zu versammeln,
um auszuschütten über sie meinen Groll,
meine ganze Zornesglut,
β **denn im Feuer meines Eifers**
wird die ganze Erde verzehrt.

6 Abrupt, ohne jede Überleitung oder Einführung beginnt mit V. 6 etwas Neues: eine Jahwerede (bis 13) und wieder ein Blick in die Völkerwelt, hier als Rückblick auf ein Gericht über die Völker, für das kein Grund angegeben wird. Im Unterschied zu 2, 4–15 wird auch kein Name genannt, ebenso wie dort ist keine geschichtliche Anschauung spürbar. Die Ausrottung soll offenbar nur bezeugen, dass Jahwe der Weltherrscher ist. So pauschal von ‚den'

---

am Morgen im AO und im AT (WMANT 59), 1989; dazu R. Borger, L. Perlitt, W. Westendorf in ThR 59 (1992) 180–187.

[48] *pqd ʿl* wird von Wellhausen bis Rudolph meist mit „(an)befehlen" übersetzt; auch wenn man den Ausdruck wie gewöhnlich (vgl. 1, 8. 9. 12) als „heimsuchen" deutet, bleibt der gedankliche Bezug der beiden Aussagen in V. aβ unklar.

[49] Die Masoreten vokalisierten *lʿd* als *leʿad* „für immer"; ohne Änderung der Konsonanten kann man mit G εἰς μαρτύριον auf *lᵉʿed* als ursprünglichen Text schließen, zumal das folgende „mein Recht" eine forensische Einleitung verlangt.

Völkern redeten die Propheten weder im 8. noch im 7. Jh., weil für sie ganz bestimmte Völker Judas Bedrohung und Jahwes Werkzeuge waren.

V. 6 ist auch in sich nicht stimmig. In V. aα werden Ecktürme auf Völker statt wie in 1, 16 auf Stadtbefestigungen bezogen, in V. aβb kommen die Straßen vor den Städten. Vergleiche zeigen, wie standardisiert auch hier die Sprache ist (vgl. nur die Belege aus der Jer-Tradition bei Ben Zvi 213 f.). Dass Jahwe Völker „ausrottet" (*krt* hi.), entspricht der dtr Tradition (Dtn 12, 29; 19, 1). Zu *pinnôt* „Ecktürme" s. o. S. 115 zu 1, 16 b. Wellhausen deutete sie traditionell als „Zinnen" und diese als „pars pro toto für Paläste und Burgen". In Nah – Zeph erscheint nur hier das Verb *šmm* „verwüsten" (vgl. aber das Nomen in 1, 13; 2, 4. 13. 15), das Verb *ḥrb* hi. „veröden (lassen)" außer hier nur Nah 1, 4. Auch diese beiden Wurzeln gehören bei Stadtvernichtungen zur Standardsprache (vgl. Am 7, 9; Ez 6, 6; 12, 20 u. ö.). Dass Straßen und Städte menschenleer geworden sind, wird in V. 6 dreimal ausgedrückt. Von Marti bis Roberts wurde eine der beiden ‚Varianten' in V. bβ gestrichen, aber die Verdoppelung ist nicht singulär, wie der Parallelismus Jes 6, 11 zeigt: Städte „ohne Bewohner" und Häuser „ohne Menschen".

In V. 6 rühmte sich Jahwe ohne einen Adressaten der Ausrottung von Völ- 7
kern. In 7 redet er zu einer 2. P. f. sg. bzw. über eine 3. P. f. sg., hinter der man Juda/Jerusalem nur vermuten kann. Da erst 8 an das Völkermotiv von 6 anschließt, muss man mit versweisen Ergänzungen oder Fortschreibungen rechnen. V. 7 blickt aber wohl auf 1–4 zurück und könnte gemäß sprachlicher Verwandtschaft zusammen mit V. 2 in diesen Textbereich gekommen sein. In diesem auf V. 6 bezogenen Selbstgespräch[50] nennt Jahwe also, was er (vergeblich) erwartet hat: dass Juda auf seine Machtdemonstration an den Völkern reagiert hätte wie Israel auf die Vernichtung der Ägypter am Schilfmeer: „Da fürchtete das Volk Jahwe und setzte sein Vertrauen auf ihn …" Die Sprache von 7 ist ebenso traditionell wie die von 6, aber aus anderen Überlieferungsbereichen.

„Ich dachte" ist die sinngemäße Übers. für „ich sagte", das 1, 12; 2, 15 durch formelhaftes „(sagen) im Herzen" verdeutlicht wird. Auf *'mr* „sagen" folgt öfter wie hier ein emphatisches *'ak*: „Ich dachte: würdest/hättest du doch …"; vgl. Gen 27, 13; Ri 10, 15 sowie die Belege bei Krinetzki (139 f.) und Ben Zvi (214). „Jahwe fürchten" und „Zurechtweisung annehmen" dominieren in den religiösen Weisheitssprüchen (s. o. zu V. 2). V. aβ ist ebenso schwer zu übersetzen wie in dem Kontext zu deuten, auf den sich die Satzteile beziehen sollen. Die 3. P. m. pl. in V. b lässt sich nicht mehr auf Jerusalem beziehen, kann aber nur die Judäer meinen. Dass sie „alle ihre Taten" (vgl. das Wort in V. 11) verderben, ist ein grässlich allgemeiner Vorwurf; einige Elemente in 7 erinnern an Jer 5, 20–29. G hat V. b mehrfach missverstanden.

---

[50] Ben Zwi (215) überschreitet – gegen die hebr. Grammatik – die Grenze vom Mitläufertum zur Gotteslästerung: Jahwe „in his/her own thinking …"

8 *lāken* „darum" bindet hier V. 8 an V. 6 und setzt das Völker-Thema fort: Wie ich früher Völker ausgerottet habe, so kann und will ich es ferner tun! In dieser Erklärung Jahwes liegt die Hilfe, auf die zu warten sich lohnt. Damit kommt der kleine Abschnitt zum Abschluss. V. 8 ist vielleicht nicht uno actu mit 6(f.) entstanden, davon aber nicht abzutrennen und einer Einheit 8–10 zuzuordnen, wie Seybold will, denn in 9 werden die Völker nicht Opfer, sondern Diener Jahwes. Doch steht 6–8 nur locker in seinem Kontext, und die drei Verse bilden weder nach Form noch nach Inhalt eine wirkliche Einheit.

Wie in 6 f. wird auch in 8 kein Adressat genannt. Aber der imp. „wartet" kann nur den Judäern gesagt sein, denn über die Völker wird dann in 3. P. geredet, und tertium non datur. Da Jahwe die Völker nicht zum Frühstück „sammelt" (vgl. nur 1, 2 f.), ist die cj. vom „Groll über sie" (die Völker) zum„Groll über euch" (die Judäer) reine Willkür. Wäre die Aufforderung an die Judäer, auf Jahwe zu „warten", als Strafandrohung gemeint, so wäre der Anschluss der Völkerbedrohung kaum verständlich. Das Wort *ḥkh* pi. mit *b*[e] bedeutet mit Bezug auf Jahwe immer „vertrauensvoll harren" (s. o. zu Hab 2, 3 und vgl. bes. Jes 8, 17, wo *ḥkh* parallel zu *qwh* „hoffen" steht). Der Tag, auf den hier gewartet werden soll, ist nicht der „Tag Jahwes" von 1, 4–2, 3, denn er ist hier nicht „nahe", sondern soll geduldig erwartet werden. Was aber geschieht an dem Tag?

Die gängige Übers. lautet hier, Jahwe stehe auf „als Ankläger". Diese Deutung von *ʿed* „Zeuge" wird sogar lexikalisch ‚gesichert': „Jahwe als Zeuge und d. h. (sic!) als Richter bzw. Ankläger" (HAL 745). Keiner der Belege macht dieses „d. h." plausibel, allenfalls Mi 1, 2, wozu H. W. Wolff erklärt: „Jahwe wird als ‚Zeuge gegen' sie erscheinen, als Belastungszeuge, also (sic!) als Kläger."[51] Wo Gott aufsteht zum Gericht zugunsten der Elenden (vgl. nur Ps 76, 10), da nicht als *ʿed*, und wo ein Zeuge aufsteht, da ist er nicht zugleich Richter (Dtn 19, 15; Ps 35, 11). In V. 8 a bleibt es freilich unklar, warum, vor wem und gegen wen Jahwe vor dem Ausschütten seines Grolls über die Völker als Zeuge auftreten muss.

Das Verbpaar *ʾsp // qbṣ* „einsammeln // versammeln" o. ä. „is well attested in the OT" (Ben Zvi 223), vgl. aber Hab 2, 5 mit „Völker // Nationen", Jer 1, 10 mit „Völker // Königreiche" als Obj. Wie in 1, 2 f. das Einsammeln der Lebewesen Anfang ihrer Ausrottung ist (*krt* hi.), so beginnt auch hier mit dem Versammeln der Reiche das Ausschütten des Grolls, der nichts anderes bewirkt als deren Vernichtung (*krt* hi. wie 6 a). Bei diesem ‚Totalangriff' auf die Völkerwelt handelt es sich um eine vom 7. Jh. weit entfernte Vorstellung. V. 8 bα erinnert an 1, 2 f. 18; eine ‚apokalyptische' Tönung hat das Büchlein hier wie dort.

---

[51] Micha, BK XIV/4, 24; ohne jeden Beleg Elliger: Zeuge, „der nach vielfach bezeugter Sitte zugleich Richter ist".

3, 9–10: Die Völker als Jahwes Verehrer

9 a **Doch dann werde ich den Nationen eine reine Sprache schaffen,**
9 b **dass sie allesamt den Namen Jahwes anrufen,**
dass sie ihm in Eintracht dienen.
10 a **Von jenseits der Ströme Kuschs**
10 bα **werden meine Verehrer [die Tochter meiner Zerstreuten]**
β **mir Huldigungsgaben bringen.**

Mit V. 9 beginnt eine Reihe von Heilsankündigungen, die bis zum Ende des 9
Buches reicht. Eingeleitet durch adversatives *kî* „doch (dann)" proklamiert V. 9(f.) eine neue Phase im Geschick der Völker: Die Opfer der Zornesglut Jahwes werden zu seinen Verehrern. Dass 6–8 und 9 f. von verschiedenen Autoren stammen, zeigt schon der Wechsel im Wort für die Völker[52] (hier wie V. 20 zur Unterscheidung *ʿammîm* wieder mit „Nationen" übersetzt); dass 9 f. der spätere Text ist und die spätere Haltung gegenüber den Völkern bezeugt, ergibt sich aus dem Aufbau des Kapitels und dem Anschluss mit „doch dann ..." Dazu wird in 9 nicht gesagt, dass die Völker von sich aus neue Wege gegangen seien, sondern dass Jahwe ihnen diese eröffnen werde.

Einige sprachliche Besonderheiten erschweren die Übers. „Ich werde ... schaffen" ist (schon bei Schwally) eine Notlösung, denn *hpk* bedeutet „umwandeln", ja „umstürzen" wie etwa Gen 19, 21. 25 oder hier G μεταστρέψω. In V. 9 fehlt aber das Obj., denn wörtlich heißt es: „Ich werde verwandeln bei/zu (den) Nationen ..." Auch dass Jahwe „eine reine Lippe" schafft, ist ein singulärer Ausdruck. Über 100mal steht der Dual für das Lippenpaar, und *eine* reine Lippe (im kultischen Sinne?) wäre „close to nonsense" (Ben Zvi 225, A. 735). Aber *śāpāh* heißt öfter auch „Sprache, Rede" (Gen 11, 1–9; Ps 81, 6).

Die Nationen werden also in Folge des umstürzenden Gotteshandelns keine Götzennamen mehr in den Mund nehmen, sondern tun, was in 9 b angekündigt wird: den Namen Jahwes[53] anrufen – seit Abraham (Gen 12, 8) ein Privileg Israels – und ihm „dienen" *(ʿbd)*, ein Zentralbegriff für die israelitische Jahweverehrung in der dtn/dtr Literatur, den Heiden nur selten und erst spät zugemutet oder gestattet (Ps 2, 11; 102, 23). Der Autor hat die ganze Welt im Blick, wenn die Nationen „allesamt" und (wieder ein singulärer Aus-

---

[52] Ein editorisches Vergehen und eine exegetische Absurdität ist die durch keinen Textzeugen gedeckte Lesung „mein Volk", die Elliger schließlich in den App. der BHS eingetragen hat. Auch im Textfragment 88 von Murabbaʿat (DJD II 202) steht der pl. „die Völker" mit Artikel, so dass ein suffigierter sg. unmöglich ist.

[53] Jahwe in 3. P. in der Jahwerede ist hier wegen des formelhaften Ausdrucks „Name Jahwes" nicht zu beanstanden.

druck) „mit einer Schulter“[54] = „Schulter an Schulter“ = „einträchtig“ diese Verheißung erfüllen.

V. 9 b ist 2, 11 b ganz nahe: „Alle Inseln der Völker“ werden Jahwe „anbeten“ (vgl. Jes 25, 6 f.; 66, 18 f.). Marti sprach mit Blick auf 3, 6. 8 vom verbreiteten „jüdischen Heidenhass“ (vgl. Ps 79, 6; Jer 10, 25); ein Sinneswandel war für die Autoren der späteren Schicht(en) ohne Jahwes Eingreifen nicht denkbar: „Die innere Umwandlung der Völker kommt nicht durch menschliche Bemühung zustande (Mission), sondern allein durch Jahwes Tat“ (Rudolph).

10 V. 10 ist eine thematische, keine rhetorische Fortsetzung von V. 9. Sowohl die Ausdrucksvarianten (9: „den Namen Jahwes anrufen“, „ihm dienen“, 10: *ʿtr* „anbeten, verehren“, *jbl* hi. „(dar)bringen“) als auch ein anderer Traditionshintergrund lassen auf eine eigenständige Fortschreibung schließen. Der Autor muss Jes 18 gekannt haben. In 18, 1 b steht im alten Weheruf die Wendung: „von jenseits der Ströme Kuschs“. Dazu verhält sich die junge Heilsankündigung 18, 7 ähnlich wie Zeph 3, 9 f. zu 3, 6–8: Aus dem Land der Ströme werden Gaben für Jahwe zum Zion gebracht. Die Kombination von Jes 18, 1. 7 in Zeph 3, 10 setzt also die Kenntnis der in Jes 18 noch getrennten Anteile voraus.[55]

Über die Entstehungszeit solcher Heilsankündigungen für die Heiden kann man nur Vermutungen anstellen. Sie wurden auch nicht systematisiert, wie allein 3, 9 neben 2, 11 zeigt: Hier kommen und bringen die Verehrer, dort betet „jedermann von seinem Ort her“ an. Dass Völker und Könige dem Jerusalemer Tempelgott ihre Gaben bringen, ist auch in den Pss bekannt (68, 30; 72, 10 f.). Ob Kusch hier (wie 2, 12 im Kontext der übrigen Völker von 2, 4–15) konkret Äthiopien oder einfach die äußerste Entfernung, das fernste Volk meint (vgl. Homer, Od 1, 23: ἔσχατα ἀνδρῶν), kann man sich fragen.

Mit einiger Gewissheit darf man „Tochter meiner Zerstreuten“ für eine korrigierende Glosse halten und mit Rudolph konstatieren: „Auf alle Fälle ist der Ausdruck der Einschub eines jüdischen Partikularisten“, der die Erwartung von V. 9 f. auf die jüdische Diaspora eingeschränkt wissen will. Der singuläre Ausdruck ist nicht befremdlicher als „Tochter Zion“ oder „Tochter meines Volkes“: Bezeichnungen für die Zugehörigkeit zu einer Gemeinschaft.

---

[54] G ersetzt die hebr. Metapher durch die griechische: ὑπὸ ζυγὸν ἕνα „unter *einem* Joch“.

[55] O. H. Steck („Zu Zef 3, 9–10“, BZ 34, 1990, 90–95) schließt (unter Berufung auf E. Bosshard) aus einigen Wortparallelen in Jes 18 f. auf eine am Jesajabuch ausgerichtete ‚Redaktion‘ des ganzen ZPB; aber einzelne Lesefrüchte (in der einen oder anderen Richtung!) sind noch keine derart weiträumige Redaktion.

3, 11–13: Die neue Gemeinde

11 a An jenem Tage wirst du nicht (mehr) beschämt sein
über alle deine Taten,
mit denen du dich aufgelehnt hast gegen mich,
11 b denn dann werde ich aus deiner Mitte entfernen,
die deinen Hochmut priesen,
und du wirst dich nicht mehr überheben
auf meinem heiligen Berg.
12 a Und ich werde übriglassen in deiner Mitte
eine ‚Gemeinde', demütig und niedrig,
12 b und sie werden sich bergen im Namen Jahwes
[Israels Rest].
13 a Sie werden kein Unrecht tun
und keine Lüge reden,
und in ihrem Mund wird sich nicht finden
eine trügerische Zunge,
13 b ja, sie werden weiden und lagern,
von niemandem aufgeschreckt.

Am Adressaten- und Themenwechsel von 9 f. zu 11 f. sieht man, wie abrupt die verschiedenen Einheiten einander folgen. Redet Jahwe in 9 f. über die Völker, so redet er in 11 f. in der 2. P. f. sg. Juda/Jerusalem an (das Volk „auf meinem heiligen Berg"). In V. 14 beginnt dann mit dem Aufruf zum Jubel eine neue Redeeinheit.

Die V. 11 einleitende Formel verweist nicht auf den „Tag Jahwes" zurück 11
(gegen Striek 201), denn dieser ist nicht Heils-, sondern Unheilstag. Die Zusage, dass Schande und Scham von Juda genommen werden, gilt denen, die von Jahwe abgefallen waren, ihm die Treue gebrochen, sich gegen ihn aufgelehnt hatten; alles das besagt *pšʿ b*^{e} mit Jahwe als Obj. (vgl. Jes 1, 2; Jer 2, 8; Ez 2, 3; Hos 7, 13). V. 11 b zeigt, dass diese Zusage durch Läuterung und Reinigung (vgl. Jes 1, 25) erfüllt wird: Die Propagandisten der Auflehnung werden „aus deiner Mitte" entfernt. Das in Zeph 3 auffallend häufige „in deiner Mitte" (V. 2. 5. 12. 15. 17) verknüpft geradezu die unterschiedlichen Anhänge. 11 b steht sodann durch einen Motiv-Gegensatz in engster Verbindung mit 12 a: Hoheit und Hochmut hier, Niedrigkeit und Demut dort.

Dabei haben die Begriffe[56] erhebliche Bedeutungsbreite: *gaʾ*^{a}*wāh* ist Hoheit und Stolz, aber auch Hochmut und Übermut, das Verb *ʿlz* bedeutet „jauchzen" o. ä. im positiven Sinne (Hab 3, 18; Zeph 3, 14), das Adj. *ʿallîz* sowohl „jauchzend" als auch im negativen Sinne „auftrumpfend" (s. o. zu 2, 15). Werden diese Großmäuler also „entfernt", so wird auch der Rest nicht mehr „hochfahrend" sein (*gbh* q., nur hier im ZPB).

[56] Vgl. *gāʾāh*, ThWAT I 878–884 und *gābah*, ThWAT I 890–895.

12 a V. 12 a ist sprachlich und gedanklich mit 11 b fest verknüpft: „Ich werde entfernen aus ..., ich werde übriglassen in deiner Mitte." Entfernt werden die Hochmütigen, übrig bleiben die Demütigen. Dieser Zusammenhang bestimmt die Übers. von *ʿānî wādāl* „demütig und niedrig". Beide haben je nach Zeit und Literaturbereich einen weiten Bedeutungsspielraum[57] und sind jeweils kontextgemäß zu übersetzen (s.o. zu 2,3). „Aus dem Gegensatz zu 11 b ergibt sich, dass ‚arm und gering' hier keine sozialen, sondern religiöse Begriffe sind" (Rudolph).[58] Sie stehen oft als Äquivalente im Par. membr. und haben dann durchaus Rechts- und Sozialbezug (Jes 10,2; 26,6; Ps 82,3.4), aber V. 12 a wurde schon von G mit πραΰς und ταπεινός gedeutet, und so erscheint es wieder in der Selbstprädikation Jesu Mt 11,29: „sanftmütig und ... demütig" (Luther). Zusammen mit *ʿam* „Volk" steht das Doppelprädikat nur hier. Aber „in deiner Mitte" kann es kein „Volk" geben, darum empfiehlt sich die Übers. „Gemeinschaft, Gemeinde" (vgl. Ps 18,28; Spr 28,15).

12 b Die leichte Zäsur zwischen 12 a und 12 b. 13 zwingt nicht zur Annahme einer neuen Einheit (Edler 219 f.). Die Sätze in der 3. P. pl. beschreiben, wie die von Jahwe Ausgesonderten leben können und sollen. Ihre Zuflucht finden sie bei ihm (*ḥsh bᵉ* „sich bergen bei" Dtn 32,37; Jes 57,13; Nah 1,7; Ps 2,12 u.ö.). Nur hier steht „der Name Jahwes" (wie V. 9 als geprägte Wendung innerhalb der Jahwerede) für „Jahwe". „Israels Rest" ist ein Ehrentitel für die Gemeinde, der im Blick auf V. 12 „kräftig nachhinkt" (Krinetzki 213), aber auch mit V. 13 nicht syntaktisch zusammenhängt, am ehesten also eine auf 12 bezogene Glosse, die besagt: In dieser Rest-Gemeinde sind „die Erben des wahren Israel" zu suchen (Rudolph). Der Name Israel steht bei Zeph nur in sekundären Texten (2,9; 3,13.14.15). Vom „Rest Israels" ist frühestens Jer 6,9; 31,7 und späteren Texten die Rede (Ez 9,8; 11,13; Mi 2,12). Diesen Rest bilden die Frommen der Gemeinde des zweiten Tempels.

13 13 a setzt 12 b fort. Wurde dort gesagt, was die Frommen tun, so hier in drei negativen Formulierungen, was sie unterlassen: Unrecht, Lug und Trug. Nach 13 a werden sie leben wie die Engel, nach 13 b wie im Frieden des Paradieses. Die einzelnen Topoi zeigen, dass die Ankündigungen von (11–)13 zu den spätesten Heilsworten in den Prophetenbüchern gehören.

Wenn diese ‚neuen Menschen' „kein Unrecht tun", so eifern sie geradezu Jahwe nach (Rudolph), von dem in 5 a dasselbe in Pss-Sprache gesagt worden war. *kāzāb* „Lüge" wird in Nah – Zeph nur hier gebraucht, aber „Lüge(n) reden" ist ein geläufiger Ausdruck (Ps 5,7; Hos 7,13). *tarmût* „Trug" gibt es sonst nur Jer 8,5; 14,14; 23,26; Ps 119,11, „Zunge des Trugs" nur hier. Ohne Unrecht, Lug und Trug: so be-

---

[57] Vgl. *dal*, ThWAT II 221–244 und *ʿānāh*, ThWAT VI 247–270.

[58] Weigl (201 ff.) trennt 12 f. strikt von 11 und leugnet damit den antithetischen Zusammenhang von Hochmut und Demut. Was literarkritisch kaum zu begreifen ist, erklärt sich aus der einseitigen Fixierung von *ʿānî wādāl* auf wirtschaftlich Schwache. Diese neukatholische Sozialromantik, die sich schon im Buchtitel „Das Israel der Armen" ankündigt, verwirft hier ein Jahrhundert exegetischer Erkenntnis. Vorarbeit dafür bot N. Lohfink, Zephanja und das Israel der Armen, BuK 39 (1984) 100–108.

schaffen sollten die Kultteilnehmer schon in vor-eschatologischer Zeit sein, wenn sie Gäste in Jahwes Zelt sein wollten (Ps 15, 1–3).

Das *kî*, mit dem 13 b anschließt, ist hier emphatisch: ja, fürwahr. „Weiden" und „lagern" finden sich in Prophetenbüchern in negativen (Jes 17, 2; 27 ,10) wie in positiven Zusammenhängen (Jes 14, 30; Ez 34, 14). Auch „niemand schreckt auf" ist eine „stehende Phrase" (Schwally), die ebenso negativ (Dtn 28, 26; Jes 17, 2; Jer 7, 33; Nah 2, 12) wie positiv (Lev 26, 6; Jer 30, 10; Ez 34, 28; Mi 4, 4) verwendet werden kann. Dass 13 b gegenüber 13 a „eine späte Erweiterung" ist (Edler 98), kann man vermuten, aber nicht beweisen.

3, 14–15: „Tochter Zion, freue dich!"

14 a **Juble, Tochter Zion, jauchze, Israel**[59]**,**
14 b **freue dich und frohlocke von ganzem Herzen,**
Tochter Jerusalem!
15 a **Jahwe hat die Urteile über dich aufgehoben,**
deine Feinde[60] **weggejagt;**
15 b **der König Israels, Jahwe, ist in deiner Mitte,**
du brauchst kein Unheil mehr zu fürchten.[61]

V. 14 f. hebt sich deutlich von der Gottesrede 11–13 ab, aber auch 16 f. wird dann wieder neu eingeleitet. 14 f. könnte 11–13 inhaltlich voraussetzen. Doch erweist sich 14 f. darin als eigenständige Einheit, dass der Aufruf zur Freude in 15 seine eigene Begründung bei sich hat. Diese beginnt zwar nicht mit *kî* „denn", wie man in Analogie zu den Hymnen erwarten könnte („lobet Jahwe, denn er hat …"), doch fehlt dieses *kî* auch in der Parallele Sach 9, 3.

Der Aufruf ergeht in vier impp., drei davon im f. sg. und damit wieder an 14
die Stadt gerichtet (V. 11 f.). Die ersten drei der nahezu synonymen Verben[62] finden sich überwiegend in den Pss. in literarisch vergleichbaren Stücken, aber auch in den Prophetenbüchern (Belege bei Ben Zvi 239). Dabei werden diese Verben in unterschiedlicher Kombination und Abfolge gebraucht. Die wichtigsten Parallelen zu V. 14 stehen in Sach, wo außer diesen impp. auch deren Adressaten genannt werden: „Juble und freue dich, Tochter Zion" (2, 14 a). Dort wird die Gottesrede fortgesetzt mit der Begründung: „Denn siehe, ich komme …" Sodann bei Deuterosach der den Christen so vertraute

[59] G hat (versehentlich?) θύγατερ Ιερουσαλημ statt „Israel". An MT ist festzuhalten, da zweimal „Tochter Jerusalem" nicht hebr. Poesie entspräche.

[60] Der Zusammenhang verlangt den pl., den auch alle Vrs. bieten, weil kein bestimmter Feind genannt und gemeint ist.

[61] Gegen *jrʾ* „(sich) fürchten" spricht nichts. G bezeugt mit οὐκ ὄψῃ „du wirst nicht sehen" nur die häufige Verwechslung der Verben *jrʾ* und *rʾh*. Mit *raʿ* „Unheil" als Obj. sind beide belegt: „kein Unheil fürchten" (Ps 23, 4) oder „kein Unheil sehen" (Hab 1, 13; Ps 90, 15).

[62] Vgl. Ihromi, Die Häufung der Verben des Jubelns in Zephanja III 14 f. 16–18, VT 33 (1983) 106–110.

Aufruf (Mt 21,4f. // Joh 12,11f.): „Freue dich sehr *(gîl)*, Tochter Zion, jauchze, Tochter Jerusalem, siehe, dein König kommt zu dir!" (9,9) Der kaum vor Ende des 4. Jh.s zu datierende Sach-Text zeigt, in welche Zeit diese Zeph-Nachträge gehören.

15 Es gibt zwei Gründe für den Jubel: Jahwes Zorn ist verraucht (15 a) und er herrscht wieder „in deiner Mitte" (15 b). „Die Urteile über dich" (Suff. f. sg.) können sich im Rahmen von Zeph 3 nur auf die Stadt von V. 1 ff. beziehen, deren Entschuldung freilich schon in V. 11 angekündigt worden war. Die Frage, welche Feinde hier gemeint sein könnten, ist ebenso müßig wie bei entsprechender Pss-Poesie. V. 15 a meint umfassende Befreiung: die alten Urteile werden „entfernt" (*sûr* hi.), die Feinde „verjagt" (*pnh* pi.).[63] V. 15 b vergewissert die Stadt, dass Jahwe wieder in ihr ist als „der König Israels", wie er (selten genug, aber) bei Dtjes (44,6) genannt werden konnte, und auf dessen Botschaft ebenso wie auf Jahwe-König-Pss blickt V. 14 f. zurück. Hat Jahwe seine Königsherrschaft auf dem Zion errichtet, gibt es nichts mehr zu fürchten (vgl. nur Jes 44,2.8 oder Ps 46). Die neue Gemeinde trägt die entsprechenden Ehrennamen: Tochter Zion, Tochter Jerusalem.

„Das kleine Lied zeigt weder nach Form noch nach Inhalt etwas charakteristisch Prophetisches" (Elliger). Das vom Propheten in Kap. 1 angesagte Strafgericht liegt weit zurück, der „Tag Jahwes" ist kein Thema mehr. Zwischen Zeph 1 und 3 liegen ‚Welten', und es ist absurd anzunehmen, dass sich 3,14 f. „organisch in das Gesamt der Verkündigung Zephanjas einfügt" (Weigl 227). Die Fortschreibungen in Kap. 3 sind keine Fortsetzung von Kap. 1, sondern dessen Gegenwort für eine neue Zeit: Die Urteile sind aufgehoben.

3,16–17: Gottes Freude an Jerusalem

16 **An jenem Tage wird man in Jerusalem sagen:**
„Fürchte dich nicht, Zion, lass deine Hände nicht sinken!
17 a **Jahwe, dein Gott, ist in deiner Mitte, ein Held, der errettet.**
17 bα **Er freut sich über dich im Freudenschrei,**
er ‚schweigt'[64] in seiner Liebe,
β **er frohlockt über dich im Jubelruf."**

V. 16 b. 17 ist wiederum eine eigenständige rhetorische Einheit, die durch 16 a vom Voranstehenden abgehoben wird. Dort war die Heilszeit schon ange-

[63] *pnh* pi. ist hier mit Hilfe des Par. membr. als „wegschaffen" o.ä. zu deuten; Gen 24,31; Lev 14,36 bedeutet es „(ein Haus) auf-/ausräumen", Jes 40,3; 57,14 „(einen Weg) freiräumen"; vgl. ThWAT VI 620 f.

[64] Die gewöhnliche Übers. der Wz. *ḥrš* mit „schweigen" (V: silebit) befriedigt hier nicht recht – es sei denn, es würde stillschweigend vorausgesetzt, worüber Jahwe jetzt schweigt: Judas Schuld? Wie immer man *ḥrš* deutet, die Phrase trennt die beiden parallelen Stichoi von Jahwes Freude und Jubel in V. bα.β. Das gründlichste Referat der Lösungsvorschläge bietet Ben Zvi 249–252.

brochen („freue dich …“), hier ist sie noch zukünftig („man wird sagen …“). Die Abgrenzung zu V. 18 ist strittig (s. u.). Wie 1, 9. 10; 3, 11 dient auch hier die Formel „an jenem Tage“ der Einführung eines neuen Gedankens. Die andere Herkunft von 16 f. zeigt sich auch daran, dass „fürchte dich nicht“ in 16 b unbekümmert um dieselbe Form in 15b steht. Gleichwohl besagt diese Aneinanderreihung kleiner Stücke nichts über deren Entstehungsfolge.

„Fürchte dich nicht“ ist die klassische Eröffnung des sog. Heilsorakels, wie 16
es sich bes. oft bei Dtjes findet (41, 10. 13. 14; 43, 1. 5; 44, 2; 54, 4). Dass „die Hände erschlaffen, (mutlos) sinken“ *(rph)*, steht im ZPB nur hier.

V. 17 gibt die Begründung für das „fürchte dich nicht“ und knüpft mit „in 17
deiner Mitte“ an die vergleichbare Zusage von 15 bα an: Jahwe ist (wieder) in der Stadt. Er wird gepriesen als ein „Held, der hilft“ (vgl. Hab 1, 2; Zeph 3, 19) oder „rettet“ (*jš‘* hi.). V. 17 a ist in der Gebetsfrage Jer 14, 9 geradezu vorgezeichnet: „Warum bist du wie ein Held, der nicht zu retten vermag – und bist doch in unserer Mitte?“

Erstaunlich ist der Subjektwechsel bei Jubel und Freude im Unterschied zu 14: Wird dort die Stadt zur Freude aufgerufen, so ist es hier ihr Gott, der an der erneuerten Stadt seine Freude hat. Dabei zeigen die anderen Verben und Nomina[65], dass 16 f. keine Fortsetzung, sondern in gewisser Hinsicht eine Parallele zu 14 f. ist. Zum Motiv der Freude Gottes an der durch ihn geheilten und erneuerten Stadt gibt es wörtliche Parallelen bei Tritojes: Jerusalem soll „meine Lust an ihr“ heißen, „denn Jahwe hat seine Lust an ihr“ *(ḥpṣ bᵉ)*, ja wie sich der Bräutigam an der Braut freut, „so wird sich dein Gott an dir freuen *(śîś)*“ (Jes 62, 4 f.). „Ich werde jubeln *(gîl)* über Jerusalem und mich freuen *(śîś)* über mein Volk“ (Jes 65, 19 a; vgl. Dtn 30, 9).

Einen besonderen Akzent setzt schließlich die Aussage, dass Jahwe hier „in seiner Liebe“ *('ahᵃbāh)* wirke. Dieses Motiv der Gottesliebe findet sich am deutlichsten bei Hosea (3, 1; 9, 15; 11, 1–4), sonst nirgends im ZPB. So rückt das, was Zephanja in Kap. 1 über die Schäden in der Stadt zu sagen hatte, mit jedem Satz dieser Heilszusagen in Kap. 3 in eine kaum mehr begreifbare dunkle Vergangenheit.

---

65 *śîś* „sich freuen“ (aber ebenso „jubeln“ o. ä.) im ZPB nur hier, aber 7mal in Tritojes und 7mal im Psalter; *śimḥāh* „Freude(nschrei)“ im ZPB nur noch Sach 8, 19; Jl 1, 16; Jon 4, 6; *gîl* „jubeln“ dominant in Dtjes, Tritojes und Psalter (vgl. Hab 3, 18: „Ich will jubeln über den Gott meines Heils“); *rinnāh* „Jubel(ruf)“ im ZPB nur hier, sonst meist in Dtjes und Psalter.

3, 18–20: Weltruhm für Juda

18 aα **Die Bekümmerten – von einer Festversammlung –**
β **ich sammle ein von dir – sie waren –**
18 b **eine Gabe über ihr (ist) eine Schande**
19 a **Siehe, ich handle an allen deinen Bedrückern zu jener Zeit**
19 bα **und ich helfe dem, was lahmt,**
und was zerstreut ist, bringe ich zusammen;
β **und ich schaffe ihnen Ruhm und Ansehen**
auf der ganzen Erde [ihre Schande][66].
20 a **Zu jener Zeit, in der ich euch heimhole,**
und zu der Zeit, in der ich euch zusammenbringe,
20 bα **ja, da verschaffe ich euch Ansehen und Ruhm**
bei allen Nationen der Erde,
β **wenn ich euer Geschick wende vor euren Augen –**
hat Jahwe gesagt.

18 Mit V. 18 beginnt – ungeachtet der undeutlichen Abgrenzung von V. 17 – ein neuer Komplex von Zusätzen. Wie zuletzt in 12 setzt mit 18 wieder eine Ichrede Jahwes ein: „Ich sammle" (18), „ich rette" (19), „ich hole heim" (20). Freilich ist 18 extrem schlecht überliefert. Da schon die Vrs. weder MT noch einander entsprechen und da unter Dutzenden von heutigen Übers.en nicht zwei auch nur halbwegs identisch sind, verzichte ich auf eine Übers. Ich liste die einzelnen Phrasen auf und gebe nur knappe Hinweise dazu.

Hieronymus macht aus *nûgē* „die Betrübten" „nugas qui a lege recesserunt", und das amüsierte schon Luther.[67] Aber auch *mimmôʿed* heißt nicht „fern von der Festversammlung" (so Rudolph, Roberts u. a.). *ʾsp* muss vom parallelen *qbṣ* in 19 f. her als „sammeln" verstanden werden. Dem Verb fehlt hier ein Obj., der gleich folgenden Form *hājû* „sie waren" das Subj. (G macht daraus οὐαί = *hôj* „wehe"). Was in V. b steht, ist sinnlos, auch wenn man *maśʾet* „Gabe" als „Last" *(māśāʾ)* übersetzt: „Last auf ihr (auf wem?) ist Schmach/Schande". Rudolph gelangt wie schon Sellin durch andere Vokalisierung und Worttrennung zu der schönen ‚Übers.': „weil sie um meinetwillen die Schmach trugen."

19 „Ich helfe/rette", „ich bringe zusammen": Diese Ankündigungen in der Gottesrede 19 f. lassen zumindest ahnen, was in 18 nur noch in dem Wort „ich sammle ein" anklang: die standardisierte Eschatologie in Variationen, in 19 b. 20 in Varianten. Dass es sich bei den entmachteten „Bedrückern" (part. pi. von *ʿnh*) nicht um „auswärtige Feinde", sondern um die judäischen

[66] Das letzte Wort von V. 19 schließt grammatisch nicht an „die Erde" (mit Art.) an. „MT has to be corrected or the word ‚their shame' will stand in total syntactical isolation" (Roberts). Ich weiß keine grammatisch zulässige Lösung und lasse das Wort „in isolation".

[67] Luther a 447/b 507 f.: „Sic transtulit Hieronymus …: putans ‚nugas' esse latinum vocabulum."

„Rechtsbrecher“ von V. 1 ff. handelt, ist schon deshalb falsch, weil 19 f. das Einsammeln von Zerstreuten und „alle Nationen der Erde“ zum Thema hat.

Das Zentrum der Heilsankündigung bildet das Handeln Jahwes in 19 bα, und dieses hat seine Entsprechung oder sogar sein Vorbild (Irsigler 163) in dem mit Mi 2, 12 verwandten Jahwespruch Mi 4, 6–7 a: „An jenem Tage … will ich das Lahme sammeln *(ʾsp)* und das Zerstreute zusammenbringen *(qbṣ)* …“ In Zeph 3, 18 f. finden sich dieselben Verben in der 1. P. sg. In beiden Prophetenbüchern wurde also ganz „verschiedenartiges Spruchgut ohne irgendeine systematisierende Tendenz, eher anthologisch“ zusammengefügt.[68]

Vom Hinkenden oder Lahmenden (part. f. q. von *ṣlʿ* mit kollektiver Bedeutung) ist außer Mi 4, 8 // Zeph 3, 19 nur Gen 32, 32 die Rede: Der auf die Hüfte geschlagene Jakob hinkte oder lahmte. Zur Metaphorik des Einsammelns der zerstreuten Herde[69] vgl. Ez 34. Formen von *ndh* ni. stehen neben *qbṣ* „zusammenbringen“ Dtn 30, 4; Jes 56, 8; Jer 49, 5, neben *ʾsp* „sammeln“ Jes 11, 12. Nach Mi 4, 7 will Jahwe die Zerstreuten „zum mächtigen Volk machen“, nach Zeph 3, 19 f. ihnen Weltruhm verschaffen. In 19 bβ stehen *tᵉhillā* „Ruhm“ und *šem* „Name, Ehre, Ansehen“ wie Dtn 26, 19; in 20 b aber in umgekehrter Abfolge wie Jer 13, 11; 33, 9.

In 20 wird dasselbe gesagt wie in 19, weitgehend sogar mit denselben Wör- 20
tern. V. 20 setzt 18 f. voraus, ist also nicht vom selben Verf. Dass es sich schon bei 18 f. und allemal bei 20 um spät-nachexilische Autoren handelt, ist fast an jeder Phrase zu zeigen und darum kaum strittig.[70] In 20 wird im Unterschied zu 18 f. in der 2. P. pl. ein Volk „unter allen Völkern der Erde“ angeredet, also ein wieder vereintes Israel: „Ich sammle euch, nicht nur eure Zerstreuten“ (Wellhausen).

Bei „heimholen“ vermisst man eine Ortsangabe, auch erstaunt das Einbringen vor dem Sammeln. Bei „Ansehen und Ruhm“ ist gegenüber 19 die Reihenfolge umgekehrt; das Verb ist dort *śîm* „schaffen“ o. ä., hier *ntn* „geben, verschaffen“. Die Formel „alle Völker der Erde“ ist in der dtr Literatur beheimatet (Dtn 28, 10; Jos 4, 24; 1. Kön 8, 43. 53. 60, vgl. aber auch Ez 31, 12), zur Formel „das Geschick wenden“ s. o. S. 126 zu 2, 7. Im ZPB folgt nur im (anders ausgerichteten) Amos-Schluss (9, 11–15) auf die Ankündigung der Wende des Geschicks wie hier das feierliche „hat Jahwe (dein Gott) gesagt“ (vgl. aber auch Jer 30, 3; 33, 11).

Einen besonderen Akzent setzt 20 gegenüber 19 mit der Wendung „vor euren Augen“, wohl im Sinne von „zu euren Lebzeiten“. Es könnte damit die Aktualisierung gemeint sein, um derentwillen 20 überhaupt 19 wiederholt.

---

[68] H. W. Wolff, Micha, BK XIV/4, 90.

[69] Vgl. R. Kessler, „Ich rette das Hinkende, und das Versprengte sammle ich.“ Zur Herdenmetaphorik in Zef 3, in: W. Dietrich/M. Schwantes (Hgg.), Der Tag wird kommen (SBS 170), 1996, 93–101.

[70] Vgl. N. Mendecki, Deuteronomistische Redaktion von Zeph 3, 18–20? BN 60 (1991) 27–32.

Die Wendung[71] harmoniert nicht bes. gut mit „zu jener Zeit", aber auch sie ist formelhaft und schon in der dtr Literatur breit belegt (Dtn 1, 30; 29, 1; Jer 29, 21).

Das Büchlein endet also ohne jede schriftstellerische Originalität mit aneinander gereihten Zusätzen, die fast Wort für Wort und Formel für Formel aus exilischen und nachexilischen Traditionen gespeist sind. Das Exil ist lange vergessen; im Blick ist die ‚Heimholung' der Diasporajuden und die restitutio von Volk und Land.

[71] Roberts bevorzugt begreiflicherweise, was einige lukianische G-Texte bieten: „vor ihren Augen", denen der Völker; aber dagegen sprechen die Regeln der Textkritik.